编委会

主　任

丁中平　唐步新

副主任

呙生泽　邓　琳　蔡祥东　徐松强
谭书凯　许建华　陈　蓉　周利民
胡　立　罗世友　高　岭

委　员

谭华易兵　向泽君　郑运松
周英斌　王　可　王功斗　杨虎亮
熊　铸　王文秀　向　洋

◆ 编辑部

责任编辑 蒋忠智　周英斌　张　春　杨秀英

责任校对 刘小燕

策　划 重庆出版社艺术设计有限公司

装帧设计 重庆出版社艺术设计有限公司

制　版 重庆出版社艺术设计有限公司

前言

习近平总书记在党的二十大报告中指出，要发展社会主义先进文化，弘扬革命文化，传承中华优秀传统文化，不断提升国家文化软实力和中华文化影响力。

地名，是一种特殊的文化符号，是不同历史时期人们社会活动的历史见证和文化积淀，是一个地方的历史年轮，是人类文明的活化石。重庆是国家历史文化名城，有3000多年发展历史，历史文化体系集巴渝文化、三线文化、抗战文化、革命文化、统战文化、移民文化于一体，地名文化亦是重要组成部分，人文底蕴厚重。重庆地名，承载着重庆人民的乡愁记忆和美好情感，有自己独特、鲜明的民族和区域文化特色。深入挖掘重庆优秀地名文化内涵和历史底蕴，全方位保护地名文化遗产，赓续传承地名文化，是贯彻落实党的二十大精神的重要举措，是扎实推进第二次全国地名普查成果转化的具体行动。重庆市民政局汇集市内外地名研究专家智慧，编纂完成《重庆市地名文化故事》。

图书分为《区县地名》《村镇地名》《红色地名》《历史文化地名》和《山水名胜地名》五个分册，从五个不同的维度，用民间广泛流传的生动故事，集中呈现重庆地名文化的丰富内涵和历史韵味。《区县地名》分册，介绍和讲述38个区县（自治县）、两江新区、西部科学城重庆高新区和万盛经开区名称内涵、历史沿革，深刻阐释其中蕴含的人文精神和丰富内涵。《村镇地名》分册，遴选了69个具有代表性的名村名镇，集中呈现重庆域内历史文化名镇与传统村落生成发展的整体面貌。《红色地名》分册，收录了72条红色地名，从人物、事件史实角度全方位展现重庆红色之城、英雄之城的精神底色。《历史文化地名》分册，123条历史文化地名，全面记录重庆古遗址、古建筑、优秀现代建筑以及具有特殊历史文化价值的水文、交通运输类地名，完整呈现不同历史时期重庆的历史风貌。《山水名胜地名》分册，收录109条山水名胜地名，从山地、山峰、峡谷、洞穴、河流、温泉、湖泊等领域呈现巴山渝水所承载的历史演变、风土人情与地方文化认同。

巴山渝水，孕育重庆一方风土人情。编纂《重庆市地名文化故事》，以地名镌刻历史，以乡愁凝聚文化，将众多的历史遗迹、文化古迹及人文底蕴铭刻和播撒在重庆大地上，正是用好地名资源，保护传承优秀传统文化，为建设"山水之城·美丽之地"提供最持久、最深沉的文化力量！

序

重庆，一个有文化的城市

偶然在网上浏览，看到一个令人深思的帖子，帖子问"为什么许多人说重庆是一个没有文化的城市"。那么，重庆真的缺文化吗？实则不然，稍微看些书，或者具备一些常识，就能举出许多支撑重庆厚重人文底蕴的例证来。

在巴山渝水的滋养下，重庆有着多层次、多领域、多形态的历史文化体系，有着享誉世界的三峡文化、可歌可泣的抗战文化、彪炳史册的革命文化、独具特色的统战文化、感天动地的移民文化。回望历史的长河，可以轻易看到长江三峡因唐人"巴山夜雨涨秋池""除却巫山不是云"等众多美妙诗句而被誉为"诗峡"，看到重庆这座城因有巴蔓子、杨闇公、"愈炸愈强"的重庆人、忠勇许国的歌乐英烈等英雄人物而被誉为"英雄之城"，看到生活在这里的"人"因码头文化、移民文化等因素的浸润而被誉为开放包容的"重庆人"。所以，不管从哪个层面讲，重庆都是一个人文荟萃、底蕴厚重的城市。

那么，为什么网上或者民间还会流传"重庆是一个没有文化的城市"呢？这显然是一个"伪命题"，却又是一个值得令人反思的"真问题"！这个问题至少告诉了我们在重庆地域文化特色挖掘上的两个不足：一是"船在水中不知流"与"手握重宝而不自知"。早些年，在还没有凝练出"六大文化"前，我们总在强调重庆的袍哥文化与江湖文化，这难免被人诟病"难登大雅之堂"。现

◆ 钓鱼城

在,我们虽然凝练出了"六大文化",但对"六大文化"的挖掘仍有不足;二是"象牙塔"与"人世间"的隔阂。在书斋之中的历史研究者看来,诸多历史事件与文化故事可谓是耳熟能详,但在普通人眼中却可能是"象牙塔"里的事物,我们在文化挖掘上仍不够"接地气"。

要解决上述问题,显然会有许多途径,也需要一个长期的过程。但在众多的途径中,通过呈现地名所承载的文化故事,来展现重庆的历史发展与挖掘"六大文化",无疑是一个很好的办法。因为地名本身就是写在大地上的历史,是历史文化的活化石,又寄托着人们对一个地方深刻的情感与认知，是最为"接地气"的，在解决上述问题时具有"先天"的优势。可以看到，呈现在我们眼前的《重庆市地名文化故事·历史文化地名》一书，收录有123条重庆特色的历史文化地名，虽然聚焦于"地名"，实则分区域、分时段呈现了重庆不同时期的发展史。从古巴国至近现代的文化脉络，在该书收录的地名中皆有体现，如体现巴文化的小田溪、龙骨坡，体现三国文化的白帝城、夔门、八阵图，体现宋蒙战争的钓鱼城、龙崖城、天生城，体现近现代历史发展的中山四路、双碑、津南村，体现民族特色的石堤、李家土、十三寨等，不一而足。可以说，《重庆市地名文化故事·历史文化地名》一书既尊重了历史发展的客观历程，又比通史、专史类著作更具可读性。

　　此外，与传统主流的正史多是宏大的主体历史叙事不同，乡土历史则是在特定环境下基于特定诉求而衍生的一种扎根于乡土的历史，虽是乡土中国最为常见的文化现象，却也是在宏大的主体历史叙事背景下的"执拗的低音"。这种"低音"的真实性与科学性可能存在差异，但却是对宏大的主体历史叙事的有效补充。而一个地名，就是一段历史碎片；一个地名，就是一幅风情画卷。看似杂乱无章的地名，实际蕴藏着乡土历史文化的建构。从这个意义上讲，《重庆市地名文化故事·历史文化地名》一书中所收录的乡土神话传说、乡土故事，亦可让以"六大文化"为主体的重庆历史文化体系更具有一些人世间的烟火气息。

概而言之,《重庆市地名文化故事·历史文化地名》一书的出版发行,是一件很有意义的事情,既是对重庆地名所蕴含的历史文化的继承与开拓,亦有利于加强我们的乡土情怀与地方认同,充分展现重庆的地域文化特色!特此为序,与读者共飨!

目录

渝中区

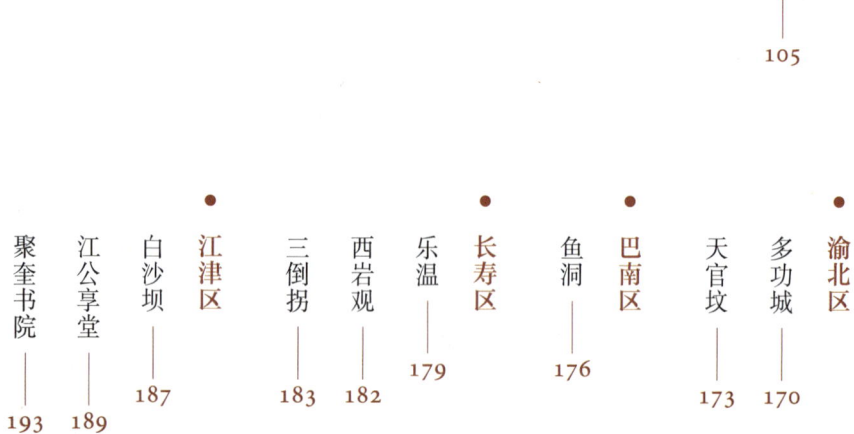

- 荔枝园 —— 24
- 白鹤梁 —— 27
- 碑记桥 —— 30
- 三台城 —— 33
- 洪崖洞 —— 36
- 佛图关 —— 39
- 通远门 —— 43
- 白象街 —— 46
- 千厮门 —— 50
- 金汤门 —— 52
- 临江门 —— 54
- 上清寺 —— 57
- 朝天门 —— 59

大渡口区

- 重庆钢花影剧院 —— 105

江北区

- 头塘 —— 108
- 江北城 —— 110
- 寸滩 —— 114

沙坪坝区

- 磁器口 —— 117
- 双碑 —— 121
- 飞雪岩 —— 124
- 津南村 —— 127

九龙坡区

- 冬笋坝 —— 131
- 谢家湾 —— 134

渝北区

- 多功城 —— 170
- 天官坟 —— 173

巴南区

- 鱼洞 —— 176

长寿区

- 乐温 —— 179

- 西岩观 —— 182
- 三倒拐 —— 183

江津区

- 白沙坝 —— 187
- 江公享堂 —— 189
- 聚奎书院 —— 193

前言 —— 1

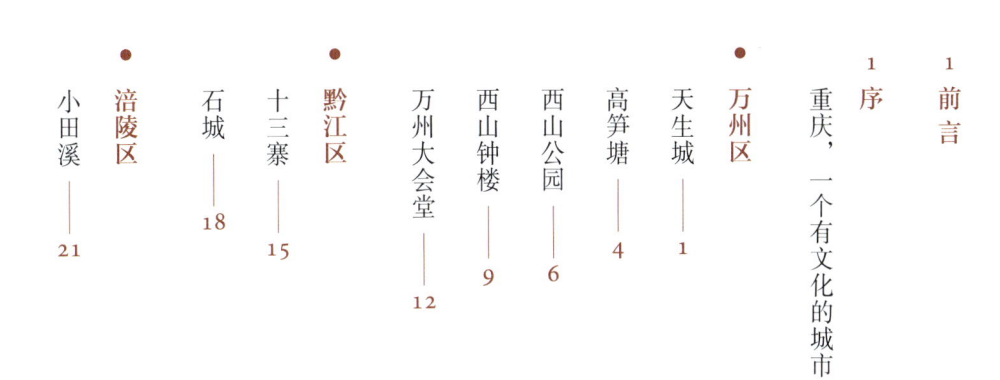

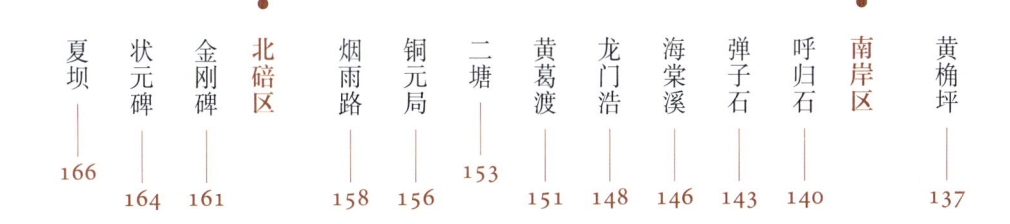

序 —— 1

重庆，一个有文化的城市

● 万州区

天生城 —— 1

高笋塘 —— 4

西山公园 —— 6

西山钟楼 —— 9

万州大会堂 —— 12

● 黔江区

十三寨 —— 15

石城 —— 18

● 涪陵区

小田溪 —— 21

南纪门 —— 62

山城巷 —— 65

十八梯 —— 68

较场口 —— 71

七星岗 —— 74

沧白路 —— 76

储奇门 —— 79

东水门 —— 82

望龙门 —— 85

湖广会馆 —— 88

菜园坝 —— 91

中山四路 —— 94

李子坝 —— 97

凯旋路 —— 100

两路口 —— 103

黄桷坪 —— 137

● 南岸区

呼归石 —— 140

弹子石 —— 143

海棠溪 —— 146

龙门浩 —— 148

黄葛渡 —— 151

二塘 —— 153

铜元局 —— 156

烟雨路 —— 158

● 北碚区

金刚碑 —— 161

状元碑 —— 164

夏坝 —— 166

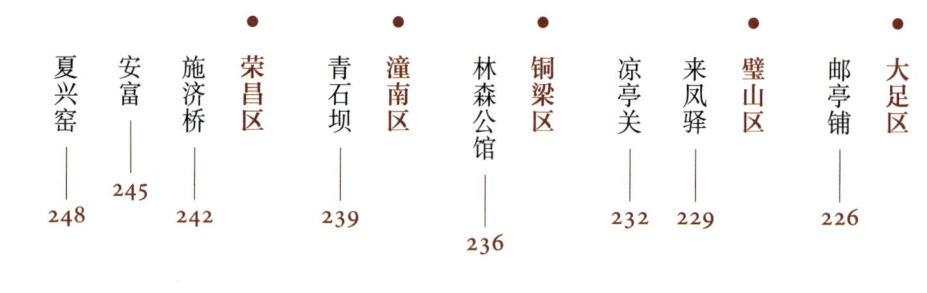

- 大足区
  - 邮亭铺 —— 226
- 璧山区
  - 来凤驿 —— 229
  - 凉亭关 —— 232
- 铜梁区
  - 林森公馆 —— 236
- 潼南区
  - 青石坝 —— 239
- 荣昌区
  - 施济桥 —— 242
  - 安富 —— 245
  - 夏兴窑 —— 248

- 垫江县
  - 登记铺 —— 274
  - 鹤游坪 —— 276
  - 峰门铺 —— 279
  - 书院桥 —— 282
  - 分州古城 —— 285
- 忠县
  - 白公祠 —— 289
  - 皇华城 —— 292
  - 石宝寨 —— 295
- 云阳县
  - 张桓侯庙 —— 298
  - 磐石城 —— 301
  - 巴阳峡 —— 304

- 石柱土家族自治县
  - 西界沱 —— 341
  - 龙骨寨 —— 344
- 秀山土家族苗族自治县
  - 石堤 —— 347
  - 清溪 —— 350
- 酉阳土家族苗族自治县
  - 笔山坝 —— 353
  - 李家土 —— 356
- 彭水苗族土家族自治县
  - 汉葭 —— 359
  - 绍庆城 —— 361
  - 鸡冠城 —— 363

后记 367

合川区
- 赤水县城 —— 196
- 龙多山 —— 198
- 钓鱼城 —— 200

永川区
- 朱沱 —— 204

南川区
- 隆化城墙 —— 207
- 龙崖城 —— 209
- 太平廊桥 —— 212

綦江区
- 麻乡约民信局旧址 —— 215
- 灵应岩 —— 218
- 韩国临时政府遗址 —— 221

开州区
- 盛山 —— 251

梁平区
- 双桂堂 —— 254

武隆区
- 土坎 —— 257
- 羊角 —— 260

城口县
- 鸡鸣寺 —— 263
- 诸葛城 —— 265

丰都县
- 龙床石 —— 269
- 蚕背梁 —— 271

奉节县
- 夔门 —— 308
- 鱼复 —— 311
- 白帝城 —— 314
- 八阵 —— 317
- 夔州 —— 319
- 滟滪堆 —— 323

巫山县
- 龙骨坡 —— 326
- 天赐城 —— 330

巫溪县
- 荆竹坝 —— 334
- 大宁城 —— 337

万州区

◆ 天生城

在万州区周家坝街道天生城社区,有一处险峻的山峰,这里有南宋时巴蜀山城防御体系的重要组成部分,全国重点文物保护单位——天生城遗址。天生城海拔467米,山势呈南北走向,北窄南宽,南北长约1.5千米,东西宽约500米,总面积400余亩。这里自古以来就是兵家必争之地。

早在蜀汉三国时期刘备伐吴时,就曾屯兵在天生城,故又名天子城。

天生城的大规模修建进行于南宋末期。当时,蒙古军队大举进犯四川。四川安抚制置使余玠率领四川军民,在西南地区修建了一系列的山城防御工事,比如在世界战争史上都产生过巨大影响的合川钓鱼城,以及奉节的白帝城,还有苍溪的大获城等。这些军事设施相互呼应,构成防御体系,不仅抵御了蒙古军队的入侵,更让南宋政权得以有喘息的机会,至少延长了南宋的"寿命"超过二十年。而天生城的修建,是从南宋淳祐三年(1243)开

◆ 天生城
骆仁新 摄

始的。

　　天生城最惨烈的一次战斗，发生在1276年。当时，元朝大将杨大渊负责攻打四川，他的侄儿杨文安率精兵强将攻打天生城。守城长官上官夔将军率领军民英勇战斗，拒不投降。战斗一共持续了53天的时间，后来因为弹尽粮绝天生城被元军攻入。元军攻入后，上官夔拒绝投降，最后巷战而死，壮烈殉国。不过，比较令人费解的是，当年元军将四川的军事堡垒大部分都焚毁了，但天生城却是一个例外，坚固的城池被保存多年。明末清初的时候，为抵御张献忠及清军入川，还曾经重新加固过天生城，直到清晚期又再次整修了天生城。直到民国兵荒马乱时期，很多财主都带着金银财宝躲到天生城内，让垂涎他们财宝的匪徒久攻不下。就是现在，当地依然流传着"好个天生城，山高路不平。肥猪一大片，看到捉不成"的歌谣。

现在的天生城遗址，还保留了清代中后期修建的前、中、后城门，前门、后门前方各有一道卡门，中门下还有东外城墙遗迹，鹅公包还保存有宋代的北外城遗址。中城门附近石壁遗有南宋的摩崖筑城题记和碑文5处、元代纪功碑1幅。城内有古炮台2座，水池、水井多座，并残留有多处房屋遗址。天生城遗址对研究南宋山城防御体系，研究渝东地区南宋时期的政治、军事、社会经济发展状况等，都有重要的价值。1988年天生城被公布为万县文物保护单位，1999年被公布为万州区文物保护单位，2000年被公布为重庆市文物保护单位，2013年被公布为第七批全国重点文物保护单位。2017年开始，重庆市文物考古研究院对天生城遗址进行了大规模考古勘探和发掘，进一步挖掘其价值。2021年8月，天生城大遗址公园建设项目正式开工。

天生城自古就是"万州八景"之一——"天城凌空"所在地。站在天生城的最高点极目远望，整个万州城尽收眼底，浩浩长江从面前流过。好一个登高望远、回忆怀古的去处啊！

高笋塘

每一座城市，都有自己招牌式的繁华地带和核心商圈，比如北京的王府井、上海的南京路、重庆的解放碑，而万州人会告诉你，他们的"解放碑"就是高笋塘。

万州的高笋塘地带，以高笋塘广场为中心，四周商贾云集，是万州最繁华的闹市区。高笋塘名字的由来，是因为这儿以前真的有一个池塘，"高笋塘"就是以这个池塘来命名的。

在历史上，万州地域曾经建置有南浦县。北宋至和元年（1054），南浦太守鲁有开在南浦县城中心主持修建了一个池塘。因为是鲁有开主持修建的，所以这个池塘最早的名字叫鲁池。据史书记载，当时鲁池的面积有几十亩，四周建有六座凉亭，景观雅致。不过这个池塘有天生的缺点，建在太白岩脚下，不缺水源，但多年疏于清淤，于是塘内渐渐地就淤泥堆积，长满了高笋，经历史演变，于是就被叫作高笋塘了。

在鲁池修建九年后，宋嘉祐八年（1063），南浦郡太守束庄又在鲁池的旁边开凿了曲池。曲池又叫"流杯池"。流杯池畔有著名诗人、大书法家黄庭坚撰写的摩崖题刻《西山题记》（后俗称"西山碑"）。据史书记载，在北宋的建中靖国元年（1101），黄庭坚顺着长江往东返回汴京，途经南浦时，应郡守高仲本邀请，到西山游览。黄庭坚看到西山附近的鲁池风景非常宜人，于是写成《西山题记》，并刻于碑上。

西山碑是历史上著名的艺术珍品。西山碑高1.18米、宽2.25

高笋塘广场夜景 Night View of Gaosuntang Square

20世纪20年代高笋塘
Gaosuntang in 1920s

20世纪50年代高笋塘
Gaosuntang in 1950s

20世纪90年代高笋塘
Gaosuntang in 1990s

◆ 高笋塘的历史变迁
　　万州区规划和自然资源局　供图

米，以一块天然山石刻成，碑文173字，字体行书，字径10厘米左右。《西山题记》的影响力很大，清朝时，万县知县冯卓怀将西山碑拓本送给他的挚友曾国藩，曾国藩称道："海内存世，黄书第一。"

经历了近千年变迁，新中国成立后，1956年，高笋塘被建成饮水塘。当时，人们清理了塘底沉积多年的淤泥，让塘的深度增加了1米多，并在塘的周围重新砌了石坎。更重要的是，将高笋塘与流杯池打通了。1987年11月至1988年9月，高笋塘被改造成了一座游园，并在塘内修建了曲桥和雕塑，北边建了水榭茶园，塘内喂养了几万尾观赏鱼。

高笋塘中的那尊雕塑，是很多万州人的记忆。这座仙子雕像位于高笋塘的正中央。传说中，她是王母娘娘最喜欢的一位仙女。有一次，王母娘娘叫她到凡间游玩，她到人间的第一眼，就看见了风景如画的万州，于是，她就在万州留了下来。和她一起留下的还有四只天鹅。仙子的手里拿着一个用玉做的酒壶，高高地举起，壶口朝下，里面的琼浆玉液斟入她脚下的那个古色古香的酒杯。

2003年11月至2006年，高笋塘经历了历史上规模最大的改造。在这次改造中，高笋塘和流杯池被填平，并修建成了高笋塘广场。如今的高笋塘，依然是万州城最具商业活力的地带。高笋塘核心商圈的目标，是建设国际消费标志性商圈，打造三峡库区最具吸引力的现代综合性商贸中心。

◆ 西山公园

西山公园位于万州旧城南端，面临长江，背靠西山（太白岩）。

说到西山公园，就不能不说在中国近代史上曾经权倾一方的军阀杨森。1924年，杨森的军队攻占了今天的四川和重庆大部分地区，成为四川和重庆的实际控制人。而杨森当年又是以万县为自己基地的，所以他就花了三万多银元，在万州修建了一个公园，取名叫"万县商埠公园"。万县商埠公园修建的地方，就是明代修建的西山观。从1925年开始，杨森的军部秘书兼万县商埠局秘书长李寰，在商埠公园的基础上扩建西山公园，将公园的面积扩大到五百六十余亩。

1926年9月5日，英舰"嘉禾号"、"威警号"和"柯克捷夫号"开炮轰击万县繁华市区，造成死伤五千余人的"万县惨案"（"九五"惨案），因此，公园更名为"九五公园"。当时，刚刚从苏联回国的朱德，正在万县动员杨森部北伐，并和陈毅一起领导万县群众反抗英军屠杀的运动，朱德应邀题写了"九五公园"的名字。1928年西山公园已建成，这年11月，为纪念北伐胜利，公园又改名为中山公园。此后还不到两个月时间，"四川王"王陵基把自己的学生杨森赶出了万县。因明代"西山观"曾在此，后王陵基在公园中新建西山月台，且在石壁上题有"西山"二字，于是，中山公园又改名叫西山公园。在那个战乱的岁月，在长江上游竟然建起了如此大型热闹的城市公园，这是一件非常稀奇的事情，因此西山公园在全国的名气都很响。

1949年12月8日，万县解放。1950年6月，解放军军管会将公园移交给万县市人民政府建设局管理，之后设立了万县市西山公园管理处，西山公园就成为万县人重要的休闲娱乐中心。每个万县人，应该都有在西山公园开心游园的童年记忆吧。

西山公园内的西山钟楼为西式钟楼，是长江沿岸仅次于上海钟楼、武汉钟楼的第三大钟楼，为万州的标志性建筑。西山公园内的主要文物，除钟楼外还有抗战阵亡将士纪念碑、库里申科烈士墓园和万县大轰炸白骨塔。抗战阵亡将士纪念碑是为纪念川军出征抗日牺牲的将士而修建。1939年7月7日，万县军民举行了抗战阵亡将士纪念碑的奠基仪式，纪念碑最后建成于1946年。纪念碑为方柱体，碑通高10.3米、碑高8米。碑四周、正中楷体铭文"抗战阵亡将士纪念碑"，碑顶塑有白花以示奠念。库里申科于1936年受苏联政府派遣来华援助抗日。1939年10月14日，他驾驶的飞机落入万县红砂碛段的长江中，库里申科牺牲。烈士墓园由

◆ 西山公园
万州区文化和旅游发展委员会　供图

赵鸿鹄先生设计，于1958年7月完工，占地1600平方米，由影壁、纪念广场、壁雕、花台、烈士铜像、墓碑和墓体组成。如今抗日阵亡将士纪念碑、库里申科烈士墓园和万县大轰炸白骨塔合并为"西山抗战遗址群"，为重庆市级文物保护单位。

另外，西山公园的三峡古茶树的观赏和旅游价值也很高。

由于城市建设的发展，西山公园如今的规模已缩减到一百余亩。2021年，万州区对西山公园进行了全面综合改造，改造后的西山公园分为入口形象区、精致园林观赏区、历史文化休闲区、精神瞻仰区、森林休闲区五大区，以及五洲池、听雨轩、古茶园、半山塘、抗战英雄纪念碑、十景台、静园、西山钟楼、翠影叠铺瀑布、观月台、花卉园和楠木林等十二景，这座重庆市建园历史最久的公园，焕发出了新的生机。

◆ 西山钟楼

说起万州的城市地标，从来都没有任何异议，每个万州人都会不假思索地说，西山公园的钟楼啊！而对于外地人来说，判断一座城市的标志性建筑物，其实有一个小诀窍，那就是看天气预报上的图片。中央气象台或重庆气象台的天气预报，出现万州的时候，永远都是西山钟楼的图片。游客畅游三峡，哪怕只在万州停留一个小时，也要到"天气预报中的那个钟楼"打卡留念。

◆ 西山钟楼
　　重庆三峡融媒体中心　冉孟军　摄

    位于西山公园内的西山钟楼，是万州城市较早的标志性建筑之一，"万县八景"之一的"西山夕照"也是以此命名。西山钟楼由中国著名建筑师董炳衡设计，于1930年开建，1931年8月建成。西山钟楼和武汉的江汉关钟楼、上海海关钟楼齐名，是长江沿岸的三大钟楼。西山钟楼共有11层，高50.24米，楼顶为八角形的双层盔顶，底层为一个大厅。底厅有螺旋形的铁制楼梯直上楼顶。钟楼第四层装置了巨型时钟，每到正点会报时，全城都能听到。

    钟楼底厅立有一座高达7.7米、四面各宽1.34米的方形石碑。这块巨石采自公园上边的望马石，当年在没有机械设备的状况下，从山上运输这块石头也非常不容易。建造者在石头下面垫圆木，每天动用几十个人来滑动，足足花了半个月时间才将巨石拖到了钟楼处。

    当年这块巨石，原本是给当时驻万县的最高军政长官——陆军二十一军第三师师长兼万县市市长王陵基做德政碑用的。但姓王的一位幕僚建议说："历史上为自己树德政碑的人，很少有不被后人唾骂的。师座不如不留姓名，只写些好的格言刻在碑上，说不定人们因之受益。"王陵基同意了这个建议，就请了万县晚清拔贡谢仙庄先生，写了近千字的处世格言，刻于石碑的四面，被称为《西山格言碑》。这些格言浅显易懂，又很有哲理，于是很快便在万县的城乡广为流传，对群众的思想品德起着潜移默化的作用。不过后来这些格言被磨掉了，但在如今钟楼上仍保留有这些格言的拓本。

谢仙庄格言碑文（部分摘抄）

如欲成一个人，先要吃得苦，耐得劳。凡是做一件事总要慎于始，奋于终。

世间惟人品最贵，却被钱买去了；一身惟良心最贵，又为钱买去了，真是自贱。

少不勤学老时悔，闲不预备忙时悔，有不省用无时悔，醉发狂言醒时悔，安不将息病时悔。

能有心细思，何理不可得。能持有恒心，何业不可成。能作退后想，何境不可安。能有涵容量，何人不可处。

少年人志趣固贵高，但心收敛气要沉静，专向学问路上走去，方是远大之器。若一味狂妄浮躁，决无成就。

道理书遍读，方知为人；经世书多

◆ 西山钟楼

读，方知应务；文章书则择读，闲杂书则少读，邪妄书则焚之而已。

好为诳言欺人者，后虽有诚实之言、天日之誓，人亦不信。

自奉要薄，待人要厚；责己要严，待人要宽；立品要高峻，处事要和平。

1964年，石碑刻了毛泽东的四首诗词，分别为《沁园春·雪》《浣溪沙·和柳亚子先生》《水调歌头·长江》和《七律·长征》。

当年为什么要修建钟楼呢？原来这和万县的通商息息相关。万县当年是重庆地区第二个辟为通商口岸的城市，外商的商船可以直达万县港。当时的政权为了能统一海关计算商船船舶吨税的时间，就建造了钟楼报时，同时钟楼还充当了长江上的航标和灯塔的作用。

2019年，西山钟楼入选第八批全国重点文物保护单位名单。

◆ 万州大会堂

万州人从小到大，可能没有没去过万州大会堂的。这里的各种会议、演出、活动、电影，都是万州人满满的童年回忆。万州大会堂也是万州的标志性建筑之一，是万州现存最早的现代大型公共建筑之一，也是万州区的重点文物保护单位。万州大会堂位于和平广场上，是一栋有着三个半圆顶的建筑。该楼四合式平面布局，主楼对称式，二楼一底，坐西向东，为苏式建筑风格，砖

◆ 万州大会堂
　骆仁新　摄

木结构，建筑面积约7500平方米。

　　万州大会堂开建于1959年，当时规划有多达两千个座位，前厅四层，观众厅的跨度高达30米，圆柱形薄壳。建设的时候，因为技术难度太大，观众厅的跨度就被缩小到了24米，座位也减少到一千六百个。大会堂修建期间，恰逢苏联专家撤离和三年自然灾害，经费非常困难。于是，又把前厅的高度由四层减少到了三层，通风采暖系统被简化，装饰标准也降低了。

　　1961年12月26日，万州大会堂建成并投入使用，这是新中国成立后万县城区修建的第一座大型标志性建筑。当时万县还叫万县专区，直到1968年建立了万县地区，这里才改称万县地委大礼堂。大会堂是西南大区风貌建筑，在当时是造型美观别致的大型建筑之一。尽管因为技术和经费原因，大会堂的修建规模和标准被压缩，但它当时仍以宏大的气势在国内享有很高知名度。

万州大会堂在之后的很长一段时间里，都被万州人称为"影剧院"，是因为这里会放映电影，各种万州本地以及外地到万州的演出，也都会在这里上演。万州大大小小的会议也会在这里召开。它使用过的名字包括万县地区影剧院、万县地委大礼堂、东方红影剧院和万县市委大礼堂，重庆直辖后，正式更名为万州大会堂。

1956年，万县杂技团（现重庆市三峡杂技团）成立。在大会堂建成之后很长一段时间里，杂技团都是在现在的万州大会堂排练和演出的，之后才搬到了白岩路的金狮剧场。有很多万州人都在大会堂观看过杂技团表演，尤其是其招牌节目《柔术滚杯》，出神入化的表演更是很多人的美好回忆。

在大会堂建成四十年后，2003年9月，全新改造装修后的万州大会堂重新与市民见面。这一次重新装修后的万州大会堂，整体形象变得更高贵和典雅，外观凸显得庄重和宏伟。内部的功能更加完善，具备承办全国甚至国际性大型会议、演出的能力。改造后的大会堂，主会场有一千余平方米，安置有一千二百余个座椅，配备有多媒体演示系统、灯光、音响、舞台机械系统、消防监控录像系统。另外，大会堂还有能容纳四百余人的多功能演艺厅。在大会堂门前有一千余平方米的广场，万州的各类大型露天会议、露天经贸、展销和文娱活动，都在这里举行。

黔江区

◆ 十三寨

在离黔江城区约30千米的小南海镇，距小南海地震遗址公园不远处，有一座由十三个土家寨子组成的村落，这里被人们称为"土家十三寨"。凡是前来参观小南海地震遗址公园的游客，都少不了要到十三寨驻足游玩一番。

说起十三寨的由来，要追溯到先秦巴楚战争时期。相传因为战乱，一些巴人流亡到黔江地带，匿进山林中。为了抵抗自然灾害、应对危机四伏的山地环境，流亡至此的巴人以姓氏为单位进行群居生活。群居生活可以抵御外敌、防止野兽侵害，同时也能最大限度地在复杂的山地环境中发展农耕文明。

慢慢地，在这里，一个姓氏开始有了一个寨子，紧接着是第二个姓氏有了第二个寨子……最后，十三个寨子的规模渐渐形成，有谈家寨、何家寨、摆手寨、女儿寨等。从此，这个从前并无地名，也没有人类居住、活动过的板夹溪山沟，就被人们称为"十三寨"。

◆ 十三寨
　黔江区文化和旅游发展委员会　供图

　　土家十三寨是我国第一个土家民族文化生态博物馆，有着民族文化"活化石"的意义。由于地处武陵山区，从前交通不便，与外界几乎无法互通消息，故而生活在这里的土家人，至今沿袭着古巴人的传统生活习俗，形成了独具特色的原生态民族风貌。

　　山歌就是这里保留的民族生态民俗之一。今天的游人来到土家十三寨，远远地就能看到竖立在山顶上的五个大字"山歌发源地"。这里的人们对山歌的传承，比"刘三姐"的故事更为久远。

　　秦朝著名的巴国女富商巴清，还有着一段与十三寨山歌相关的传说。相传秦惠文王设巴郡时，龙须寨后山的龙沟山出生了一个女孩，女孩啼哭如歌，歌声清亮如泉，故名巴清。巴清成年后嫁入荆竹盖上的覃家，成为黔江一带极具名气的"山歌之王"。她的山歌在当年盛极一时，因避乱躲进十三寨的巴人不知外间世事变化，将她的山歌带到山里，长长久久争相传唱，形成了悠久的历史传承。这就是人们将十三寨称为"山歌发源地"的原因。

或许是山区生活太过简单寂静，十三寨的人们天生对歌舞有着偏爱之情。农活狩猎之余，唱唱山歌哼哼小调，是十三寨寨民的一种风俗时尚，也是唯一的精神追求。在十三寨，要是谁家儿女不会唱山歌，那可是不合群、没本事的表现。经过数千年来的传承和积淀，十三寨形成了独特的山歌文化。

山歌已经成为十三寨寨民生活中不可缺少的一部分，这里流行着一句俗语："板夹溪里二面坡，男女老少会唱歌。"在这里，人人都会唱山歌。生活中无论是婚丧嫁娶还是节日庆典，人们都习惯用山歌来表达情绪与心声。青年男女也有对山歌的习俗，若是二人看对了眼，在对歌的时候故意输给对方也是常有的事。

由于来自于民间，山歌的创作规则十分简单。山歌的曲调变化不大，同样一种旋律，可以套用不同的歌词。歌词大多为即兴创作，或歌颂爱情、敬畏自然，或见物起兴、见景抒情。现编现唱的歌词只有一个要求，那就是必须押韵，否则就没法唱下去。据资料记载，仅十三寨的后坝老街一地，就有上百首山歌记录在册，其中多为土家礼仪歌谣、农耕文化歌谣、土家习俗歌谣等。

近年来，十三寨修建了全市首座土家山歌对唱廊亭，为山歌传习提供场所，同时也为游客欣赏民俗文化搭建平台；组建了三十人的山歌表演队，开展土家山歌常态化演出。

土家民俗文化的传承不只山歌，土家织锦、蜡染、竹编、刺绣、挑花、剪纸、木雕、石雕等民间工艺，也在这里得到了很好的保护与沿袭。

黔江土家十三寨，就像一幅展开的原生态民俗画卷，淋漓尽致地将黔江当地的土家族风情展现在世人面前。

◆ 石城

在距黔江城区10千米远的阿蓬江与段溪河交界处，有一座面积不超过三万平方米的石城，黔江人将这里称作"县坝"。这座如今看上去破败不堪的石城，曾是隋朝时的庸州州治、石城县治双衙门所在地，也曾是历经北周、隋、唐三代的繁华之地。

翻开史书，在两晋时期关于黔江一带的归属还有明确记载，无论是巴人李雄建立的大成王朝，还是李寿篡位后建立的成汉王朝，行政上都包括了涪陵及酉、秀、黔、彭地区。然而李寿以"郊甸未实，都邑空虚"为由引南方僚人入蜀后（307—312），涪陵郡一带没于蛮僚，图记不传，历时长达二百五十余年。

直到北周时期，涪陵"蛮帅"田思鹤"以地内附"归顺北周政权，黔江一带才重新出现在史料记载中。北周保定四年（564）在黔江地带设置庸州，州治所在地为县坝乡；隋开皇五年（585）置石城县，属庸州，县治所在地亦为县坝乡，这就是今天人们将石城古县遗址称作"县坝"一名的由来。

石城遗址是我国目前少有的保存较完好的隋朝古城。古城几乎所有建筑、河堤、城墙、官衙、墙基，包括居民家中的消防水缸、座椅等皆为石造，石灰岩和红砂岩并用。

从残存的遗址布局来看，当年的古县城以中间一条大道分为南北两区，北靠观音山，南面段溪河。靠近南面的码头一带曾是繁华的集市以及官衙等集中地，至今仍存留有县衙、万寿宫、演兵场、周家祠堂、戏楼、市场及商铺、古井等遗址。靠近阿蓬江的一面则是居民聚集之处。

曾经的石城县拥有发达的水系，古城南门外的官家码头最为繁荣。来自郁山（今彭水）的盐是这座古城最为重要的经济贸易支柱，而当地产盐带来的衍生产品如丹砂等，也是当时整个中国较为稀缺的贵重物资。

除南门码头以外，沿江而建的古城还拥有多处水运码头。段溪河连通黔江小南海和湖北省咸丰县大路坝，阿蓬江上通湖北省咸丰县朝阳寺，下达黔江濯水古镇至酉阳龚滩。水运的发达为古县城带来了勃勃商机，在农耕为重的年代，当年城中不耕而商的人就多达四百余人。这个规模足以证明当年的石城古县商业之发达，市井之繁华。

除了水运，盐的运送也促进了陆地交通。在石城古县内至今仍存留着两条陆上古盐道，一条往北沿观音山拾级而上，一条靠南沿段溪河缓缓而出。观音山上的盐道陡峭险峻，岔路繁多，建于一千多年前，通往小南海及湖北等地；段溪河盐道则建于一百多年前，由当地大地主罗炳然出资筹建，其目的就是避开观音山古盐道的艰险。

历史悠久的观音山古盐道千年以来一直支撑着盐客们的生计，过去的盐客运盐有用扁担挑的，也有用背篓背的，挑的被人称为"挑二"，背的被人称为"背二"。盐客们头天中午时分赶到古石城，吃完午饭就带着盐包上路。他们大多成群结队，队伍最大时有一百多人，启程时领头的盐客大吼一声"走"，大家就排起长队一起往山上爬，场景甚是壮观。

盐客们的打扮也很相似：头上包着用来擦汗的汗巾，肩上垫着用多层烂布扎的垫肩，脚上穿着草鞋。他们爬石梯时会喊一种有节奏的号子，人们将这号子称作"盐客调"。盐道崎岖，盐包沉重，盐客们每运一次盐都会累得腰酸背痛，但他们却少有人肯休息片刻，仍然每天坚持来到石城古县，为生计打拼。

石城古县曾写下了黔江历史上最为浓墨重彩的一笔，也曾见证过历史长河的潮起潮落。今天的石城古县遗址已经很难再嗅到当年的繁华气息了，留下的断垣残壁亟待保护与修缮。2007年，黔江政府宣布将对石城古县城进行保护性修复，依托石城遗址，打造隋朝古风，修复后的古城将分为"隋城""清城"和"土居城"等几个部分。修复完成后，这里将成为黔江人文旅游一张新的"名片"，为游客重现隋朝风光。

涪陵区

◆ 小田溪

在离涪陵城区约20千米处，于涪陵区白涛镇陈家嘴村小田溪乌江西岸的一个小山坡上，有一个面积约为8万平方米的古巴人墓葬群，这就是小田溪巴王墓群遗址。

这里的故事要从1972年说起。1972年4月，陈家嘴村的村民们正在热火朝天地挖土制砖，当时的工地就在小田溪的山坡上，村民们散在工地四周各自挖掘，突然有人大喊："快来看我挖出了什么！"大家赶紧围过去，发现在黄色的泥土里出现了半截闪着青光的金属制器，看上去像是古物件。还没回过神的村民紧接着又听到接二连三的呼喊："这里也有！""我这儿也有。"

大家七手八脚地将东西刨出来、清理干净，发现这是一些青铜制造的器物，上面刻有精美的花纹，有一些形状像倒扣着的酒樽，有些则像某种凶猛的兽类。"这些东西不晓得是哪个年代的，怕是文物啊！"村民们开始小声地议论，最后大家一致决定将此事上报给文物部门。

很快，文物部门就将发现出土文物的小田溪保护了起来。经过初步鉴定，村民们挖出的东西为古代青铜器，具有十分重要的文物价值。1972年10月，重庆市博物馆成立了工作小组，正式开始了对小田溪的挖掘、清理、考古工作。

四川省文物考古所、重庆市博物馆、原涪陵市文物工作组等单位共发掘清理墓葬3座，出土兵器54件，生活用具41件，生产工具8件，其他文物52件。根据铜器上的花纹和文字，基本断定了这里就是战国时期巴国王室的墓葬群。

据《华阳国志》记载，"巴，其先王陵多在枳"。枳指的就是枳县（今涪陵东北部）。公元前316年，秦将张仪、司马错率军灭巴，后秦昭王置巴郡于枳县。秦灭巴、蜀后，在原巴、蜀地区首推"以夷治夷"的羁縻治理策略，故而原巴国王室成员也就成为了秦国诸侯等级的贵族。

2002年开展的发掘工作是迄今为止规模最大、收获最丰的，发掘面积5000平方米，共发掘清理墓葬13座，出土铜、玉、陶、石、骨、漆、木、金等珍贵文物350余件。出土文物多属战国晚期秦灭巴前后，墓葬规模较大，随葬品等级较高，在三峡地区巴文化墓地中属于规模巨大、规划有序的高等级贵族墓葬群。

在最为著名的12号墓，出土了许多工艺精湛的文物珍品。其中有一顶巴人贵族将领才能穿戴的"甲胄"，其功能类似于如今的"头盔"，对头部有着保护作用。然而当时的头盔并不像现在一样直接戴在头顶，需在头上先穿戴上一层皮质的帽子，再将甲胄戴于头顶。

还有一套非常完整的玉组佩，主要构件有玉璧、玉珩、玉环、玉璜、双龙形玉饰、玉鸟形牙饰、桃形玉饰、玉珠、玉管、蜻蜓眼、玛瑙等。历史上，巴人并没有使用玉器的传统，这些精美玉器极大可能是当时的秦朝对西南羁縻首领的封赏之物，这就从另一个方面表明了墓主很可能是巴人最高等级的贵族。

此外还有一把工艺早已失传的战国斑纹铜柳叶剑，传说当年这把剑出土的时候剑身崭新，剑刃锋利无比，完全不像已在地下埋葬了两千多年。而在检测这把青铜剑的铸造材料和工艺时，专家们竟然发现剑身上有镀铬的痕迹！要知道金属器物镀铬是一项非常复杂的工艺，现代镀铬技术直到18世纪才由德国人发明，一把在两千多年前的古墓中出土的青铜剑为什么会有这样的工艺？

为了解开这个谜团，来自各个领域的专家对青铜剑进行了几十种测试，最终认定剑身上的镀铬是用一种物理方法镀上去的，这种工艺早已失传，就算现代科技发达，也仍然无法复制出来。

◆ 小田溪
　　涪陵区白涛街道党政办　供图

随着小田溪巴王墓群的考古成果一项项揭晓，小田溪在两千多年前的面貌也慢慢浮现了。这里就是秦灭巴之后的战国晚期，原巴国王族的贵族墓地群。随着时代变迁，自汉代开始，巴人慢慢地融合进了汉民族，这里也就失去了原本的意义，被废弃遗忘了。

◆ 荔枝园

涪陵荔枝园位于涪陵城区西南6千米的大梁山，曾是唐、宋时期巴渝地区重要的荔枝产地，是"一骑红尘妃子笑，无人知是荔枝来"中杨贵妃最爱的荔枝的原产地。今天的荔枝园是一座以荔枝为主题的仿唐代建筑，占地1.03万亩，由荔枝楼、荔枝亭，以及荔枝碑林、贵妃祠等几部分构成。

晚唐诗人杜牧的《过华清宫》一诗，让杨贵妃爱吃荔枝的嗜好世人皆知。《新唐书·杨贵妃传》的记载也印证了这一点："妃嗜荔支，必欲生致之，乃置驿传送，走数千里，味未变已至京师。"

但杨贵妃所吃荔枝究竟从何而来，却成了一道"世纪猜想题"。直到今天，凡是出产荔枝的地方，人们都愿意贴上贵妃"特供"的标签。经文史学家对不同朝代各类史学典籍的梳理，贵妃所吃荔枝的来源大致有福建说、两广说和巴蜀说三种观点。

其中一种拥有比较过硬"证据"的说法，称贵妃吃的荔枝来自涪州（现重庆涪陵）。

其实早在唐代时，就有巴渝大地栽种荔枝的记载了。

历史上荔枝的忠实追随者除了杨贵妃，还有大文豪白居易。在白居易被贬江州（今重庆忠县）期间，他专门让画工画了一本关于荔枝的图集并亲自作序，即为著名的《荔枝图序》，序中开篇即讲明"荔枝生巴峡间"，也就是说当年的长江三峡流域种植荔枝已经形成气候。

地理学家研究表明，唐宋时期地处北纬31度以南的成都、重庆、宜宾、泸州、涪陵、乐山、万县和雅安等地的河谷地带均有荔枝种植的记载，其中宜宾、泸州、乐山和涪陵四地产量最大、质量最好。在中国的历史上，唐宋时期属于一个相对温暖的时期，其气候要比今天的中国更温暖一些，因此唐代巴渝地区有大面积的荔枝种植，巴渝地区刚好处于当时荔枝生长适宜区的北界。

唐代时，涪陵所产荔枝名为"玉贞子"，果大、肉厚、色艳、味美。但荔枝有一个众所周知的特性——不易保存，白居易在《荔枝图序》中言："其果如离本枝，一日而色变，二日而香变，三日而味变，四五日外色香味尽去矣。"

因此，要想达到"一骑红尘妃子笑"的保鲜效果，在没有现代冷链配送条件的唐代，荔枝想要从岭南送达西安比起从巴蜀送达具有成倍增加的难度。从这一点考量，巴蜀大地上离长安最近的荔枝产地，非涪陵莫属。

据相关史书记载，当年曾有一条"荔枝道"，是唐玄宗为给杨贵妃运送荔枝而开辟的专属快运通道，《舆地纪胜》记载："杨妃嗜生荔枝，诏驿自涪陵，由达州，取西乡，入子午谷，至长安才三日，色香俱未变。"

荔枝道起自涪陵城西的荔枝园，北渡长江，经垫江、梁平、开江、达州，从陕西西乡快马入秦岭子午谷，至长安不过三日。近代著名历史地理学家严耕望先生在他的名著《唐代交通图考》里专门有一章《天宝荔枝道》，仔细分析了贵妃吃的荔枝从何而来，他的结论即是：重庆涪陵。

《舆地纪胜》记载，到宋代时涪陵荔枝园仍有荔枝树百余株，"颗肥肉厚，唐贵妃所喜"。到明代时，园中只剩下一株唐代荔枝树。至清初，涪陵已无荔枝，但荔枝园犹存。

清朝咸丰年间，涪陵知州姚兰坡曾在荔枝园建亭并种植荔枝树，不久因故被毁。此后，荔枝园旧址被岁月风雨冲刷，零落得无处寻觅踪迹，空留下一个让人叹息的地名荔枝园。旧时涪陵八景之一的"荔浦春风"，也随之徒有虚名。

直到2000年前后，由于三峡移民搬迁产业发展需要，在涪陵沉睡百年的荔枝终于又"复活"了。在长江畔的南沱镇睦和村，当地村民通过引种，逐渐发展起超过两百亩的荔枝种植。从2016年开始，村里还搞起了荔枝采果节，曾经只有达官显贵才能品尝的荔枝，成为了寻常百姓的鲜果之一，昔日的"劳民伤财果"，变成了百姓勤劳致富的"摇钱树"。

◆ 白鹤梁

在长江中上游的重庆涪陵段江水中，有一处古老而神秘的水文遗址，已在长江中沉浮、隐现了千余年，这就是白鹤梁。

白鹤梁古称"巴子梁"，是一道长约1600米、宽约15米的天然石梁，因长期浸入江水中，被江水冲刷分割成了上、中、下三段。又因当地生态良好，常年引来白鹤群聚梁上，加之传说古代道士尔朱通微在石梁上乘白鹤仙去，"白鹤梁"因此得名。

白鹤梁是一道以14.5度的角度在江心向北倾斜的天然石梁，由坚硬的砂岩和软质的页岩交互叠压，形成了一道约220米长的平整中段岩面，这就为随后而生的白鹤梁题刻提供了绝佳条件。

最早镌刻于梁上的是两尾石鱼，始刻于唐代广德二年间，现仅存一尾和隶书"石鱼"二字，其余的都没有保存下来。清康熙二十四年（1685），涪州知州萧星拱在此基础上重刻了一对鲤鱼，并题刻《重镌双鱼记》一文。

涪州先民们以石鱼为水标，用它来记录、观测长江水位的变化。在涪陵流传了千年的一个说法"江水退，石鱼见，即年丰稔"，说的就是石鱼出水则意味着一个少雨枯水周期的过去，丰收年景将至，这和现代水文站所使用的"水尺零点"原理相同。

1963年，考古专家来到白鹤梁对双鱼进行了精确的测量、考察，惊奇地发现石鱼眼睛的高度与涪陵地区航运部门的水位零点在同一水平线上。石鱼眼睛作为零点水位标尺，比英国人在武汉江汉关水文站所设立的第一根水尺早一千一百多年，可以说是世

◆ 白鹤梁
涪陵区博物馆　供图

界水文史上的一大奇迹。

每当石鱼出水之时，人们便奔走相告，观鱼者纷至沓来，其中不乏文人墨客作文、赋诗、记事抒情、吊古怀旧。这些诗文被刻于石上，也有细心的记录者将石鱼的出水日期、石鱼到枯水面的距离、观鱼者姓名等刊刻在石梁上，久而久之就形成了极其珍贵的水文记录。

到今天为止，白鹤梁上共有各类题刻165段，计有文字一万余字，高浮雕、浅浮雕和线雕石鱼共18尾、观音2尊、白鹤1只。题刻分布于石梁的不同位置，常年淹没于水位线下，只有冬季江水枯落时才显露于水面。

白鹤梁题刻的历史纵贯唐、宋、元、明、清及近现代一千多年，题刻包含篆、隶、行、楷、草等诸书，尤以宋代文学家、书法家黄庭坚的行书题刻"元符庚辰涪翁来"最为著名。除书法之外，张八歹石鱼、李宽双鱼、董维祺石鱼、白鹤时鸣图等图画也都具有一定的艺术价值，白鹤梁题刻也因此被称作"水下碑林"，是一笔丰厚的文化遗产。

　　更为重要的是，题刻中有108段水文信息，是目前世界上已知时间最早、延续时间最长、数量最多的水文题刻，记录了距今一千二百多年间的72个枯水年份的水位，系统地反映了长江上游枯水年代水位演化情况，是一座举世公认的古代水文站。

　　20世纪90年代末，随着举世瞩目的长江三峡水利枢纽工程建设的展开，水位升高导致白鹤梁无法再履行水文站的功能，只能沉没在40米深的水下，如何保护有一千二百多年历史的白鹤梁题刻，成为文物部门紧迫的任务。

　　2001年4月经国家文物局批准，中国工程院院士、上海交大教授葛修润提出的"无压容器"方案正式确定为白鹤梁题刻的保护方案。2003年2月，为白鹤梁量身定做的原址水下保护工程正式开工，整个保护工程由"水下博物馆""连接交通廊道""水中防撞墩"和"地面陈列馆"四部分组成。

　　水下博物馆的工程时间相对比较紧张，为了最大限度地保存题刻原貌，当地博物馆和文物管理所花了几个月的时间，在白鹤梁上风餐露宿，将上面的题刻全部用硅胶翻成反模。经过数年严谨施工，一道道技术难关被攻克，最终白鹤梁水下博物馆在2009年5月18日正式对外开放。

2006年，白鹤梁被列入中国世界文化遗产预备名单，并被联合国教科文组织盛赞为"保存完好的世界唯一古代水文站"。

◆ 碑记桥

在重庆涪陵的马武镇碑记村一组，有一座始建于南宋，距今已有八百余年历史的单拱石桥，名为"碑记桥"。

碑记桥修建于1194年，当时为南宋光宗赵惇在位年间。说起赵惇这位南宋皇帝，重庆人并不陌生，正是他先在重庆受封为恭王后又登上帝位，取"双重喜庆"之意将恭州更名为"重庆"，"重庆"一名沿用至今。

碑记桥原本只是一座没有名字的无名小桥，是连通涪州（今涪陵）与南川的古道中的一座小桥。古道遇山伐木，遇水架桥，碑记桥横跨东流溪蒲江河之上，为单孔无铰式拱形桥。整座桥大体上采用青条石建成，以河上原有的石滩为桥基，条石纵横叠加，桥面铺上石板，两侧搭有素条石栏。

碑记桥全长约31.5米，宽约5.32米，从桥面到河面高约7.7米，桥体跨度9.9米。整体建筑采用纵联砌筑法，呈干式叠砌状，具有典型的宋代民间建桥方式及风格。历经八百多年的风雨岁月，碑记桥的主体建筑仍然坚固完整，至今仍供人通行使用。只是桥面上的其他建筑早被毁去，唯有一面桥头上还留有几块年代久远

◆ 碑记桥

况雪梅 摄

的石碑。

  最新的一块石碑立于2019年，上书"重庆市文物保护单位""碑记桥"等字样；在它后面另有一块字迹较为清楚的石碑，立于1991年，上写有"四川省文物保护单位"的字样。它们的右边有一块隐约可见字迹的记事碑，立于清道光年间，上面记载着当年对碑记桥进行维修的情况。字迹最为模糊的一块碑为功德碑，上面记载着多个辨认不清的人名，是曾经筹集经费修缮此桥的出资人等。碑记桥便因这几块石碑而得名，而碑记桥所在的村落，也因此得名碑记村。

关于重庆的古桥，《巴县志选注》上记载有三座。一座是建于1050年的荣昌施济桥，一座是建于1194年的涪陵碑记桥，还有一座是建于1195年的合川岩溪桥。施济桥是官建桥的代表，位于"川盐济楚"重要通道上，如今桥面已毁，只余桥墩；碑记桥和岩溪桥则为民建桥的代表，岩溪桥的桥面在20世纪60年代被洪水冲毁，后人又重新搭建起新桥面供人通行。只有碑记桥，历经八百余年岁月沧桑，依旧屹立不倒。

今天的碑记桥从外表上很难看出岁月的痕迹，甚至让人无法相信它已经有八百多年历史。桥面石条平整光滑，桥体结构稳固结实，只有桥身上布满的青苔述说着历史的悠长。很多慕名而来的游客都感慨道："难以相信，它实在太完整了，太新了。"

在碑记桥下裸露的河床上，有着许多大小不一、形状各异的壶洞。这些壶洞有人说是河水常年冲刷自然形成的，但当地还流传着另一种说法：这些壶洞之所以大小不一、形状各异，是当年修建碑记桥的工人将木桩打进河床时造成的，每根木桩大小不一，形状各异，如有的木桩缺了一块不够圆，于是留下了马蹄形状壶洞。如果这个说法是真实的，那么当年的造桥工艺就真的令人叹为观止了。

不过在古代中国，造桥工艺原本就属世界领先水平，小学课本中的"赵州桥"不是也历经千年而不倒，成为了世界桥梁史上的丰碑吗？无论如何，碑记桥是重庆现存最完整、年代最为久远的一座古桥，对研究涪陵地区我国宋代石质桥梁建造史有着非常重要的意义。

三台城

位于今重庆市涪陵区马鞍街道办事处玉屏社区一组，是重庆境内现存的十大主要抗蒙遗址之一，也是南宋抗蒙山城防御体系中的重要环节。

三台城本名"三台寨"，因西面小溪与长江交汇，形成一个三级阶梯状的三角半岛，故名"三台山"。从长江南岸隔江眺望，三台城犹如一只趴在江边的巨大乌龟，因此又称"龟陵城"。

1127年，北宋灭亡，宋朝政权南迁建立南宋。蒙古灭金后，与南宋形成对峙之势。之后蒙古招降吐蕃（辖今川、藏地区）、征服大理（辖今云、贵地区），让处于西南部的四川、重庆等地成为了两朝对峙中频发冲突的前线阵地。

为抵抗蒙古军东进南下，南宋兵部侍郎、四川安抚制置使兼重庆知府余玠，采取依山制骑、以点控面的方略，与后继者王坚、张珏等人在合川、南川、万州、云阳、涪陵等地筑起八十多处防御工事。涪陵三台城就是其中一处重要的据点。

三台城始建于南宋咸淳二年（1266）春。建寨时就地取材，用砂岩条石依山建起一座面积约九万平方米、周长约一千多米的山顶堡垒。寨东、西、北三面依山势建筑起厚四米、高四至六米的寨墙；寨东南面无寨墙，寨门外即为百余米高的悬崖，悬崖下是波涛汹涌的长江。

其中西寨门为主出入口，相传当年设有八字炮台拱卫。直到今天，人们还能在寨墙附近的竹林里找到当年留下的石弹，每颗

◆ 三台城：龟陵城
　祖小童　摄

　　石弹直径从15至40厘米不等。面朝长江而开的东寨门，进出通道是一条沿山壁而开的小路，寨门外立有文物保护碑，崖壁上刻有三台寨题刻碑一块，上面写有三台城守卫将领阳立的署名和修建的年代。

　　三台城的寨墙从外部看似乎全由一块块边长仅有0.3米的方形石头砌成，事实上，它们全是长约1米有余的条石采用纵向铺设的结果。条石长的一面全都隐于寨墙中，厚约两米的寨墙，全是用这样的条石堆砌而成。这样的寨墙，用当时的大炮根本不可能攻破。整个三台寨的所有寨墙，据说都是采用这样的筑法，只能用固若金汤来形容。

三台城建好后，涪州便将州县治所由长江乌江交汇处的涪州城（今涪陵城区）迁至此，以抗击元军进犯。现三台城最高点王子顶的西坡下，那个占地数亩的三重平台遗址便是当年涪州衙门所在地。

据史料记载，公元1267年7月，涪州守将阳立从三台寨率兵沿水路护送粮草到渠城（今四川渠县）；1276年，阳立从三台寨率兵增援重庆等地与元军作战。1277年上半年，阳立及其部众投降元军。其后，宋将张珏派遣将领张万将阳立从三台寨赶走，以程聪为安抚使继续坚守涪州。后元军东川副都元帅张德润率军进攻涪州，程聪被擒后遇害。涪州军民依托三台寨的有利地形，坚持开展了艰苦卓绝的悲壮抗蒙斗争，直到南宋首都临安（今浙江杭州）沦陷后的第二年，涪州才被元军攻占。

经历七百余年风雨的三台城，曾是山城重庆在南宋时期抗击元军的重要据点，也是几十代涪陵人世代居住的故乡。今天的三台城，即将开发打造成抗蒙遗址景点，届时必将重现南宋时期重要军事要塞的动人风采。

渝中区

◆ 洪崖洞

洪崖洞位于重庆渝中区解放碑附近，北临解放碑沧白路，南接滨江路。明朝戴鼎在重庆布局"九开八闭十七门"的城门格局，洪崖洞的位置就在其中洪崖门的下方。

洪崖门是十七门中的一道闭门，位于临江门与千厮门之间。洪崖门下方的悬崖峭壁上有一个天然形成的石洞，相传曾有一名叫作"洪崖仙人"的道士在此修道，故而得名洪崖洞。因洪崖门是一道闭门，没有门洞与城门，仅有城墙及门廊，故而洪崖洞与洪崖门都处在嘉陵江畔的陡峭山壁之上，二者实为一体。

昔日的重庆城有"渝城八景"，其中一景为"洪崖滴翠"，说的就是洪崖洞最初的样貌。天然洞窟生于山壁之上，洞中泉水顺悬崖而下，形成滴水之景，水源滋养了山体上的植被，形成滴翠成荫之势。洪崖滴翠久负盛名，苏轼、黄庭坚等历史名人都曾在此留下过题刻。

如同重庆其他的古城门一样，洪崖门在20世纪20—30年代毁于重庆拓城运动中，从此洪崖门在重庆人的记忆里慢慢退去，这片区域在人们口中便成了洪崖洞。

古城门和城墙的摧毁固然可惜，但此举却带来了洪崖洞作为水码头的繁华。因地处嘉陵江畔，与当时位于江北的巴县衙门隔江相望，这里交通便利又紧邻闹市区，失去了城墙与城门的洪崖洞很快成为了人群聚居之处。

人们在江岸边的陡坡上依山势搭起吊脚楼，建起石板阶梯，很快形成了居民、商铺、码头和街巷，这里也有了一个被老重庆人熟知的地名——纸盐河巷。

纸盐河巷的名字来源于纸盐码头。重庆拓城时期，从现在的

◆ 洪崖洞
彭镛 摄

朝天门三码头往嘉陵江上游有码头无数，包括了棉码头、盐码头、纸码头、砖码头、渡船码头等。当时的洪崖洞临江一面有纸码头和盐码头，当年重庆城吃的盐，用的纸，统统是从这个码头进来的。人们习惯将这一带称为纸盐码头，码头附近形成的街巷便叫作纸盐河巷。

1925年，爱国商人卢作孚在重庆创办民生轮船公司，公司开辟的第一条航线，就是从纸盐河巷的盐码头起航，驶到合川钓鱼城。《红岩》小说里，江姐从重庆去华蓥山也是从这里登船，小说中还描写有甫志高前来送行的场景。

有了码头，有了人气，随之而来的就是商贸。在描写重庆十七道城门的《重庆歌》里，对洪崖门的介绍是："洪崖门，广船开，杀鸡敬神。"这句歌词真实地讲述了从前的纸盐河巷热闹的市井人烟气。

那时的纸盐河巷两旁吊脚楼密布，街道两旁商贩云集，码头上往来各式商船，每日开市前为示诚信交易、童叟无欺，各大商会都要杀鸡敬神，用充满仪式感的形式揭开每一天的商市交易序幕，其热闹程度不亚于今天的洪崖洞民俗风貌区。

那时的洪崖洞吊脚楼是真正的原始巴渝风貌吊脚楼，所有的房屋依山势搭建在几乎找不到平地的山坡之上，为找平地面，必须采用吊脚楼的建筑方式。吊脚楼用木板一块块拼接而成，为节省材料，在建造时通常是一家紧挨着一家。

居住在吊脚楼里的都是重庆城中的贫苦百姓，他们分散在城中码头、市集，凭力气换生计。他们最害怕的是两件事情，一是火，二是水。木制的吊脚楼紧密相连，一旦失火便会殃及全片居民；吊脚楼从河岸边建到城中，每年嘉陵江洪水，就会淹没一排又一排。

随着时代的推演、城市建设的发展和水路运输的没落，居住在吊脚楼中的居民越来越少，洪崖洞吊脚楼片区一度成了重庆城中的老、破、小棚户区，历经苦难的吊脚楼也成了危房。

1993年重庆修建嘉滨路时，洪崖洞剩下的原住居民被整体搬迁。2003年重庆开始旧城改建，洪崖洞正式拆迁重建。2006年洪崖洞民俗风貌区建成。

新建成的洪崖洞民俗风貌区采用巴渝传统山地民居的"吊脚楼"形式，将巴渝文化、山地民居建筑文化融入现代商业范畴，用仿吊脚楼式的建筑、魔幻的退台和高差、流光溢彩的夜景打造了一个现代商业旅游爆款。

2007年，重庆洪崖洞民俗风貌区被评定为国家4A级旅游景区。2018年，洪崖洞民俗风貌区投巨资重新安装了灯光系统，一举成为全国网红地标。2021年，"洪崖洞"被列入"重庆市第二批历史地名保护名录"。

◆ 佛图关

佛图关位于重庆城区西部的鹅岭之上，这里地形狭窄，地势险峻，两侧环水，三面悬崖，海拔最高处388米，自古有"四塞之

◆ 佛图关

彭镛 摄

险，甲于天下"之说。

重庆城区由长江、嘉陵江两江汇流形成一个半岛，全城修建于挟两江之势的山上，三面环水，以悬崖峭壁构成天然屏障，只有西南方向的山脊一线可通佛图关，因此佛图关就成为了重庆城唯一的陆上要塞，正如重庆的一句俗语所说："出了浮图关才算出了重庆城，出了青木关才算出了重庆。"

佛图关之名最早见于《宋史》："大兵会重庆，驻佛图关。"关于佛图关的地名由来说法众多，一种说法认为佛图源于楚语中的"於菟"，读音为"吴突"，意为"虎"。这种观点内部又有分歧，一些人认为佛图关为山岭脊梁，悬崖绝壁，易守难攻，形似老虎把守，故而得名；一些人认为重庆属巴地，巴人的图腾为虎，故而得名；还有一些人认为是古代楚国的一支三苗溯长江西进，攻占了佛图关而取名。

另一种说法来源于《清一统志》所载"上有石佛像，故名"。佛图关上的确遗存有唐宋以来的摩崖石刻佛像，以及《浮图古关》《佛图关铭》《佛图关》《清正廉明》等多种记事碑铭，所以才有了"浮图关"这个名字。又因重庆语系中"浮"和"佛"为同一读音，所以无论是写作"浮图关"还是"佛图关"，都视为正确。

抗战时期国民政府西迁重庆，于1940年在佛图关的夜雨寺设军官训练团，因国民党军风、军纪差，参训军官在重庆城中时常惹出是非，老百姓便编了一句顺口溜："浮图关训练糊涂官"，国民政府听闻后大怒，便取收复河山之民意，将佛图关改名为"复兴关"。

佛图关的初建年代如今已经无证可考，《巴县志》载："地极险要，建始不可考。"比较可靠的说法是在秦灭巴之后，张仪在今朝天门一带修筑重庆城，史称"仪城江州"。后三国时期，蜀汉政权派驻江州的都护李严重修重庆城，据《巴县志》记载，"汉李严欲凿此通流，使全城如岛，诸葛武侯不可乃止"。

李严是蜀汉的重臣，但陈寿在《三国志》中形容他"性自矜高"，与人不好合作。刘备于白帝城托孤于诸葛亮、李严后，诸葛亮返成都主持朝政，辅佐后主刘禅；李严则奉命扼守重庆，以作夔州之西后卫、成都之东门户。

李严曾有过凿通天社山修筑沿江大道的经验，对于山城重庆的军事布防他有个大胆的想法。他踏勘了佛图关四周的地形之后，认为可以将佛图关山下凿通，让长江和嘉陵江水通过甬道汇合连通，这样重庆就成了四面环水之岛，在当时的作战环境下更加易守难攻。

方案呈报到成都蜀汉朝廷后，丞相诸葛亮想到李严性格一向孤傲不羁，还曾经提出过"裂土封侯"的主张，想从益州划出五郡为巴州，由李严自己担任巴州牧。倘若此次果真让李严实现了凿山汇流这一计划，到时候他自拥为王，谁拿他还有办法？于是没有通过这个计划。

李严挖山的计划落空后，他便在佛图关上建了一座用条石叠砌而成的军堡，城墙高达10米，厚约5米，有"迎庆""泰安""顺风""大城"四道关门，关墙南北都是悬崖，悬崖下为两江。后历朝历代都在此基础上修建工事布防，至今佛图关上还能见到关墙的基土断垣。

十分有趣的是，一千多年过去了，民国时代的川军将领大军阀杨森竟与蜀将李严不谋而合。杨森在担任重庆市长期间，也计划打通佛图关汇合两江。为此他还进行了一些前期的勘测工作，测得北面的嘉陵江水位较南面的长江要高，于是计划于最窄处的鹅岭鹅项颈处动工，此地两江相距不过一千余米，凿通后嘉陵江水便可顺势汇入长江，但后来因工程量实在过于浩大而不了了之。

南宋末年，元朝大军绕过钓鱼城，沿长江杀向佛图关，很快夺下佛图关，并以佛图关为跳板，猛攻通远门。宋将赵安叛敌，开镇西门放元军入城，重庆沦陷；守将张珏率兵巷战，后弃城乘小舟东下，结果在涪陵被元军俘获，后遭杀害。

明朝万历年间，四川永宁宣抚司奢崇明作乱窃据重庆，自城西通远门至二郎关，连营十七。著名女将秦良玉与明军配合，攻破佛图、二郎两关收复重庆。

从今天仍存留的《清末重庆地图》上可以看出，清朝时期的佛图关，有仁清、泰安、瑞丰、大城关门四道，而且是双城门结构，城中有城，城中还有一道关门。关墙南北近两江江滨，以悬崖为屏障，高大坚固。城堡内有夜雨寺、秋池等寺院亭阁。晚唐大诗人李商隐的《夜雨寄北》中提到"巴山夜雨涨秋池"，据说就是诗人从巴州前往梓州上任，途经佛图关借宿时写下的。

◆ 通远门

通远门在今重庆渝中区七星岗街道。这里是古重庆城的西城门，也是旧时重庆"九开八闭十七门"中唯一一道设在陆地上的开门，是连通重庆城与西边佛图关、成都平原的军事要塞，也是古重庆城在陆地上的最后一道防线。

通远门的前身为镇西门，基址为三国时期蜀都护李严修筑的江州城城墙，以及南宋嘉熙二年（1238）彭大雅为抗击蒙古铁骑修筑的石基构造墙。

南宋末年，蒙古军攻破成都，宋军退守重庆，彭大雅出任重庆知府。为抵抗蒙军进犯，彭大雅作出了一个劳民伤财但又非为不可的决定——竭尽全力拓筑重庆城墙。在全民筑墙的努力下，整个重庆城城墙向北扩至嘉陵江边，向西扩至今临江门、通远门一线，重庆城范围大致比李严扩建的江州城大了两倍，奠定了此后直至明清重庆古城的大致格局。

◆ 通远门
彭镛 摄

明洪武四年（1371），重庆卫指挥使戴鼎依风水格局筑重庆城，建九开八闭十七道重庆城门，今存的通远门城墙及城门遗址均为戴鼎在原有城墙的基础上修筑的石砌城墙，迄今已有六百多年历史。此后通远门见证了重庆的重大变迁。

明末四川战乱，通远门曾为当年的战争前线。经此战乱后被毁损，清朝初年得以重修。

1929年，国民政府首任重庆市长潘文华一改老重庆城市格局，对重庆城开展市政建设，将重庆城的老城门悉数拆去，仅有通远门和东水门得以幸存。如今的东水门只余一座"光杆"城门洞，通远门还保留着一小段原有的城墙。

通远门得以幸存是因为其旧址在山巅高处，修建公路无须挖掉整座山坡，仅需在城门下方的位置打通隧道即可。今天的和平路隧道，仍是从两路口、七星岗一带前往较场口、解放碑的马路通道，可正常通行。

介绍重庆老城门的那首《重庆歌》中，通远门的介绍是这样的："通远门，锣鼓响，看埋死人。"土生土长的重庆人都知道这句歌词背后的意义：就在这座通往外界的唯一陆路通道小门洞外的七星岗，曾是一片乱坟岗，人人都知"七星岗闹鬼，上清寺镇邪"的重庆掌故。

这些民间怪力乱神的传说，与通远门历代经历的"血光之灾"密切相关。

通远门的第一次"血光之灾"发生在南宋时期。1258年，蒙哥率三路蒙军大举入侵巴蜀，他们选择先攻合川钓鱼城。1259年，久攻不下的蒙哥在钓鱼城下"上帝折鞭"，功败身死。蒙古大军只能退兵，让通远门与重庆城暂时获得了喘息的时机。

1276年，重庆城还未失守，蒙军就攻破了南宋都城临安，南宋灭亡。两年后忽必烈亲率蒙军强攻重庆。吸取了蒙哥的失败教训，这一次忽必烈绕开钓鱼城直奔通远门而来。两军在通远门展开攻防，守将张珏率众血溅通远门，终被破门，重庆失守。

第二次在明崇祯十七年（1644），农民起义军张献忠率部数十万，超过守军十倍以上，但仍无力正面强攻通远门。张献忠绕道江津从菜园坝登陆，夺取佛图关，从水陆两路合围重庆，将最后决战的主战场定在了通远门。经六天苦战，起义军炸塌通远门转角城墙，一举攻入重庆。为解心中之恨，张献忠令手下兵士大肆杀戮城中百姓，《荒书》记载："城中男女皆断右手。"

第三次在1911年，夏之时率领的辛亥革命起义部队兵临佛图关，城内清朝守城官兵和城外革命党人的战争一触即发。然而接下来却出现戏剧性变化，重庆同盟会会员成功买通守城炮队校官，卸掉通远门上大炮炮栓，并将门锁砸开，通远门为辛亥革命让开大道，重庆兵不血刃地宣布独立。

今天的通远门仍存留在七星岗和平路隧道之上的山顶，其城门采用双层拱形结构，两道门洞间有一狭小的四方天井，门洞两侧还保留有城墙百余米。古城墙呈现出的典型山城特色，吸引着众多中外游客，是游客们打卡重庆历史文化景点的必到之处。

◆ 白象街

白象街位于渝中区望龙门和太平门之间，凯旋路与解放西路交叉路口附近。1891年重庆开埠后，白象街曾是重庆城的经济中心，巴掌大的地方拥有重庆最早的有线电报局、药材公会、大清邮局、美国大来公司、李耀庭公馆等。

白象街得名于唐宋时期，当时白象街街头有一尊汉白玉雕塑的石象，与长江对岸玄坛庙里一对青狮石雕隔江相望，重庆人都说这一象二狮守护了重庆城的风水，保佑重庆风调雨顺，故而在民间又有"青狮白象锁大江"的说法，白象街便因此得名。

其实，白象街的白象与玄坛庙的青狮并没有完全相对，白象相对处于长江上游一点的位置，而青狮则相对靠近下游一些。白象石雕下原有一个池子白象池，池子在清乾隆年间被废弃。清末重庆开埠，下半城望龙门、太平门一带商贸繁盛，白象附近开始形成街道，名为"白象街"，整条街全长425米，宽不到10米。

当时的望龙门叫作"太安门"，是重庆"九开八闭十七门"里的一道闭门，只有城楼没有城门，人们进出只能走东水门或太平门。

随着重庆水运交通的发展，外省及外国商贾船家带着货物来到重庆经商，经商需要手续，就免不了要和官府打交道。加之重庆开埠后，外国商人被限制在南岸活动，未经许可不能到城里来，但外国商人又不能不找官府办事，于是就有了"买办"这个行当。白象街东北接望龙门，西南接太平门，是重庆城最靠近官府衙门

◆ 白象街
何向东 摄

的地方，于是就被各种买办、商行当作办事处驻地，外来的商贾也在那一带开起了货栈、商行，白象街也就日益繁荣起来。

也是这个原因，白象街拥有了重庆城最早的洋房。白象街的洋房在极具异域风情的同时，又吸收了中国传统建筑的一些特点，例如大多采用了花格门窗，雕刻镂空，相当精致。在很长一段时期内，白象街都是重庆城建筑最豪华最气派的街道。白象街拆除改建之前，那些当年的洋房虽然几经风霜，但都还屹立在街旁。

今天的白象街遗存有众多清末到抗战时期的文化遗址，分别是药材公会旧址、私立兴华小学旧址、白象街151号民居、重庆海关办公楼旧址、重庆海关报关行旧址、重庆反省院旧址、李耀庭公馆旧址、江全泰号旧址、重庆海关监督公署旧址以及太平门至人和门段城垣遗址。

药材公会可以说是抗战时期重庆城民间抗战组织的一支标兵。九一八事变爆发前夕，盘踞王家沱的日军势力，开始大肆制造假中药并渗透到重庆各地，企图扰乱药材市场，搞垮重庆的中药业。危急时刻，药材公会的领军人物朱君南挺身而出，联合全部中药商号一起揭露了日本人的诡计。

同时，朱君南带领同行在水路极不通畅的情况下，历经万难将沦陷区生产的白术、肉桂、知母、砂仁等中药材抢运至重庆。这些抢救下来的药材连同中南公司储存的几万斤中药材，在战时药材短缺的情况下，为抗战作出了重要贡献。

除了药材公会，白象街的著名历史建筑还有李耀庭公馆，是晚清年间西南首富李耀庭的住所，又名"卜凤居"。卜凤居是一座典型的开埠时期建筑，采用中式石槽门，门头上雕刻有"卜凤居"

◆ 白象街

三字。这里曾是重庆城点亮第一盏电灯的地方，还曾被改造为生产冰糕的工厂，重庆第一家冰糕厂就诞生在这里。

白象街88号是1897年宋育仁主办的《渝报》和1924年萧楚女任主笔的《新蜀报》报社旧址。1938年，老舍移居白象街《新蜀报》馆；1922年，陈毅在重庆《新蜀报》任主笔，和报社同仁在白象街报馆前合影。1938年《大公报》迁到重庆后，《大公报》第二任总编辑王芸生便居住在白象街的一个小寓所里。1941年皖南事变后，周恩来在白象街举行爱国工商界人士座谈会。

历史上的白象街，对重庆城的意义相当于今天的重庆解放碑CBD，发生了太多名垂青史的故事。解放后随着水运的萧条、上半城经济和交通的崛起，白象街渐渐繁华不再，沦为了重庆城原住民的棚户区。2013年，渝中区政府启动"下半城改造计划"，白象街经过长达六年的保护性改建，形成白象街传统风貌区，于2019年以崭新的面貌重新开街。改造后的白象街干净整洁，在保留历史文化遗址的基础上以民国时代的建筑风格重新布局，白象街的新使命新时代就此到来。

◆ 千厮门

千厮门是重庆"九开八闭十七门"中的一座开门，位于渝中区嘉陵江畔的闭门洪崖门与西水门之间，正对江北城的保定门。千厮门如同重庆其他古城门一样，在20世纪二三十年代的拓城运动中被毁，千厮门的模样只能从古籍中追寻一二。

据史料记载，千厮门最早的可考历史在宋代，当时的重庆城有千厮门、洪崖门、熏风门、镇西门四道城门。后明代戴鼎筑"九开八闭十七门"时，保留了千厮门的名称。明代的千厮门建有瓮城，瓮门西向而开，城门隔江面对江北老城的保定门，城门上题有"千厮巩固"四字。

千厮门名取自《诗经·小雅·甫田》："乃求千斯仓，乃求万斯箱。黍稷稻粱，农夫之庆。报以介福，万寿无疆。"有祈祷风调雨顺、丰收满仓之意，相传当年城内还设储存粮、棉的千仓万仓。

据《华阳国志》和《太平寰宇记》记载，西蜀建兴八年（230），诸葛亮北征时，命李福为江州都督，并大量屯集粮食以备军用。当时"造苍龙白虎门，别郡县，仓皆有城"，"州所理在巴城北故仓城"，这些记载表明粮仓就建在城北靠嘉陵江一侧，也就是后来的千厮门一带。

重庆民谣《城门歌》中对千厮门的记载为："千厮门，花包子，白雪如银。"这句歌词说的是千厮门作为码头的重要功能之一。

按照开门附近必有码头的规律，加之千厮门距城中心较近，嘉陵江水域常年水位平稳，非常适合船只停靠装卸货物，千厮门外自然就形成了码头。旧时千厮门江边有大码头、水码头、贺家码头、王家码头等码头，其中二码头是嘉陵江上的主要码头之一，使用历史有两千余年。

明清时期，川盐经此码头运往嘉陵江上游各地，千厮门码头成为重要的盐运码头。为了加强对食盐运输的管理，雍正八年（1730），清政府在千厮门专门设立了盐埠（码头）。

码头带来了重要的货物集散功能，货物集散功能带动了街市的繁荣。千厮门周围逐渐形成众多街巷，千厮门正街、千厮门行街尤为出名。

千厮门正街位于千厮门城门外，是连接城门与码头的主要通道，过往行人货物川流不息，街道两旁店铺商号林立。千厮门行街与千厮门正街大致呈十字交叉，在附近又形成姚家巷、花巷子、二郎庙街、棉花街等街巷。

当时的千厮门街市繁华、商贸发达，进出的货物主要有盐、纸、棉花、煤炭和时鲜蔬菜。而《城门歌》中的"花包子"，指的就是棉花。据史料记载，到1942年，分布在千厮门、棉花街、水巷子和陕西街的棉花贩运商便有59家，棉花铺计66家。

从新中国成立到20世纪60年代是川江水运的稳定发展期，也是千厮门码头繁荣鼎盛时期。那时，千厮门外沿江码头共有六七座，一直绵亘至洪崖洞江边。到20世纪80年代，嘉陵江上每日有轮船开往合川、北碚，千厮门正街整日人群熙攘，小饭店、冷酒馆、杂货铺的生意十分红火。

20世纪七八十年代之后，随着祖国发展不断昌盛，公路、铁路、航空运输日益发达，千厮门码头客运业务最终退出了历史的舞台，码头的货物集散功能也逐步丧失，千厮门河街也逐渐沉寂冷清。

2015 年，一条连接渝中区与江北区的跨江大桥横空出现在千厮门上方。这座世界最大跨径单塔单索面斜拉桥名为"千厮门嘉陵江大桥"，上层为双向四车道城市快速路，下层为双线轨道城市交通。

这座大桥还获得了"重庆最美大桥"的美誉，因为桥上是拍摄洪崖洞民俗风貌区全景的最佳地点。近年来每逢假期，千厮门大桥便会"封桥"，为游客步行敞开游览通道，既可桥面步行跨江，又可登桥拍摄风光。

2019 年底，打通渝中半岛、连接长江与嘉陵江两岸的千厮门隧道正式通车，隧道接通了长江上的东水门大桥与嘉陵江上的千厮门大桥，真正意义上地实现了重庆城"两江四岸"的交通效率升级。

今天的千厮门已经成为重庆重要的旅游观光地，与洪崖洞、沧白路、解放碑等景区景观融为一体，肩负新时代之新使命，焕发出全新的光彩。

◆ 金汤门

金汤门是重庆"九开八闭十七门"中的闭门。据《清乾隆重庆古城图》标注的位置，金汤门应在南纪门与通远门之间，约在雷家坡到打枪坝之间的半山腰，城门外是长江边上的悬崖高谷，城门恰对着珊瑚坝。

金汤门名字的由来与通远门有关。通远门为重庆军事要塞，因此在建通远门后又在其左右修建金汤门与定远门，寓意"金汤坚城，挥戈定远"。金汤门始建于明洪武四年（1371），清康熙四十六年金汤门附近片区被编为金汤坊，成为当时重庆城区二十九坊之一。

金汤坊的地理位置与今天的山城巷部分重合，在城门附近散落着天官府、体心堂、仁爱堂等建筑。1935年，金汤门、金汤坊的名号被一同废除，自此金汤门在重庆人视野中渐行渐远。

在金汤门留下的故事中，天官府的故事算是较为重要的一个。

天官府是明代吏部尚书蹇义的府邸。吏部尚书习惯上又被称为"天官"，为百官之长，故而其府邸称为"天官府"。蹇义原名蹇瑢，巴县（今重庆）人，明洪武十八年中进士入朝为官，深受明太祖朱元璋喜爱与赏识，赐名为"义"。

蹇义一生为官，历明太祖、明惠帝、明成祖、明仁宗、明宣宗、明英宗六朝。明宣宗时，赐蹇义京城和家乡府邸各一座，位于家乡重庆的这一座就是金汤门内的天官府。

据史料记载，天官府气派宏大，建造别致，单是门前那副对联，就足以窥见其气派非同寻常："祈天永命天官府；与国休戚国老家。"天官府从明代起存在了五百多年，直至辛亥革命后才消失。但天官府所在的街巷被人们称为"天官府街"，街名至今留存。

抗日战争期间，郭沫若出任国民政府军事委员会政治部第三厅厅长，就住在天官府6号，郭老为其取名为"寄庐"，郭老就职的第三厅及后来的文化工作委员会则设在一墙之隔的天官府8号。

这两处宅院原是重庆市第一任市长潘文华的内弟的私宅，1938年底郭沫若到重庆后此地成为其居住和办公之处。中共南方局组建后，这里就成为了周恩来领导下的中共南方局贯彻、执行党的抗日民族统一战线半公开的"司令部"，也是进步文化工作者的大本营，被文化界和进步青年称作"小延安""民主之家"。

1951年1月郭沫若回重庆故地重游，专程探访天官府街旧居，提笔写下著名诗歌《访天官府寄庐》："久别天官府，寄庐今尚存。危楼经寇弹，破壁透朝暾……"郭老在诗后标注文字："天官府六号乃文化工作委员会办公处，余租住四号院中靠西一首的三楼。房两间……夏季热不可当。但周恩来同志每召集民主人士或文化工作者在此座谈，有时竟多至六七十人，恒夜以继日。我的《屈原》《虎符》等剧均在此屋中草成。"

今天的天官府已经荡然无存，金汤门更是无迹可寻，唯余一个地名，出现在古老的记载中，出现在重庆人口口相传的掌故中，提醒着世人不要忘记在这里曾发生的故事。

◆ 临江门

重庆十七座老城门之一的临江门不复存在，但是作为地名被保留了下来。旧时的临江门就位于今天的临江路下面的魁星楼一带，这里距离解放碑碑体，直线距离不超过三百米。

临江门位于嘉陵江南岸，江对岸正对着的地方就是现在的江北城。明洪武四年（1371），戴鼎任重庆卫指挥使，依临江这座城门所处位置而命名为临江门。其所临的江即为嘉陵江。

据史料记载，原有隧道从临江门南侧人行道穿洞下坡出城。原城门在隧道出口，居高临下，瓮城上原题有"江流砥柱"四个大字。看似平常的临江门是嘉陵江上游来重庆城的第一座重要通道，也是守城的第一道防线。

从临江门到江边，有一个长约三百级的石台阶，连接着十多条街巷，街巷依山而建，顺山势而起伏，汇聚着众多来重庆城讨生活的人。这段陡坡还有一个直白又有诗意的名字"洒金坡"，夕阳西下，余晖把斜坡上高高低低、错落有致的吊脚楼照得金灿灿的，像被撒上了一层金色的粉。

作为重要的码头之一，关于临江门功能的描述主要集中在"临江门，卖木材，树料齐整""临江门，粪码头，肥田有本"两种说法。

在没有钢筋水泥建材的情况下，建筑主要依赖于木材。而旧时木材的运输，最佳方式就是水运。嘉陵江上游的木材，通过临江门码头进入城区，被用于建设房屋、制作家具、生火做饭等，临江门渐渐成为木材的集散地。而在没有下水道之前，为了处理每天产生的大量粪水，会有专门收粪水的人挑着粪桶收粪，再将粪水集中在临江门，从此地转运到嘉陵江、长江其他支流地区，以作为肥料使用。

鉴于城内街巷曲折、狭窄，不利于交通，全城无一条马路，滑竿、轿子是城内的主要交通工具，拆城门、修马路成为20世纪20年代旧城改造的重要方面。1922年5月，重庆商埠督办杨森为发展城市交通，倡导兴建码头，"江流砥柱"临江门及瓮城、城垣全被拆除。走过了五百多年漫长历程，临江门成了重庆古城十七门中最先消失的城门。该城门因修建临江门地下通道而不复存在，过去出城后通往江边的陡坡亦因为修建魁星楼而消失。

而魁星楼得名还源于临江门城门内的一座文庙，内有魁星阁。魁星阁是一座三楼一底一共四层的八面体塔式建筑。魁星阁气势宏伟，前后飞檐翘角精致盎然。重庆府文庙在明清时期曾多次重修，1909年重庆府文庙完成最后一次大修扩建。抗战时期，日寇飞机对重庆进行了长达五年半的战略轰炸，文庙被炸毁，成了一片废墟。解放后在文庙大成殿地面上建起了重庆市第二十九中学。

不过，说起魁星楼，许多重庆人的第一印象便是书城。2001年7月，魁星楼现代书城开业。作为重庆第一家大型图书超市，现代书城卖场近万平方米。除了主营图书外，书城还吸引了经营文具、玩具、旅游用品、休闲用品等的专卖店加盟。一到周末，市民们带着孩子，到书城选购图书，可以在这里打发掉一天时间。后来，魁星楼几易其主，均不复往日的热闹。无论是现代书城，还是黄金珠宝市场，抑或是购物商场、电影院、美食城，人气都不如往昔。如今魁星楼"弃文从医"，成了重庆医科大学附属第二医院门诊大楼。

老城门不复存在，老城门的历史，重庆人却了然于胸，永远铭记。

◆ 上清寺

　　上清寺位于渝中区中部偏北位置，北临嘉陵江，南接两路口，西靠化龙桥，东连大溪沟。在大多数重庆人的印象中，上清寺是一个区域性的地名，这里有重庆最美街道中山四路，有特园、桂园、周公馆等历史文化名人故居，无论是三峡博物馆、人民大礼堂还是李子坝轻轨穿屋网红打卡景观，都在这个区域的辐射范围内。

　　但上清寺为什么要叫上清寺呢？难道在这里真的有一座寺庙？可为何在如今车水马龙的上清寺街道任何一个角落，都闻不到一丝寺庙的香火气味呢？

　　时间回到明朝以前，这里还不叫上清寺，附近只有田与土，随处可见乱圹荒冢，人烟稀少，一片荒凉，只有旁边缓缓流动的嘉陵江水与今天无异。因为地处重庆城郊外，位置偏僻人丁寥落，再加上人们怪力乱神的丰富想象力，这里就成了人们口中有些邪门的地方。

　　明代嘉靖年间，重庆城中的一位乡绅为镇邪祟、守渝中，出资请人花了十余年时间，在此地建起一座占地四百平方丈的"三清庙"。庙内建筑恢宏，殿宇林立，有三清大殿、祖师殿、玉皇殿、灵官殿、雷祖殿、财神殿等多座殿堂。从此为重庆留下了耳熟能详的俗语："七星岗闹鬼，上清寺镇邪。"

　　三清庙甫一建成，便立刻成为了善男信女趋相拜访的地方。又因为此地临江，得舟楫之便，兼寺庙聚众之利，敏锐的商贾嗅到商机，开始在此地做起了买卖。久而久之，最初的小摊小贩发展成为坐摊商铺，围绕三清庙形成了商业气息浓郁的大型交易市场。

后来，"三清庙"改名为"上清寺"。重庆人固有以当地最醒目的标志建筑来称呼该地区的习惯，于是就有了今天所说的上清寺地区。

在明清两代，上清寺一直香火鼎盛、信众盈门。

民国初年，四川督军熊克武退出四川，留在巴蜀大地上的大小军阀群龙无首，开始了史上有名的"四川混战"。

1924年，刘湘的川军打败贵州军阀袁祖铭，占据上清寺地区。怀恨在心的袁祖铭第二年卷土重来，欲重夺上清寺。两军于上清寺激战，造成上清寺所有商铺、房屋受损严重，寺内神像被无情枪炮击得残缺不全，一度鼎盛的上清寺从此破败。

神像虽残，但建筑仍在。抗战时期，国民党警察局上清寺分驻所在寺庙内设址，经重新装修后，上清寺一度成为办公场所。解放后，重庆市邮政局又将寺庙简单装修了一下，把这里改造成职工二食堂。早已没有了神像的上清寺，最终还是没能避开"十年浩劫"的影响，在疯狂的"破四旧"运动中，作为封建迷信代表的老建筑上清寺被彻底摧毁、拆除。

这就是为什么重庆上清寺没有寺。

根据多种证据推演，从前的上清寺寺庙旧址，就在今天上清寺转盘附近，约为太平洋广场、鑫隆达大厦、渝中大厦三座现代高楼之间的位置。在它的街对面，曾是亚洲反法西斯战场后方的中流砥柱、中国民主党派的摇篮、重庆现代教育的发源地中山四路。

今天的上清寺地区，是左右了重庆八十年城市变革的"大脑"，更是共和国最年轻直辖市的神经中枢。这里是重庆渝中与江北连通的重要交通节点，重庆最早大桥嘉陵江大桥与第一座复线桥渝澳大桥皆位于这里。现代高速的交通建设使得上清寺转盘成为一个被车水马龙包围的小岛，当人们站在转盘人行天桥上向牙科医院方向眺望时，那座曾经存在的寺庙也许会出现在历史的记忆里。

◆ 朝天门

　　朝天门位于重庆渝中半岛最前端，嘉陵江与长江交汇处，是整个渝中半岛的最低点，也是重庆最大的水路客运码头，是长江、嘉陵江两江航运的重要枢纽。对于重庆城来讲，朝天门是城中最老的"原住民"，已在这座城市里存在了一千七百多年。

　　古时筑城墙的目的是用于军事防御，城门自然是供人们和军队出入的关口。很多城市设东、南、西、北四门，而重庆地势奇异，地形蜿蜒，城门不能规规矩矩地置于四方，只能按其交通需要而设置。

　　三国时期，蜀汉政权派驻江州的都护李严大举修筑重庆城，规模已达到了明清时期重庆城的大小，在史料中人们称之为"大城"。大城内共设有两道城门，一道名为"苍龙门"，一道名为"白虎门"。其中苍龙门的位置，就是今天朝天门之所在。

　　因地处两江交汇，古往今来，朝天门都是重庆最为重要的水

◆ 朝天门
何向东 摄

码头。汉晋时期，据《华阳国志·巴志》记载，"结舫水居五百余家"，当时的朝天门码头周围就有五百多户人家居住。

唐朝时，杜甫曾在《夔州歌十绝句》中描绘了朝天门周边的热闹景象，他在诗中说："蜀麻吴盐自古通，万斛之舟行若风。"当时的朝天门，是重庆连接武汉、沔阳、宜昌、襄阳四座城市的重要交通枢纽。

南宋晚期，蒙古军队大兵压境，为加强重庆的防务，守将彭大雅抢筑重庆城门，其范围已较李严的旧城扩大了两倍。

到了明朝洪武年间，重庆守将戴鼎将前人留下来的城门加以修缮和改造，并请来风水先生按五行之术来确定城门的方位，又以"九宫八卦"之象来确定城门的数量和开闭，以示"金城汤地"

之意，自此形成了重庆人口中"九开八闭十七门"的城门格局。

明朝正德年间《四川志》卷十三《重庆府》记载："（本府）石城，因山为城，低者垒高，曲者补直。洪武初指挥使戴鼎重修，高一丈八尺，周围二千一百三十六丈。门一十七，曰朝天、翠微、东水、通远、金汤、定远、南纪、凤凰、金子、人和、太平、出奇、大安、临江、洪崖、千厮、福兴，开九闭八。"

此后清政府对重庆古城垣作过数次补修、重修，但都未改变明代重庆城门的范围和格局。清代的《渝城图》清晰地描绘了朝天门全景及瓮城、城楼的模样，图中的朝天门城门上刻有"巴渝雄关"四个大字，不仅有城门和城楼，在两侧还建有码头和梯步，码头建于嘉陵江边，而城门建于长江岸上。除地面建筑外，缓缓伸入江水中的朝天嘴也现身图中。从图中还可以看到，古代朝天门可不止一道城门而已，这个重庆城的第一门户，前前后后共有三道门洞。

清光绪年间（1891），重庆开埠，朝天门设立海关，重庆和西方文化在这里密切接触，在不断发展中融合了其他文化，最后形成了自己独特的文化。

1927年，为扩建朝天门码头，旧城门被拆除，古老的朝天门城楼没来得及留下任何影像资料，就永远消失在历史的长河中。1949年重庆城发生火灾，朝天门周边区域被毁，朝天门城门也仅剩下城基墙垣。

1998年，重庆在朝天门码头上修建朝天门广场，从此朝天门更显大气磅礴，从江面上看朝天门广场，就像一艘巨大的豪华邮轮停泊在两江交汇处。广场的建成，让朝天门在原有的客运枢纽基础上增添了娱乐、旅游、观景的新功能。

2019年，位于朝天门接圣街的重庆来福士建成开业。这座由世界知名建筑大师摩西·萨夫迪设计，新加坡凯德集团投资超过240亿元建设的都市新地标，以"朝天扬帆"的雄伟姿态，串起嘉陵江北岸的江北嘴、长江南岸的弹子石，为朝天门注入新的地域内涵——城市CBD，从"巴渝雄关"到城市CBD，朝天门的前世与今生一样显赫与荣耀。

◆ 南纪门

南纪门位于古重庆城的西南角，是明戴鼎修建的"九开八闭十七门"城门中的闭门之一，紧邻雷家坡、石板坡，是重庆城区靠长江一线最西处的一道城门。

南纪门的得名，来自《诗经·小雅·四月》诗句："滔滔江汉，南国之纪。"寓意长江之水容纳百川，汇聚渝境，冲出夔门，东归大海。南纪门坐北朝南，直面长江，门额上书"南屏拥翠"四字，这是因为与南纪门隔江相对的正是南山"翠峰碧峦"的宜人风光。

南纪门与重庆城的其他城门一样，始建于明代，于1927年在重庆拓城建设中被毁去。

民国以前，南纪门是长江上游来重庆城途经的第一道城门，因而该码头水运业务十分繁忙、热闹。那时南纪门外约一箭之地就是菜园坝，这里是重庆城的蔬菜种植、批发基地；菜园坝再往西一点就是黄沙溪，这里出产供给重庆城的木材；从南纪门到江边小岛珊瑚坝有一条不通汽车的街，道路旁是颇具规模的屠宰场。因此南纪门便成为了蔬菜、木材、牲畜等货物的集散商贸之地。

当时南纪门外有几个专用码头。粪码头设在南纪门正街对应的江边，限运送肥料的船只使用。老重庆城没有下水道系统，粪水处理全靠掏粪工上门代劳。有意思的是，掏粪工有时还要倒付钱给雇主，因为庄稼需要施肥，而那时尚无化肥，因此粪便也奇货可居，甚至当地还出现了地头蛇充当"粪霸"。

茄子码头邻近粪码头，限运送蔬菜的船只停靠。民国时期随着城内居民日益增多，对蔬菜的需求也日益增加，茄子码头就越来越重要。柴码头位于南纪门观音堂街的江边，只允许运送柴火的船只在此卸货。

在民间流传的《重庆歌》中，对南纪门的描述是："南纪门，菜篮子，涌出涌进。"意思是说，当年的南纪门专管居民"菜篮子"，是老百姓的菜码头。从菜园坝进城的蔬菜需要在码头上有堆场，具备此条件的只能是珊瑚坝。

珊瑚坝是南纪门外长江中冲积形成的沙洲岛，长江在此被分割为外河和内河，外河是长江的主航道，内河只容小船通行。重庆城的老百姓又称珊瑚坝为"山河坝"。珊瑚坝西起菜园坝，东至南纪门，长约三华里，宽约三百米。由于其南面常年被江水冲刷，从而形成天然良港，木船和机动船云集于此。

民国之前，枯水季节，各式各样的蔬菜从菜园坝运来，长长短短的木材从黄沙溪运来，外省运来的"洋火"也在这里卸货，经由脚夫肩挑背扛从南纪门外入城，运送到城中各家商铺。而从重庆城各条街巷运来的"夜香"（粪水）也在此集中，再经由脚夫运送到菜园坝的农田，实现取之用之的良性循环。

到了洪水季节，珊瑚坝的内河道便不能步行通过了，这时内河道上会出现一艘艘摆渡的小船，大船的货物卸装后堆在珊瑚坝这个天然堆场，再经由小船分装摆渡到达城门外的江岸边实现集散。

极盛时的珊瑚坝，从船上卸下近郊运来的蔬菜（莲花白、萝卜、青菜、黄秧白、南瓜、冬瓜、茄子、丝瓜等等），全部堆码在坝上，宛若城堡。全城的蔬菜批发业务都在这里进行，从菜园坝上南纪门的河岸石阶上，经商菜贩整日川流不息，因此还诞生了运输、批发、零售、营销一条龙服务的"蔬菜帮"。岛上也开张了简易的饭店、茶馆和游乐场。

抗战时期，国民政府曾在珊瑚坝的中部修建跑道，作为军用机场。解放后，该机场被弃置不用，但偶尔成为群众集会的场所。

从明清时代到民国时代，南纪门附近的雷家坡、石板坡常有挑着货担的货郎沿街叫卖："西药瓶子，牙膏皮子，佐洋火！"这里的"佐"就是换的意思，西药瓶子是玻璃制品，牙膏皮子是铅铝制品，这两样在当时都是可以卖钱的，货郎以物易物，让家家户户拿出来换"洋火"。当时的洋火功能与火柴相同，但着火能力却十分强劲，通常在皮鞋或墙壁上一擦就可以点着，也因此造成火灾事故频发，随后政府限制了洋火中磷的比例，生产出安全火柴，洋火也就成为了历史。

今天的南纪门，城门早已不在，高架桥从此处隆起，车流终日不绝。石黄隧道连通黄花园大桥与长江大桥，让江北、渝中、南岸一线相连，长江沿岸高垒长堤，建成滨江路及滨江公园，曾经的菜码头南纪门成为了历史中不可磨灭的印记。

◆ 山城巷

山城巷位于渝中区南纪门，是一条从中兴路向西至石板坡立交的街区。

山城巷被称为重庆的"建筑博物馆"，是重庆唯一以"山城"命名的街巷，是临崖而建的百年社区。这里有建于明朝初年的老城墙，有清末重庆开埠时期修建的外国领事馆和教堂，也有抗战时期的吊脚楼、四合院、防空洞以及海派风格的石库门建筑，是重庆现存不多的面积超过两万平方米的原生民居建筑聚集地。

山城巷初建于明代，1900年曾有法国传教士在此街坡上立杆点灯为路人照明，故又名天灯巷、天灯街。山城巷的所有建筑全部依山而建，从南纪门沿崖而上，几乎全是石阶梯步，实实在在地体现了重庆这座"山城"的建筑美感。

旧时重庆城的街巷建设有一个大的原则，即"横街纵巷"。重庆城中沿长江、嘉陵江两岸的地势相对平缓，故而平行于两江的街道大都用来修建公路，方便车辆通行，在名字上多以"街"命名；而垂直于两江的纵向街道，大多以石阶梯步构成，在名字上多以"巷"命名。

山城巷作为重庆山地街区的典型代表，充分反映了"横街纵巷"的道路结构和"上坡下坎，弯弯拐拐"的空间结构，这种道路结构和空间结构共同构成了传统的山城人居空间，承载了重庆市井生活的变迁。

山城巷中有许多抗战时期留下的名人故居遗址，记录着它们背后的故事。

体心堂是抗战时期颇为著名的赈济堂，主要为战时重庆城给养孤老、收养婴孩、救助无力自养的残疾男女，此外还兼办济米、

◆ 山城巷
　　陈正渝　摄

施药、施棺木及临时赈灾等事项。据说其屋曾为川军将领刘湘的副官长、美丰银行创始股东之一周见三的房产，为一楼一底砖木结构，屋顶是硬山式小青瓦铺面，大门呈八卦形态，内有很多精美灰塑、雕花门窗，是典型的南方传统民居院落。

在遍地巴渝民居风格的山城巷里，还有一幢造型奇特的宅院。这处宅院曾是国民革命军第二十一军七师师长兰文斌的官邸，名为"厚庐"。厚庐修建于20世纪30年代，整体造型呈八字门、石库门头、U形合院、悬山坡屋顶、砖木结构等特色，是典型的上海石库门建筑风格。

山城巷中还有一条狭窄的小巷叫作"领事巷"，因曾有多家外国使节机构入驻而得名。从1896年开始，法、美、英、德等国领事馆都曾入驻这里，巷内曾是中外名人汇集、老百姓望而却步的地方。

位于山顶的法国仁爱堂，始建于1900年至1902年间，是法国天主教会修建的教堂、神父及修女用房、仁爱堂医院和钟楼的总称。仁爱堂医院是重庆最早的西式医院，见证了重庆医学的发展，同时也是中西合璧的礼拜堂。

重庆解放后，尤其是随着现代化建设的发展，山城巷从曾经的繁荣渐渐走向没落，随着越来越多的原住居民迁进楼房，这里成了重庆城中最为严重的老、破、小棚户区，危房四立、出行不便、人去屋空的山城巷基本处于闲置废弃状态。

2016年下半年，渝中区启动了山城巷片区的棚户区改造工作，结合山城巷独特的地理地形条件，对山城巷原有建筑采取部分搬迁、部分拆除、部分修缮的方式进行改造，开发出山城巷历史文化风貌区。

今天的山城巷已经旧貌换了新颜，一条依山顺水的步栈道出现在了山城巷里，沿步栈道而行，能见到原有的历史文化遗存都得到了保护性修缮、翻新。原仁爱堂医院的废墟之上建成了文创园区"荒野花园"，这里不仅成为了渝中半岛高处的城市阳台，设有荒野剧场、餐饮酒吧，还进行璀璨的灯光秀，山城巷正在以另一种形式涅槃重生。

◆ 十八梯

十八梯位于重庆市渝中区，是解放碑到长江边的一条古通道。由于重庆这座山城的高度落差，整条通道由层层铺叠而上的石阶构成。

十八梯的得名可追溯到明清时期，据传有两种说法，第一种说法是当时这里有一口水井，附近的居民前往打水需爬坡上坎十八级石梯，遂称这段路为"十八梯"；第二种说法是当时居民在这里依山搭建居所，自然形成的老街石梯每隔几级或十几级就有一个梯段分割，刚好形成十八组梯段，故称"十八梯"。

众所周知重庆是一座山城，地势高低落差很大，从渝中区的解放碑区域至长江边的水码头附近，高度差有近百米。因此重庆城的道路走起来感觉随时都在上坡、下坡，这才有了连接菜园坝与两路口的超长皇冠大扶梯，有了白象居一栋24层的居民楼不设电梯却在不同楼层拥有三个出入口，有了收取公交车费用的公用电梯"凯旋路电梯"。

而在这些通道还都没有建成的数百年之前，连接渝中半岛上、下半城的最重要通道，便是十八梯。明清时期，戴鼎筑"九开八闭"重庆古城门，形成了重庆母城城市格局，下半城一带是重庆母城的政治、经济中心，大量民众在此繁衍生息，十八梯片区逐步成为古重庆城的商贸集散地和人员居住地。

重庆流传一首民谣《重庆歌》，歌词对重庆的十七道城门作了最言简意赅的介绍："朝天门，大码头，迎官接圣。翠微门，挂彩缎，五色鲜明。千厮门，花包子，白雪如银。洪崖门，广开船，杀鸡敬神。临江门，粪码头，肥田有本。太安门，太平仓，积谷利民。通远门，锣鼓响，看埋死人。金汤门，木棺材，大小齐整。南纪门，菜篮子，涌出涌进。凤凰门，川道拐，牛羊成群。储奇门，药材帮，医治百病。金紫门，恰对着，镇台衙门。太平门，老鼓楼，时辰报准。人和门，火炮响，总爷出巡。定远门，较场坝，舞刀弄棍。福兴门，遛跑马，快如腾云。东水门有一个四方古井，正对着真武山，鲤鱼跳龙门。"

旧时若是想从重庆城的水码头进城，最佳选择就是从凤凰门入城，穿过厚池街，经由十八梯直接上较场口，到达解放碑附近的上半城。虽然今天的重庆解放碑片区比下半城繁华了不止一丁半点，但历史上很长一段时期都是下半城比上半城繁华。这是因为明清时期，航运的繁华带动了商业贸易，下半城因此成为重庆城的商贸集散地和居住地，进而成为了重庆当时的商业中心和政治中心。

到了清朝末年的开埠时期，十八梯的善果巷、月台坝、柑子堡等街巷形成规模，这里既是名人公馆驻地，又有轿夫民众聚居。

抗战时期，十八梯是刘伯承、于右任等人的寓所所在地，还有法国领事馆、火柴原料厂等。随着日军对重庆实施疲劳轰炸，1941年6月5日，十八梯防空洞避难人数超过容量，加之隧道内通风不畅，酿成震惊中外的"较场口惨案"，又称"六五大惨案"。

新中国成立后，南纪门码头功能逐渐萎缩，加之无须爬台阶的凯旋路建成，十八梯沟通上下半城的作用相对降低。其附近的下回水沟、厚池街、凤凰台一带成为背街，逐渐发展成各类市场。

改革开放后，十八梯老街两侧修建了许多房屋和店铺，街市业态繁华，市井民俗丰富，在其附近修建形成了重庆城最大的跳蚤市场，整个街区充满了城市市井生活气息。

随着城市现代化建设的进程，十八梯在21世纪到来后成为了城市的老、破、旧棚户区，这里的房屋陈旧残破，居住在其间的人们越来越觉得生活不便，十八梯的改建迫在眉睫。

2021年9月30日，重新翻修后的十八梯正式开街。重建后的十八梯传统风貌区，已经不单纯是那十八组石阶了，而是由十八梯、凤凰台、厚池街等七条街道，加上大巷子、善果巷、轿铺巷等六条巷道组成的"七街六巷"老重庆风貌区。

行走在新十八梯，道路弯弯拐拐、环环绕绕，各种建筑错落有致，不仅有较场口城市阳台、十八梯记忆馆、大隧道遗址、观音岩、大观平石刻、法国领事馆旧址、天风琴社等23处景观景点，还有厚池街95号、火柴原料厂旧址、善果巷35号等3座历史建筑及52座传统风貌建筑，十八梯终于在新世纪结束了自己的历史使命，完成了从功能性街道到文旅街景的华丽蜕变。

◆ 较场口

较场口位于重庆渝中区通往下半城的出入口中心地带。提起较场口，历史上最有名的是两次惨案，一是1941年6月5日发生的"重庆大轰炸惨案"。因日机长时间对重庆展开疲劳轰炸，新竣工的较场口隧道超容量涌入避难民众，加之隧道内通风口无法正常工作，造成数千名重庆民众因踩踏、窒息而亡。

二是1945年2月10日发生的"较场口血案"。国民党特务为破坏民主人士在较场口举行的庆祝政协成功大会，安排特务对参会的郭沫若、陶行知、章乃器、马寅初等人和新闻记者、劳协会员等六十余人进行殴打行凶，酿成血案。

◆ 重庆大轰炸惨案遗址
彭镛 摄

两次事件在重庆人心中留下了沉痛而深刻的印象，较场口也因此全国闻名。

其实很多城市都有"较场口"这个地名，因"较"与"校"同音，"较场口"在古代叫作"校场口"。校场即古代练兵的场地，据《重庆市市中区地名录》记载，自明代开始，较场口就是检阅练兵之地，又因此地是通往重庆城下半城的进出口，故此得名较场口。

至于"校场"何时以讹传讹变成了"较场"的，如今已经不可考，只知在《清代重庆古地图》中，就已经写为"较场口"了，于是大家也就默认为"较场口"了。

从明初开始，较场口一带不仅是练兵的校场，还是重庆府属各县"武举"的考场，故名较场坝。较场坝有两大块空地，当时分别称为"大校场"和"小校场"（小校场即为今小较场巷)，两块地加起来近百亩，这在寸土寸金的老山城重庆境内十分难得。老重庆人都听说过这样一句歇后语："较场坝的土地——管得宽。"可见其占地面积确实够大。

明末清初，因"湖广填四川"移民运动影响，重庆人口开始增长，人口的增长带来了市集的兴起。到清乾隆晚期，较场口开始出现繁荣景象。到清嘉庆年间，清政府为补充军饷，开始把较场口出租为商用。此后小校场逐渐成为街市，而大校场则变成了杂货集散地。清朝晚期时，这里已经成了重庆城的商贸繁华地带。

较场坝街道的名字也是从那时开始以当时交易的杂货来命名的，例如木货街、磁器街、草药街、衣服街、鱼市街、小米市、石灰市、棉絮街……这些街名中都包含着商品交易的种类。除此以外，还有一些街道以行业帮会来命名，例如石、木、泥、竹业供奉鲁班，故而在石灰市旁边就有了鲁祖庙，庙外为茶馆，由此可以看出当时较场口一带民间商业的繁盛状况。

较场口最繁华的时代要数民国以后，此时各地贫民不断涌进重庆城，聚居在今下半城靠近长江的水码头岸边一线。较场口地区因地利之便，商铺、酒肆、茶馆满地开花、毗邻皆是。重庆城的第一家火锅馆"白乐天"于1921年在较场坝开业。到了抗战时期，国民政府迁都重庆，各省的难民为躲避战乱也纷纷来到重庆，重庆城规模再一次扩大，较场口达到了历史上最繁华的时期。

较场口附近的石灰市是旧时的一个石灰市场，整条街都是卖石灰的店铺。石灰因产地不同，有山灰与河灰之分。山灰主要来自南岸的黄桷垭、中梁山的山洞一带，河灰一般在北碚、合川的盐井生产，用船运来重庆。

除了石灰店铺，明清时代的石灰市还有一个重要的官方机构——试院。试院是府、县衙门为县学入学的童生考试的场所。明朝曾有四川总督驻重庆，总督衙门就设在试院。到了清朝末期，朝廷废除科举制度，兴办新型学校，试院也就结束了考试使命。清末时，革命先烈邹容就曾在此参加童生试，并在考试中不服权威挑战监学督师，从而被考试除名。

今天的较场口依旧是解放碑商圈中相当繁华的地带，这里紧邻八一路好吃街，以重庆美食吸引着中外游客，有着悠久历史的"山城羊肉馆""丘二馆""花市豌杂面"……无一不是地道的重庆味道。

七星岗

　　七星岗地处渝中区东部。旧时的七星岗位于重庆主城区通远门外，是一个小山岗。七星岗的得名，源于清代通远门外曾修石缸七口，以北斗星座布设，作消防用，故名"七星缸"。也有另外一种说法：清代此地建有一座祭祀建筑，用于祈雨求水，仿北斗七星，所以也叫七星池，后渐次演变为七星岗。

　　七星岗曾被称为"棺山坡"。有资料记载，明末时期，张献忠攻入重庆后，杀人如麻。据说当年尸体太多，处理不过来，便就地埋葬，七星岗一带就成为了乱葬岗。老重庆的民谚中有"七星岗闹鬼"的说法，就是从那时开始流传的。

　　1929年，潘文华出任国民政府重庆市首任市长，他最大的举措就是拓城。当时的重庆母城街巷狭窄，交通非常不便，面积狭小，全市水陆总面积仅93.5平方千米，主城区面积则更小。要拓城，只能冲出通远门。那时站在通远门上远眺，七星岗一带累累坟茔，逶迤无尽。仅一年，就将通远门外坟茔全部移走，开拓出从七星岗到菜园坝、从上清寺到曾家岩的大片地块，是为重庆新市区。

　　大规模迁坟的过程中，施工队挖出了无数的尸骨，"七星岗闹鬼"的传闻再度蔓延，居民指责迁坟打扰了无辜亡灵。为了平息众怨，国民政府在七星岗修建了菩提金刚塔，用来镇邪驱灾。菩提金刚塔26米多高，塔身分为三层，其中第一、二层平面为正方形，第三层平面为圆形。此塔今日仍在观音岩纯阳洞小区内。

七星岗的城市扩建给重庆城带来了活力和生机。20世纪30年代，成渝公路修通，起点就在七星岗，从此七星岗的模样发生了翻天覆地的变化。那时的长途车站遗址至今都还在，就在今天的七星岗公交车站处。

随着重庆城区的扩大，七星岗逐渐繁华起来，其四周的住房特别密集。七星岗的街街巷巷里，一些充满味道的老地名沿用至今，比如至圣宫、鼓楼巷、领事巷、天官府、放牛巷等。片区内还留存有通远门城墙遗址公园、巴蔓子墓、大韩民国临时政府旧址、若瑟堂、天官府8号等重要历史建筑。

◆ 菩提金刚塔

巴蔓子墓就位于七星岗莲花池。七星岗一带的居民还习惯将这里叫作将军坟，《蜀中名胜记》里写道："郡学后莲花坝，有石麟石虎，相传为巴王冢。"

而著名的天官府8号是郭沫若在重庆时居住过的地方，也是抗战时期众多在渝文化名人的重要聚会场地，沈雁冰、老舍、陶行知等都曾是这栋小楼的常客。

作为文化界领军人物，郭沫若在此创作了《屈原》《棠棣之花》《孔雀胆》《天国春秋》等历史话剧。其中最著名的，当属他用十一天时间完成的《屈原》。重庆时期是郭沫若创作生涯中最重要、最辉煌的时期，而天官府8号就是这段历史的见证者。

如今，从通远门城门间一块块厚重的青石砖，还是能看到历史留下的痕迹，老城墙上的遗址公园也还留存着当年的遗迹，在这里，能读懂重庆老城最真实的样子。

◆ 沧白路

对于今天的重庆城来说，要讲沧白路，就绕不开洪崖洞。沧白路是一条不足一千米的道路，位置就在洪崖洞的顶楼旁边，连接着洪崖洞民俗风貌区的顶层观景天台。

在出生于六七十年代的重庆人的记忆里，短短一条沧白路，一头是近代民主革命家杨沧白的塑像，另一头是曾经的嘉陵江过江索道。而在更早一辈的重庆人的记忆里，这里是另一派繁华市井模样。

在老重庆城的布局里，沧白路紧邻嘉陵江，位于二十多米高的悬崖上。悬崖下的斜坡，分布着洪崖洞、天成巷、纸盐河街、千厮门行街、镇江寺等街巷。临沧白路的崖壁上过去建有不少吊脚楼，靠崖的人行道上有一座烈士纪念碑，是为纪念辛亥革命义士、曾任重庆蜀军政府都督的张培爵而建。

据《重庆地名丛书》记载，"完整的沧白路由觐阳巷、炮台街、书院街、香（响）水桥街四条街巷相接而成"。今天的民族路口到沧白路的一段下坡车行道就是以前的觐阳巷。革命烈士张培爵纪念碑对面的小巷就是书院街。炮台街因设有炮台而得名，大致便是夔阳巷和书院街之间的今沧白路一段。

炮台街从某种意义上来说，便是今天的沧白路前身。明朝末年，为抵御张献忠率领的农民起义军，重庆城在此设立了一座炮台。大炮控制着老重庆城外东北面长江以下水域，在重庆掌故里有着"炮打人头山，直落长寿县"的夸张说法，用来形容炮台的巨大威慑力，因此老重庆将炮台形象地称为"三将军"。

1951年，建于明代的老炮台作为文物，从沧白路搬到了位于枇杷山的西南博物院。1954年，重庆自然博物馆成立，老炮台又被搬迁至自然博物馆。2005年，三峡博物馆落成，老炮台最终落户三峡博物馆的"城市之路"展厅，直至今天。

现摆放于洪崖洞观景平台上的两门炮台，是2006年洪崖洞开街前夕，为纪念炮台街仿建的工艺品。

炮台街之所以改名沧白路，则是为了纪念一位重庆籍近代民主革命家——杨沧白。杨庶堪（1881—1942），字沧白，晚号邠斋，四川巴县（今重庆市巴南区）木洞人。他是中国近代民主革命家、辛亥革命元勋孙中山先生的忠实追随者，也是孙中山先生革命事业最重要的助手之一。

1900年，杨沧白参加重庆府试，以第一名的成绩考中秀才，但他却无心功名之道。时值戊戌变法失败之际，人民对腐朽的清政府失望之极，吸收西学、寻求变革成为了有识之士的迫切要求。

1903年，杨沧白参与组建了重庆第一个资产阶级民主革命团体——公强会。1906年春，在公强会的基础上，杨沧白等人创立了中国同盟会重庆支部，杨沧白担任负责人。同盟会重庆支部成立后，杨沧白积极投身革命思想宣传及组织武装起义，成为重庆革命的领导人之一。

1911年，辛亥革命爆发。杨沧白与张培爵、朱之洪一起领导了重庆辛亥起义。在率先起义的革命军夏之时部配合下，起义取得成功，重庆蜀军政府建立，杨沧白任高等顾问。

后来，杨沧白参加了护国、护法斗争，并先后任四川省省长、中国国民党本部财政部部长、中华民国军政府海陆军大元帅大本营秘书长、广东省省长、北京政府司法总长等要职，参与了中国国民党的改组、中国国民党一大的筹备等重要活动。

抗战爆发后，为避开汪伪政权强邀参政，杨沧白带病离沪经香港返回重庆，并以病辞谢各种政府要职。1942年8月6日，杨沧白在重庆南岸病逝。国民政府为他举行了国葬，并送上挽联"书生仗剑起西陲，辅佐中山毕生缘"，将其安葬在巴县东温泉。

1943年7月19日，国民政府在重庆府中学堂旧址建立杨沧白先生纪念堂，并将纪念堂所在的炮台街改名为沧白路，以纪念这位辛亥革命的赫赫功臣。自此，沧白路的名称便保留至今。

今天的沧白路已经成为渝中区内被外地游客到访最多的街道，掩盖在洪崖洞民俗风貌区的盛名下，人们对这条路的记忆已经越来越模糊。然而历史却清晰地记下了这个名字，让它成为重庆城值得书写与铭记的重要一笔。

◆ 储奇门

在重庆渝中区，从凯旋路乘电梯下行往长江边上走，就到了储奇门行街和储奇门顺城街一带，这里便是历史上的储奇门地界。

从清代重庆古地图看，属于重庆城"九开八闭十七门"中开门的储奇门，位于重庆城的正南方，与北面临江门遥相呼应。大多城市的正南门都是较为重要的城门，储奇门也不例外，其位置处于正南，面向长江开放，门外是旧时重庆城较为繁华发达的储奇门水运码头。

重庆城门名称中，诸如千厮、南纪、储奇都来自于《诗经》，很是文雅。命名"储奇"，含有预兆城丰、祈愿昌盛之意。自重庆建城以来，西南各地进贡给当朝皇帝的奇珍异宝几乎都在这里转运进京。

在民间流传的《重庆歌》民谣里，对储奇门的描述是："储奇门，药材帮，医治百病。"储奇门附近是整个重庆城的药材集散中心。据英国商人立德乐1883年记载，"望不到头的药材商店，店门朝大路开，使空气中充满着中国药材浓重的香气，显然是大黄、甘草、鸢尾根和麝香的混合气味"。

明清时代，储奇门外码头起卸的货物，大多是四川过来的大宗药材、山货。城门内的街道两旁，是全国知名老药号在此设立的仓库和店铺，整个储奇门地区，随处可见药材和山货的商号、堆栈。庞大的药材交易滋生了重庆药材帮会，他们集聚在储奇门附近，进行药材采办、销售等交易。乃至到了今天，储奇门一带依然是重庆市药材行业集中的地方。

20世纪20年代的重庆拓城建设中，为修筑重庆公路干道，重庆城的古城门陆续被拆除，沿江的储奇门也在其中。门虽然拆了，但地名仍保留了下来，其交通功能也仍然存在。储奇门是沟通上半城和下半城的要道，从储奇门码头过江，便能经南岸海棠溪通向贵州，因此储奇门江岸也是欣赏巴渝名景"海棠烟雨"的最佳地点。

在储奇门发生的历史故事多不胜数。1940年5月16日，张自忠将军殉国。28日下午，灵柩沿长江逆行送抵重庆，储奇门码头人山人海，近十万重庆人前来凭吊，蒋介石曾亲往储奇门码头迎灵。

◆ 储奇门
　彭镛　摄

从前的储奇门片区内有个列圣宫，这里就是浙江会馆所在地。抗战期间，中国共产党创始人之一陈独秀逝世于重庆，抗战胜利后其三儿子陈松年和侄子陈遐年商量按陈独秀遗嘱将灵柩迁回老家安庆，听说浙江会馆可运灵柩，于是前往联系。会馆一听是陈独秀的遗骨，一口应承下来。为了避免麻烦，会馆没有在灵柩上署名陈独秀，而是写上陈独秀在科考时所用之名"陈乾生"。1947年灵柩运回安庆后，陈松年将陈独秀和陈松年生母高晓岚葬在了一起，并仍旧以"陈乾生"的名字立碑文。

早在1935年时，国民政府为了增加战备物资的运输力，于长江岸边修建了储奇门码头，在原城门旧址处修建了储奇门缆车道，使储奇门码头成为当时长江水运的重要码头之一。至20世纪六七十年代，储奇门码头已粗具现代化功能，有两条绞车作业线，吊车、浮吊、直行叉车、装载机械等重型设备一应俱全。码头共有19个泊位，其中有两个能停靠100～1000吨船舶，成为重庆重要的水上交通枢纽。

从储奇门码头下行，有宽十余米的条石台阶数层。台阶左拐是轮渡码头，以前市民仅花四分钱即可搭乘轮渡到达对岸的海棠溪；台阶右拐下行是车渡码头、泊船作业点和码头公园，当时的人们将码头公园称为"花园坝"，是市民休憩之地。

从储奇门码头左行就是储奇门顺城街，沿城墙可以一直走到四方街、白象街。储奇门顺城街的街口就是缆车站，缆车解决了市民攀爬之苦。缆车站旁是留给重庆人无数回忆的冰糕厂，整个下半城的冰糕供应皆在此批发购买；上半城的人吃冰糕则无须在此批发，而是去石灰市冰糕厂。

◆ 东水门

　　东水门位于渝中区下半城，紧邻长滨路上的湖广会馆，是明代戴鼎所筑"九开八闭十七门"古城门中的一座开门。重庆十七道古城门现存四门，东水门就是其中一道。

　　曾经的东水门气势恢宏，城楼依山而建，城门斜向而开。中国大多数古城的城门都是正向而开，而重庆受限于山城的地形，东水门的城门是与大江并行，顺着长江朝东开设的，故名"东水门"。

　　昔日东水门城门上建有门楼，为二重檐歇山式房顶，抬梁式梁架，门楼正脊中塑有亮丽的宝瓶，房面飞檐，檐下四角支有雕花撑拱，可惜门楼在20世纪20年代毁于重庆拓城建设中。

　　现存的东水门城门宽3.2米，高5米，厚6.7米，属于石券顶城门洞。附近有一段石城墙，长约200余米，高约6米。用条石砌成的城垛与城门大体如旧，为单门式结构，门洞呈拱形，门额上隐约可见"东水门"三字。城门外有一条长长的石梯坎，几经转折抵达长江边。

　　在民间歌谣《重庆歌》中，关于东水门的描述为："东水门，有一个四方古井，正对着，真武山，鲤鱼跳龙门。"这句歌谣主要表明了东水门在重庆城中的交通要道地位。

　　东水门曾是过往南岸的主要渡口，南岸又是通往云贵的交通要津。从东水门进重庆城，可以直接到达道台衙门，往西走一点，就是重庆府衙、巴县县衙，办事极为方便。此外，各省来的客货船，尤其是江南一带的货船多在东水门外停靠，当时的人们将这些江南货船装载的货物称为"苏货"。

苏货中包括大量制作精美的布匹、丝绸、成衣及工艺品，是重庆城难得一见的精品物资。苏货的大量到来，使东水门内商贾云集，各种字号、货栈林立。经营江南丝绸、贩卖各种小百货的店铺，大街小巷中随处可见。

东水门的繁华还不止于此，明清时重庆城内有"八省会馆"共十余所，在东水门就集中了五所，江南会馆、湖广会馆、禹王庙均靠城门而建。商贾云集，交易频繁，大小店铺林立，山货、广货、苏货、杂货等一应俱全，为昔日重庆最为繁荣的地段之一。

◆ 东水门
彭镛 摄

除了为交通要津，商业繁荣，东水门之所以重要的另一原因是，这里曾是战争频发的古战场。据《宋史·张珏传》记载，1278年，四川制置副使兼重庆知府、人称"四川虓将"的南宋将领张珏，率兵出熏风门与元将也速答儿大战于扶桑坝，张珏兵败。

史书所载张珏大战元兵的熏风门，是宋嘉熙四年（1240）春，由重庆知府彭大雅建造的重庆四座城门之一，《通志》等文献资料均说"在县东"或"在府东"，依据地理方位作考察，东水门极有可能是文献史籍中记述的熏风门，而东水门外以东的那片沿江开阔地带，应该就是古战场扶桑坝无疑。

繁华的东水门曾经历两次大火。一次发生于1894年，重庆城东南发生一场特大火灾，大火持续达十五小时，道门口、打铜街、状元桥、陕西街一带全被烧毁，东水门也未能逃脱此难；一次发生于1930年，东水门地区再次骤发火灾，火势凶猛，延烧铺户达一千余家，城中百姓损失惨重。

今天的东水门仍然屹立在长江岸边，不舍昼夜地守望着大江东去。现在，城门外水码头消失了，却架起了连接渝中、南岸的东水门大桥；城门内没有了高声吆喝的商贩，却建造了鳞次栉比的商务楼宇。作为重庆古城商贸繁荣象征的东水门及城墙，穿越历史的长河，被赋予了新的时代内涵。

◆ 望龙门

望龙门从名字上看，它仿佛应该是一道城门，甚至与重庆的老城门有关系，然而在重庆"九开八闭十七门"中，却并无望龙门一说。实际上，望龙门指的是一片区域，位于重庆渝中区东部，地处下半城的长江之滨，是朝天门与储奇门之间的一段地带。

事实上，"望龙门"应断句为"望——龙门"，而并非"望龙——门"。从断句可知，望龙门的来由，应是站在此处可望见龙门。

关于望龙门的得名，当地有一个流传已久的传说。相传古时候，在东水门和太平门之间，原本有一条很深的沟壑。夏季江水猛涨，这里总会引发洪水，导致两岸被淹，居民无家可归。

有一天，一条善良的龙路过此地，看到此情景，非常同情人们的遭遇，决定在这里住下来。从此此地再也没有发生过洪水，人们过上了安居乐业的生活。

然而卧在沟底的龙非常想念家乡，每到农历八月十五的中秋团圆夜，它便面向东边家的方向，抬头仰望夜空。而长江南岸边两座礁石倒映在水中，酷似一座"龙门"，那龙望见了龙门就好像望见了自己的家。于是，后来人们把长江北岸这一带称为"望——龙门"。

还有一种说法认为，这里的龙门指的是长江南岸的"龙门浩"。

重庆的很多地名都是按地貌特征来取的，诸如坪、坝、坡、湾、岩、坎等。其中一些地貌名称，因是重庆本土俗语，外地人往往弄不明白其意思，如氽、碛、沱、浩等。"浩"字本意指水面宽广，但重庆人所说的"浩"，却是指江边被碛石隔开的水域。在望龙门对面的长江南岸，一条数公里长的碛石从瓦厂湾延伸到野猫溪，中间不知何故又被拦腰截断，形成一个浩口。

相传浩口两侧的碛石上曾刻有"龙门"二字，为宋绍兴年间的古迹，故而这个浩口便被重庆人称为"龙门浩"。龙门浩内水势平缓，波澜不惊，适合停船。每当涂山上升起明月，倒映在浩中，便形成美景"龙门浩月"，是古巴渝八大美景之一。

与龙门浩隔江相对的原是重庆古城的太安门。太安门是重庆"九开八闭十七门"中的一道闭门，毁于20世纪20年代末的重庆拓城建设中。后因太安门消失，人们慢慢将位于渝中区城东边，东临长江、南接西三街、西北接朝天门的区域称为"望龙门"，并延续至今。

据渝中区地方志记载，自清代至20世纪40年代，望龙门曾是重庆的行政、金融、商贸中心。从清代的川东道、重庆府、巴县知县府，到辛亥革命时期的蜀军政府财政部，战时首都时期的国民政府外交部、中央银行及金库，均设于此区域内，大量的金融、政务活动集中于此，达官显宦出入于此，是当时远近闻名的繁华热闹去处和商机充盈之地。

望龙门在重庆人的记忆里，最辉煌的事迹是修建了解放前的第一个客运缆车工程。1944年7月，望龙门缆车工程由茅以升和梅旸春等主持设计和建造，次年4月工程竣工。经过数次试车和改善后，于5月16日通车载客。

曾经的望龙门缆车车道全长178米，上下高差46.9米，备有客车车厢2辆，每辆可容纳乘客50人。缆车每小时对开10次，日运行12小时，日客运量1万人。一直到20世纪90年代，望龙门缆车才因修建渝中区滨江路而被拆除，停止营运。

提起望龙门，更多重庆人第一时间联想到的便是"西三街"。西三街原是连接人民公园与望龙门的一条街巷，因这里居民众多，久而久之形成集市，原本主要售卖农贸产品。自20世纪80年代开始，改革开放的春风带着南国独有的海腥味吹进了这里，这里开始滋生出重庆人最初对海鲜产品的火辣热情。

盛极一时的西三街水产市场是海味对重庆人的启蒙之地，当年的重庆人要想尝海鲜之美，必到望龙门西三街。这里有来自沿海各地的商铺，他们通过空运转运等方式，将沿海一带盛产的各类海鲜产品运输配送到重庆。

每天午后一两点是西三街最为繁忙的时段，清晨从海中捕捞起来的海产品经过半日的转运，终于抵达了内陆重庆，在这里售卖。再经由各大饭馆、酒楼或是家庭的烹饪，最终成为山城重庆餐桌上难得一见的美味菜肴。

2020年，西三街水产市场因下半城旧城改造进行了搬迁，望龙门片区也开始进入现代城市规划与发展进程。吊脚楼、棚户区、脏乱差等代名词已经成为了望龙门的过去，在不久的将来，它会以一种更新更现代的姿态出现在人们的视野中。

湖广会馆

湖广会馆位于渝中区长滨路芭蕉园1号，始建于清乾隆二十四年（1759），扩建于道光二十六年（1846）。

众所周知，会馆是一种具有地缘性质的帮会机构，多出现在外乡人聚集的地方。会馆的主要职能是联络乡情以壮乡威，它既是同乡之人祭祀故地名神、演出故乡戏曲的聚会场所，又是同乡之人结伙抱团、互相帮扶的重要组织。

在明末清初的重庆城，外省会馆多不胜数。究其原因与历史上著名的"湖广填四川"移民运动密切相关。明末清初，因受战乱的影响，四川人口锐减，清政府为恢复四川的建设，发出号召让湖广百姓迁居四川，形成了中国历史上长达百年的"湖广填四川"移民浪潮。

随着外省移民的到来，外省文化与重庆本土文化得到了交融的机会，一大批定居重庆的外省移民在重庆扎根下来，为建设重庆、繁荣重庆作出了巨大贡献。移民们站稳脚跟后第一时间在重庆修建了自己家乡的会馆。会馆主要分为三类：同乡会馆、商人会馆和科举会馆，同乡组织称为"会馆"，商人会馆称为"公所"。

明清时期的重庆城中有著名的"八省会馆"，都具有相当规模和经济实力，分别是位于东水门的湖广会馆、江西会馆、广东公所、齐安公所、江南会馆，位于朝天门的陕西会馆、福建会馆，位于金紫门的云贵会馆，位于储奇门的浙江会馆和人和湾的山西会馆等，共十个会馆、公所。清朝末年，重庆地方官吏的一些决

◆ 湖广会馆
　何向东　摄

议还要借助八省会馆的威望才能顺利执行，会馆在重庆民间具有极大的统筹能力。

湖广会馆是多个会馆的统称，其中"禹王宫"为湖北、湖南的早期移民所建，另有湖北黄州府移民所建的"齐安公所"，以及广东移民所建的"南华宫"（又称广东公所）。

湖广会馆坐落在高差近四十米的坡地上，会馆建筑大多沿袭明清时期的四合院布局，仅在屋顶采用不同的结构，如悬山、卷棚、歇山等。整体建筑既承袭了广东、广西、湖南、湖北以及江南一带的典型建筑风格，又融汇进了巴渝传统建筑的特色。

例如，巴渝建筑通常使用砖木结构，出于防火的需要，都设有风火墙。湖广会馆的风火墙采用了巴渝建筑中的弧形风火墙结构，但却采用了徽派建筑常用的黄色作为外墙色调。又如屋顶，

◆ 禹王宫

因地势形成了建筑群高达四十米的落差，建筑屋面几乎不用举架的变化坡度，而采用了古朴的四分水直线起坡，构筑方式极为简练，这也是巴渝建筑的特色。

湖广会馆中发生故事最多的地方要数戏楼，戏楼是同乡们观看家乡戏曲的场所，也是同乡之间的社交舞台。因受地形制约，湖广会馆中的建筑大多布局紧凑，特别是戏楼。戏楼与看厅之间的距离和庭院都很小，齐安公所的戏楼院坝小巧玲珑，禹王宫戏楼距看台才不到四米。

每每同乡聚会时，都会邀请戏班在戏楼演出家乡戏曲。每当会馆有演出之时，无论官商公子、富家小姐，还是袍哥大爷、青楼名媛，都少不了前来凑个热闹。更多的人借着看戏之名结识权贵、联络同乡，扩大关系网，促成商业交易。重庆戏曲在这一时期也得到了快速发展，京剧、黄梅戏、梆子、昆曲等许多剧种与川剧交互融合，形成了现今重庆川剧的戏剧风格。

解放后，湖广会馆成为居民住所，在其内部和周边居住了三百四十多户人家，文物毁损较为严重，直到1986年全国第二次文物普查时才被重新发现。1992年3月，湖广会馆被正式列为重庆市文物保护单位。

2005年9月，历时21个月的重庆湖广会馆修复工程完工并对外开放，修复了禹王宫、广东公所和齐安公所，新建了部分仿古建筑，修复后的建筑面积共7634平方米。湖广会馆再次出现在人们的视野中，向一段新的旅程扬帆启航。

◆ 菜园坝

菜园坝位于渝中区两路口山下的长江岸边，南纪门以西约一千米远的位置。

在1891年重庆开埠以前，菜园坝地区居民甚少，一直是当地乡民的菜园子，为渝中半岛上下半城的居民提供新鲜蔬菜。当然，为当时的重庆城供应蔬菜的地方不止这一处，至少在1942年的重庆地图上，还有三个叫作"菜园坝"的地方。不过最后留下来的只有挨着两路口的这个"菜园坝"，其余两个都消失在了岁月的长河中。

重庆开埠后，菜园坝地区有了南纪门外的水码头，顺理成章地成为粮食、蔬菜、煤炭、竹木、盐巴等日常生活物资的集散地。

◆ 菜园坝
彭镛 摄

到1940年，菜园坝已然成为了当时重庆名气最大、经营品种最多的农产品集散地。同时，因为紧邻盛产木材与竹子的黄沙溪，菜园坝也成为了西南地区最大的竹木产品集散地。这些为后来菜园坝地区建立水果批发市场、竹木交易市场等大型批发市场奠定了基础条件。

民国军阀混战时期，菜园坝一带是川军刘湘的地盘。1929年10月12日，时任川军总督的刘湘在这里创办了重庆第一所大学——重庆大学，由刘湘亲自任校长，首届招收学员仅45人，只设立文理预科班。1933年，重庆大学迁至沙坪坝新校区。

重庆大学在筹办之初有一个别称——"猪肉捐建的大学"，这个别称的由来是因为筹办这所大学所需的经费，来自刘湘巧立名目的"猪肉税"——当时刘湘规定，成渝两地每杀一头猪，肥肉纳税一毛大洋。靠着猪肉税，刘湘筹集到了15万元大洋，顺利办起了这所学校。

1952年7月，菜园坝火车站建成，名为"重庆站"，是重庆的第一个火车站。但是老重庆人一般不说"重庆站"，大家都喜欢说成是"菜园坝火车站"。

新中国成立后修建的第一条铁路为1952年通车的成渝铁路，菜园坝火车站就是成渝铁路的起点。那时成渝铁路的终点成都站在荒郊野外，起点重庆站却在市区，两相对比之下，重庆站周围热闹繁华得不是一般。

那时候的菜园坝没有立交桥，火车站出来就是一个大转盘。那时的重庆长江大桥也还没有修建，人们过江需要在南纪门码头乘坐轮渡通往南岸铜元局，1981年重庆长江大桥竣工通车以后，轮渡就不再运行了。

1954年2月，为方便往返菜园坝火车站的行人通行上下半城，两路口缆车线正式投入运行。缆车线上站设在中山三路与两杨公路的三岔路口附近，下站设在菜园坝火车站外的建兴坡。

缆车是以前重庆城特有的一种交通工具，专门解决市民爬坡上坎的难题。在山坡坡面铺上钢轨，缆车轮子就像火车轮子一样在钢轨上滑行。缆车一般配备一对，使用一个电动绞盘作动力，一辆缆车上行的同时，另一车就下行。缆车运行的速度不快，所以车厢只有窗框没有窗，只有门框没有门。

两路口缆车线是重庆的第二条缆车线，第一条为储奇门码头缆车线。到了20世纪90年代，两路口缆车就被今天的皇冠大扶梯取代了。

在老重庆人的记忆里，菜园坝附近还有重庆铅笔厂、长江信号灯厂、重庆塑料十三厂、重庆家具六厂、重庆竹器厂、铁道部成都物资管理局重庆材料厂等工厂，其中铅笔厂为整个巴蜀地区唯一的铅笔生产厂，生产各色铅笔，远销东南亚一带。

2022年，菜园坝火车站送走了最后一趟列车，正式进入停业升级整改中。据规划，未来的菜园坝火车站将配套正在修建的渝湘高铁。高铁由菜园坝出发，穿越正在施工的全市第一条长江隧道，到达南岸茶园重庆东站，再南行至黔江出渝，最终东至长沙。不久的将来，菜园坝火车站将再次出现在人们的视野中，变得更贴近生活、贴近时代。

◆ 中山四路

在渝中区上清寺转盘附近，有一条被称为"重庆最美街道"的马路，这就是中共重庆市委、市政府所在的中山四路。

20世纪20—30年代，重庆开启拓城时代，大搞市政建设。中山四路修建于1928年，是重庆市内修建的第一条高等级公路。虽然它全长不足一千米，但由于1937年至1946年国民政府行政院等机关设立于此，中山四路就成为了名人政要扎堆的一条街道，短短一条街便拥有特园、桂园、周公馆、张骧公馆等十几处历史文化名人故居。

中山四路
何向东 摄

"中山四路"一名，从字面就可以看出是为了纪念革命先驱孙中山而命名的。

在重庆，除了中山四路还有中山一路、中山二路、中山三路。整条以"中山"命名的马路东起民生路与金汤街相交之处，止于上清寺曾家岩，是连通解放碑与上清寺的城市中心道路，原分段名为七星岗、黄家垭口、观音岩、上罗家湾、两路口、孟园、养花溪、三益村、美专校街、上清寺等。

1937年，为纪念孙中山先生，迁都重庆的国民政府将民生路西端起至观音岩段改名"中山一路"，观音岩至两路口段改名"中山二路"，两路口至上清寺段改名"中山三路"，上清寺至曾家岩段改为"中山四路"，统称为中山路。

其中的"中山四路"之所以被称为"重庆最美街道",是由于整条街道皆按照抗战时期的重庆城市规划来修复修缮的。

重建前的中山四路马路12米宽,尽管有良好的空间,但街道两侧低矮的居民危房和文化名人故居混杂,再加上沿街商铺门面破旧,各式各样的小摊占道,路灯、电缆杂乱,总给人一种脏乱的感觉。

2008年,重庆市政府开始改造中山四路,在保留文物遗迹历史面貌的同时,融合抗战时期史料中记录的街道建筑特色,将沿街建筑改为青砖灰瓦,在道路两边的房屋立面搭建起拱窗拱廊,沿街商铺的装饰风格也在此基础上进行了统一,并在街两边栽植了重庆市树黄葛树,在街道入口处建起了拓宽视角的绿化山坡。

2010年,中山四路被重庆网友评选入"重庆十大最美街道",并在2018年被评为"最有资格的街道"。对于重庆历史街区修复的成功案例,著名建筑学家何智亚曾评价道:"现修的中山四路,既有历史的味道,又有现代的味道,即是回归与继承其'神',而并非形似。"

曾经在中山四路,周恩来、邓颖超曾租住于路尾的曾家岩50号,董必武、叶剑英、林彪、王若飞等人在渝期间也常住于此;《双十协定》在这条路上的桂园签订,国共两党重庆谈判在此得到见证;各民主党派齐聚路口的特园,为抗日、救国出谋献策;国民政府总统府旧址在马路中段,这里是中国乃至世界反法西斯战争的指挥中心;郭沫若、老舍、柳亚子、陶行知、徐悲鸿等曾在这条路上定居创作,他们从这里了解并传播重庆。

今天的中山四路,是重庆值得称赞的"最美街道"。这里不仅是重庆知名的历史文化街区，还是文创产业园区，OliverBrown 咖啡馆、OBHouse烘焙坊、卡珀意大利餐厅等时尚文化业态，结合桂园、周公馆、特园、国民政府总统府旧址等人文遗产，中山四路已经成为集历史文化、休闲旅游、文创体验等于一体的重庆必游之地。

◆ 李子坝

李子坝位于渝中区从上清寺到化龙桥之间的嘉陵江边上，背靠佛图关，俯瞰嘉陵江。从上清寺经李子坝、化龙桥、红岩村到沙坪坝一线的道路，是重庆首条连通市区与郊区的公路，也是抗战时期大后方重庆连通四川乃至抗战前线的主要通道。

李子坝的地名由来与李子有关。很久以前，李子坝不过是重庆城外的一片无人居住的坡地，坡上有鹅岭、佛图关，坡下是滚滚嘉陵江，山坡上有一片茂密的李子林，人们便将这一片称为"李子坝"。

在重庆民间的掌故里有一个关于李子坝的传说，说从前有一个叫李贵的江安人因为家乡闹水灾，逃难到了重庆。为了找个谋生的出路，只会种地的李贵寻觅到李子坝这一片无人居住的荒地种庄稼，他本想在这里种点苞谷、稻米，但是这里的地石头多土壤少，辛苦下来却颗粒无收。

就在李贵无比沮丧的时候，忽然见到地里不知何时长出来一棵李子树，树上结满了绿中带黄的李子。他摘来一尝，果汁四溢，果肉脆爽，口感酸甜。李贵这才记起当初自己开荒时见到树上有只小鸟从嘴里吐出一粒东西掉在了这里，没想到竟无心插柳地种成了一棵李子树。靠着种李子，李贵在重庆找到了出路，后来李贵还将李子带回了自己的家乡江安栽种，造就了今天"江安李"的名气。

早在20世纪30年代，刘湘时期的重庆已经开始大力修筑公路，为以后重庆成为抗战大后方提前布局。1937年抗日战争全面爆发，国民政府迁都重庆，开辟了从上清寺到沙坪坝的沿江公路，位于公路节点旁的李子坝这才渐渐繁华起来，国民政府将这里命名为"精忠路"。1972年，精忠路恢复原名，改为"李子坝正街"。

从上清寺经李子坝、化龙桥、红岩村到沙坪坝的这条路，是重庆城最早连接市区与郊外的公路，它是抗战大后方衔接成渝公路物资运输的重要命脉。加上这里紧邻重庆市中心不远，又靠近嘉陵江水域，既远离了城市的喧嚣，又易避开日机的轰炸，从而成为抗战时期较安全的世外桃源。

在嘉陵新路与李子坝正街交会点上，有一幢砖砌的双层小楼"觉庐"，曾是抗战时期交通银行的职工宿舍。觉庐也是从李子坝分出的两条岔路的分界线，左边是沿山而上的嘉陵新路，重庆民间喜欢称之为"三层马路"。马路的第一层是指从觉庐到佛图关轻轨站的第一个大拐弯处这一段，第二层是指从佛图关轻轨站拐弯处到两路口桂花园这一段，第三层是指从桂花园的拐弯处再往鹅岭正街一段。在抗战时期，三层马路是国民政府党政机要办公处、达官贵人官邸住所、外国使领馆集中之地。

从觉庐往右，沿李子坝正街往化龙桥、红岩村方向去，是中共南方局在国统区的主要活动区域，此路线连通红岩村中共南方局和特园、周公馆，是抗日战争时期中国共产党在国统区开展抗日民族统一战线活动的主要革命阵地。

抗战时期的李子坝集中了中国当时政治、军事、外交、文化、经济、金融等诸多重要机构，因此成为抗战时期重庆最繁华的街区之一。

今天的李子坝已经成为重庆市最具特色的网红打卡旅游地，这里有"轻轨钻房子"的轻轨二号线及"通往春天的列车"的佛图关站；有重庆首个抗战遗址公园——李子坝抗战遗址公园；还

◆ 李子坝
彭镛 摄

有陶园、荫园、怡园、孙科圆庐、史迪威将军故居、吴铁城官邸、李根固旧居、刘湘公馆、高显鉴公馆等历史文化遗存。位于二层马路上的"二厂"前身为陪都时期的民国印钞厂，著名重庆籍导演张一白曾在此拍摄了电影《从你的全世界路过》。

今天的李子坝景区深受外地游客喜爱，已经成为重庆新时代的旅游、文创重地。

◆ 凯旋路

凯旋路位于渝中区，是一条连接上半城解放碑和下半城储奇门的咽喉之道，直到今天仍然通行。路旁有著名的白象街、云梯街、东华观等历史文化街道与景观。

在凯旋路修建以前，重庆城连接上下半城的主要通道为十八梯，人们从长江边的凤凰门，沿十八梯顺石阶而上，方能抵达以解放碑为中心的上半城区。但是十八梯仅能供人步行，并不能通车。1939年，西迁的国民政府决定在十八梯旁边的储奇门附近，修建一条既能行车又能步行的通道，于是就有了凯旋路的诞生。

1939年正是日军飞机轰炸重庆、人民群众抗日热情高涨的时候，故而凯旋路的命名包含着人们对抗战胜利的美好寄愿。也正因为如此，在缺乏钢材和现代机械的条件下，重庆军民以坚韧的意志，用臂膀和双手，在落差高达五十米的山城街巷里，垒起了石砌高墙和桥洞引道，于1942年建成了凯旋路公路和石梯。

凯旋路的公路是典型的"之"字形路，从储奇门十字路口开始往北而上，约百米后转而向东折上，来到山腰的东华观处，公路再次弯折反向，往西继续向上，最后在位于新华路口骨科医院处与磁器街相接。

凯旋路的石梯道俗称"云梯街"，从储奇门的复旦中学开始向北而上，全程由九段台阶共186步石梯构成。云梯街在第四段台阶后进入一座拱桥下方，这座拱桥是当初修建云梯街时，为解决上下五十多米的落差而设计的城墙式石砌旱拱桥，是重庆主城的第一座石拱桥。拱桥全长八十多米，共有九跨，桥拱跨像城门一样，而位于云梯街的这一跨被人们称为"凯旋门"。穿过凯旋门，云梯街在第六段台阶处转90度向东而上，最终抵达上半城的新华路口。

凯旋路的起点正对储奇门码头，江对岸就是南岸海棠溪，海棠溪是川黔公路和川湘公路的起点。抗战时期，重庆与抗战前线通过川黔和川湘公路连通，前方打了胜仗，将士们凯旋都要从储奇门进城，于是这条路就被取名为"凯旋路"。

凯旋门拱桥下有一段石梯间歇平台，这里不仅能为人们遮风挡雨，还是几十年来市民摆摊设点的谋生之地。摆摊者在此为上下往来的行人代写书信、炭精画像、剪头理发、手捏糖人、拔火罐做针灸、推拿按摩、表演魔术杂耍，一年四季热闹非凡。

凯旋路建成以后，逐渐取代了十八梯，成为山城百姓行走上下半城的主要通道。1986年2月，为解决市民爬坡上坎之苦，重庆索道客运公司在这里建成中国第一部城市客运电梯——凯旋路电梯。

凯旋路电梯连通云梯街出入口，采用直行电梯的方式代替人们爬坡上坎，是重庆沿用至今最古老的电梯，与长江索道、两路口皇冠大扶梯并称为山城重庆的"魔幻三杰"。

凯旋路电梯刚投入使用的时候，向重庆市民收取上行五角钱、下行五分钱的公交费用，当时的重庆人对此还不太能接受，于是在山城流传起了一句顺口溜："上半城，下半城，上上下下走死人。爬坡坡，上坎坎，认钱不认人。"随着城市经济的发展、人们消费观念的改变，凯旋路电梯慢慢成为了人们优先选择的出行方式，最辉煌的时候，凯旋路电梯日载客量高达1.4万人次。

在凯旋路公路中段有一间始建于元代、重修于明代的道观"东华观"。《蜀中名胜记》引旧志云："城中有东华观，观后有东华十八洞，皆相通。今士人呼其为神仙口，相传东华真君于此得道。"

东华观原设有九个殿堂和藏经楼，还有花园、住客、库房六大间，规模宏大、巍峨壮观，鼎盛时期来此进香挂单的道士及居士多达千余人。1926年，东华观遭遇大火，整个道观被烧掉了三分之二，只剩下灵官、玉皇、邱祖三殿。1939年，东华观又遭日机轰炸，邱祖殿被毁。1942年，凯旋路建成，将灵官殿和玉皇殿隔为两段。1953年，因建苏式粮库，又对灵官殿进行了拆除。1983年，仅存的"东华观藏经楼"被列为市级文物保护单位。

◆ 两路口

两路口位于渝中区中部，旧时为出城的分道口，一路通成都，一路通川北，因而得名。两路口是进出重庆城必经之路。

两路口地处渝中区半岛中部脊线，东连七星岗，南接菜园坝，西邻大坪，北与上清寺、大溪沟接壤。

说起两路口，让重庆人记忆深刻的不仅是皇冠大扶梯，还有外国使馆群、宋庆龄故居等。

1891年3月1日，重庆正式开埠，"洋人"纷纷涌进重庆，在两路口、上清寺一带，陆续出现了教堂。20世纪20年代，重庆进行主城改造，并拓展新市区，发展城郭间交通，两路口的道路状况得到整体提升，交通便利，越来越多的人选择在此办公或者居住。

1937年11月20日，国民政府发布迁都重庆宣言，两路口以新的面貌登上历史舞台。

基于两路口与渝中区上清寺政要枢机相毗邻，美国大使馆、澳大利亚公使馆、丹麦公使馆、土耳其公使馆先后进驻两路口至佛图关沿线，随之而起的还有使领馆人员寓所，以及美国公使馆记者宿舍楼、英国海军俱乐部等，形成了著名的国际村。

如今，国际村社区沿路设置的线路导示牌介绍有美国记者楼旧址、英国海军俱乐部旧址，以及石碉堡和无线电台旧址。两路口还曾有着重庆最高档的涉外宾馆嘉陵宾馆。美国作家海明威访华期间，也曾下榻于这座宾馆。

如今两路口健康路1号的美国大使馆，成为了那段历史的见证。1938年8月，美国驻华大使詹森率美国驻华大使馆人员迁渝，先后在渝中区中山四路（现为中山四路小学）、李子坝正街40号、健康路1号等地办公。

两路口新村5号，在高楼林立之下的巷道中，有一栋黄灰色相间的小洋楼，这就是宋庆龄故居，是抗战时期宋庆龄在重庆生活、战斗、工作的小院，也是她领导的保卫中国同盟的办公地点。如今，宋庆龄故居是重庆市重要的抗战文物遗址、重庆市爱国主义教育基地。

建成于1953年的两路口缆车，是连接两路口和菜园坝的重要交通工具。1996年皇冠大扶梯竣工并开始营运后，两路口缆车才被拆除并退出历史舞台。

皇冠大扶梯是亚洲第二长、中国第一长的一级提升坡地大扶梯，全长112米，宽1.3米，倾斜度为30度，提升高度52.7米，接近20层楼高。二十多年来，大扶梯为来来往往的人们出行提供了便利，也承载着几代重庆人的记忆，2017年入选了媒体评出的"世界十大最特别自动扶梯"。

不过，随着菜园坝火车站交通枢纽地位的下降，皇冠大扶梯也变得稍显冷清。不过随着再次改造升级的完成，皇冠大扶梯又日渐红火起来，吸引着市民和游客前来打卡拍照。

时光荏苒，岁月流转。因地理位置而得名的两路口，依旧为城市交通的枢纽地段，轻轨3号线、地铁1号线在此交会，串联着江北、南岸、沙坪坝等商圈，焕发着新的活力。

大渡口区

◆ 重庆钢花影剧院

重庆钢花影剧院动工修建于1958年，共设置1603个座位，在1960年正式投入使用。钢花影剧院由重钢集团公司投资、重钢工人修建，甚至"钢花影剧院"的题字也是由重钢集团文体部部长许宏袚手书的。这座电影院和重钢有着密切的联系。

钢花影剧院的建设参考了同时期山城电影院的设计，并融入苏联建筑风格。入口处六根高大气派的石质立柱，撑起整个影剧院大门。大门左右两侧，分别立着"重庆市优秀近现代建筑"和"重庆市优秀历史建筑"的牌匾。红色的"钢花影剧院"五个大字格外引人注目，外墙的浅浮雕也颇具那个时代的工业元素。

钢花影剧院最初并不叫钢花影剧院，而是叫新山村影剧院。新山村影剧院最初主要是作为重钢集团开会和组织活动的地方，后来发现，会议和活动没有想象中的那么多，于是便交给工会管理和维护，增加了播放电影的功能。估计是人们更喜欢看电影这样的活动吧，到了20世纪70年代，正式更名为钢花影剧院。

钢花影剧院相比山城电影院多一个功能，就是钢花影剧院不仅能放电影，还能承接各种演出，正因为这个功能，在20世纪，钢花影剧院的舞台上，曾经明星大腕云集，全国60%的著名老艺术家都曾在这里表演过。艺术家们只要到重庆，必来钢花影剧院秀一场。1961年中央乐团指挥家、中国合唱第一棒严良坤，钢琴家刘诗昆，小提琴家盛中国到重庆演出三场，其中钢花影剧院就占了一场；著名相声演员侯宝林在钢花影剧院留下过欢声笑语；国歌词作者田汉在钢花影剧院留下墨宝："淡云微雨访重钢，钢水奔流赛两江。憾不钢花歌舞夜，高楼同听巧姑娘。"还有郭兰英、姜文、唐国强、张艺谋、巩俐、刘晓庆等全国著名艺术家、演艺

◆ 重庆钢花影剧院旧貌
重钢档案馆 供图

名人都曾因演出或出席首映礼来到过钢花影剧院。不仅如此，钢花影剧院还举行过俄罗斯、日本等国家和地区的表演团的精彩表演。这里曾是重庆城一票难求的影剧院。

钢花影剧院在20世纪90年代被评为全国影剧院三百强，在当时的影响力绝对不亚于今天的UME电影院。

时光荏苒，岁月如歌，令人遗憾的是，随着时代的发展，钢花影剧院因为种种原因于2005年暂停营业。

2010年重钢集团公司耗资两千万元重新修缮了钢花影剧院，并于2012年重新投入使用。作为重庆市优秀现代建筑物的钢花影剧院，修缮始终以旧修旧为原则，在不改变原有的建筑风格和结构的基础上，更注重了内部设施设备的更换和品质提升。影剧院整个外观没有作太多的改变，拆除了原有广场花园和雕塑，全部铺上广场砖，这样一来不仅扩大了广场的视野和使用率，而且更突出了影剧院主体的大气和庄严。影剧院内部变化最吸引人眼球的就是将原来的硬板凳全部换成了软座椅，并配上了红色座套，放眼望去大红色的座椅喜气端庄。同时为了让影剧院更好地发挥其大型舞台文艺表演以及会议召开的要求，配备了先进的灯光系统和环绕立体声音响设备，增加了LED显示屏和实时播放系统等等先进的设施设备。经过一系列的大动作，现在的钢花影剧院已经完全符合现代化影院的要求，又一次青春焕发。

今天的钢花影剧院，依然是大渡口的坐标之一。作为大渡口唯一一个可容纳近千人的正规影剧院，重获新生后的钢花影剧院活动不断，2017年度全市优秀原创歌曲颁奖典礼就是在这里举行的。

江北区

◆ 头塘

头塘是江北区寸滩街道下辖的一个社区,东与铁山坪街道毗邻,南与南岸区隔江相望,西与江北城中央商务区和五里店街道相邻,北与北部新区、渝北区龙塔街道接壤。

我们现在所说的"塘",大都是面积不大的池子。但是头塘得名和水池一点关系都没有,"塘"在清朝是关卡的一种,也是清朝军队番号名称之一。

清初顺治元年(1644)满清入关后,在八旗外另设置了正规部队——绿营,将接收的明朝降军编入绿营。而塘,则是绿营下面的一个分支机构。

顺治四年,四川绿营建立。经过不断调整,逐渐形成了川北、重庆、建昌、松潘四镇,以及标、协、营、汛组成的四川绿营体系。重庆镇下置协,协下设营,共中、左、右三营,营下分汛;在划分汛地的交通干线上每隔若干距离设一塘,派兵驻守,形成延续不断的"塘路"。各营兵士除了留守协营驻地城防安全,其余的兵士被派到该协营辖区塘路上,负责公文传送、辖区内治安以及匪患剿灭等。"塘"不仅是军事单位,也是邮驿单位。塘又是绿营里最基础的组织机构，一个塘一般设塘兵二名，塘与塘的间距大致为十里至三十里不等。

以前从重庆出城的古道按方向大致有四条：往西通往成都的东大路和东小路；往北通川北、陕西汉中的西北路，又称重庆北大路；往南连通贵州的渝黔古道；往东通往三峡地区、湖北一带的川鄂古道等等。这些古道都会有塘路编号，会以重庆的某个地点为头塘，一直编制到终点。比如渝合古道上的"渝合十塘"，头塘设在佛图关（今渝中区大坪），二塘设在白崖（今沙坪坝区磁器口），三塘设在金刚坡（今沙坪坝区金刚村），四塘设在四塘村（今沙坪区土主镇），五塘设在青木关（今沙坪坝区），六塘设在温汤驿（今璧山区），七塘设在柏家庙（今璧山区七塘乡石坡村），八塘设在璧山县八塘乡（今璧山区），九塘设在风垭（原合川县九塘乡），十塘设在襄溪（原合川县十塘乡）。"渝合十塘"所在的西北路，兼顾了重庆北上与西北两个方向，北连西安，西北经铜梁、遂宁连成遂线至成都。从这条古道各塘名称可以清楚地看到一个地方有本名和"塘名"两个不同的名称。

现在头塘所在地是重庆到成都的"江合北路"古道上的第一站。江合北路经头塘、尖山庙、鸳鸯、翠云、桃子垭、复兴、静观、梨树垭（北碚区静观镇梨树村）、土主（合川区清平镇），至合川保合（合川区双凤镇保合村），最后到成都，全程一共72塘。只是今天这条古道的军事编号头塘已经成了地名，当初的本名反而无人知道了。

由此可见，以前重庆的驿站有两个名字，一个是从历史延续下来的地名本名，一个是军队的番号名称。从上面两条驿道来看，重庆有两个头塘，一个是佛图关的头塘，今天这个塘号已经消失了；另外一个是江北寸滩的头塘，今天这个塘号保留下来了并成为了地名。

到1906年，重庆镇因为通商口岸缘故，得以保存中、左二营，但属于右营的渝合十塘直接被裁。渝合十塘自此消失，塘的驿传功能也被近代化的交通、电报、邮政所取代。

1898年，英国人立德乐的"利川号"机械船第一个到达重庆，此后重庆至合川轮渡开通，两地之间通达时间大为缩减。而陆路方面，现代化公路的修建、汽车的推广，给人们出行带来极大的便利，以前塘路渐渐被冷落，以至于后来随着高速公路和高铁的通行，曾经的塘路已鲜有人行走。

由此可见，某些"塘"从最初的部队番号渐渐演变成了地名。从全国来看，含"塘"的地名也不少，其中有的想必和清代塘路管理有关。今天寸滩的头塘、沙坪坝的二塘村、轨道三号线的二塘站得以保留曾经的"塘号"名称，是对过去那段历史的记忆和回顾。

◆ 江北城

江北城既是一个地名，也是一座城，我们所指的江北城以江北嘴为中心，往两边辐射。

时间追溯到公元前5世纪，巴人从鱼复（今奉节）溯江而上，抵达江州（今重庆），在川东立国，曾经以江州（今重庆市江北区江北老城）为都城，江北城成为巴人最早的聚居地之一。

《华阳国志·巴志》卷一载："汉世，郡治江州巴水北，有甘橘官，今北府城是也，后乃还南城。"这段话是说，在东汉时期，江北城是当时巴郡下辖的江州县治的驻地，建有北府城，后迁建城南（今渝中区道门口一带）。

江州城最初的具体位置，现在并没有确切的定论，但是通过相关的考古发现，有一点是可以肯定的，即江州城最早应该就包括了今天江北嘴所在的区域。在经过多次筑城之后，江北城也形成了自己的一套完整体城防体系，共有城门十座。有一首诗把其中的八道城门包括了进去：

朗朗文星照九重，问津那许白云封。

镇安永远资神护，保定于今际世雍。

沿岸金沙随浪涌，汇川火井衬波浓。

觐阳红日东升处，恰对涂山第一峰。

诗里藏着的八道门文星、问津、镇安、保定、金沙、汇川、觐阳、东升，是清道光十三年（1833）一位名叫高学濂的官员改建的，他募资将嘉庆三年（1798）修建的四门土城墙改修为八门石城墙。如今江北只有保定门还保留着当年的面貌。

江北城一带地势平缓，形成了一系列的码头。到了明、清年间，两江沿岸有码头十多处，码头成了人们生活的重要场地。航行长江的船都要到江北城这一带躲避风浪，所以打鱼湾、江北嘴等地帆樯如云。

● 江北城：保定门
　江北区江北城街道办事处　供图

　　1891年重庆开埠后，江北嘴一带的港口成为重庆重要的对外通商口岸，并形成了食盐、粮食、土陶、木材等专业市场，最繁华时，曾有六千余户商家。《江北城街道志》中提道，当时陇南、川北大量农副土特产品主要靠人力、畜力运抵江北城，然后装船外运。江北城两江沿岸各码头常年停泊着数以千计的货船，繁盛一时。

　　在很多上了年纪的重庆人的记忆里，江北城江北公园内的盖碗茶，撑花街、洗布塘街走街串巷的叫卖声，金沙门的打铁街，还有江北老城门、江边轮渡、101路公交车、嘉陵江索道的记忆都是那么清晰动人。曾经的江北老城城内有84条街。新中国成立后，重庆港务局设立江北港务作业区，这里成为了重庆进出口物资的主要中转站。

斗转星移，时光荏苒。1966年牛角沱嘉陵江大桥建成通车，随着四通八达的陆路交通建设的推进，重庆人告别了轮渡时代。江北区的商业中心转移到观音桥，古老的江北城日渐衰落，以往聚集在江北城的人气随着江北城内房屋、道路年久失修渐渐消散。江北城成了一座"旧"城。

2002年，江北城旧城改造正式启动，居民和企事业单位整体搬迁，拆迁范围涉及人口12万人，总户数27402户。拆迁时保留了保定门、大夏太祖明玉珍皇帝睿陵墓、西南地区现存最早的测候亭，以及有一百多年历史的基督教堂和天主教堂。这几座建筑，如今在江北嘴中央公园里都能看到。除了文化遗存和历史遗存，整个区域都重新规划，江北嘴重新建设起一个全新体系，相当于"再造了一座新城"。

江北嘴新建区域东起大佛寺长江大桥，西至嘉陵江黄花园大桥，江岸线长约六公里，以朝天门大桥为界，上游为核心区江北城，占地2.26平方千米；下游为拓展区溉澜溪，占地2.7平方千米。

江北城与对岸渝中区和南岸弹子石总共约十平方千米的地方，将建成重庆市的中央商务区。这里聚集了全市80%的金融机构，GDP达到1600亿元，社会消费品零售总额达到1000亿元，号称重庆的"陆家嘴"。江北城这座千年古城，如今成为了现代金融业中心。

滔滔江水东流去，江北城承载了重庆人太多美好的回忆，也见证了一代重庆人的历史记忆和生活风貌。

◆ 寸滩

寸滩位于江北区海尔路上，紧挨长江与肖家河的交汇处，坐拥长江黄金水道，无缝衔接江北国际机场，多条轨道交通交会于此，是重庆中心城区不可多得的一块宝地。

据不完全统计，重庆带"滩"字的镇街乡地名有9个，社区村地名带"滩"的有72个。滩，意为河滩。河流流经地势平坦的地区，常常由于惯性而形成曲流，并在凸岸不断堆积泥沙，堆积体逐渐升高、扩大，在枯水季露出水面便形成了滩。此外，滩也可以指水浅石多而水流很急的地方。

在重庆这座江城中，于江河边形成的河滩数不胜数，其命名也别有一番趣味。有的以滩的形状和大小命名，比如说箭滩、长滩、大滩、小滩；有的以滩中如石梁等参照物命名，如寸滩、龙滩、狮滩等；有的则以滩上居住人家的姓氏命名，如马滩、龚滩；还有的以滩边江河的险峻或流水声命名，如涞滩、响水滩、响滩等。

关于江北区的寸滩得名有这样的一个说法，此地江中有一浅滩，枯水季节，石露江面，其中有一石梁，状似秤杆，人称"秤滩"，有公平如水之意。重庆话"寸"与"秤"谐音，大家为了图简便，就把"秤"字写成了现在的"寸"字，于是秤滩就变成了现在的寸滩。

寸滩是沿长江东下去万州的渝万大道的一个重要中转站，明清以来便是重庆连通内外的重要口岸，各种商品在这里交易，并形成了一些专业的商品市场。寸滩曾是重庆的一个川盐集散地，长江边每天停泊着待卸盐船数十艘,街上堆存盐的库房有几十间。从清朝道光年间开始,这里由街市逐渐发展为颇具规模的场镇。过去农历每逢二、五、八、十的四天赶场,寸滩热闹非凡,生意兴隆。

寸滩有个塔子山,山上有座文峰塔,别名白塔,距今已有四百多年的历史,是重庆的一座航标,行船走水的船帮们看见了白塔就知道朝天门近在咫尺。站在塔子山可以欣赏江岸"文笔摩霄"风景。传说这座文峰塔是为镇住孽龙而修建,它和隔江遥望的黄桷垭文峰塔,以及下浩觉林寺报恩塔,分别用来镇住孽龙的龙头、龙身和龙尾。为了防止孽龙复活,三塔不能相见。所以今天无论你登上哪一座塔,都看不到另两座塔的身影。

◆ 寸滩
江北区寸滩街道办事处 供图

寸滩老街上还有一些古迹，如观音阁。观音阁历史悠久，始建于明朝万历年间，距今已有四百多年历史。站在观音阁坝子上极目远眺，滚滚江水、婀娜的涂山风景尽收眼底。商客骚人来到寸滩，第一眼看见的便是红墙灰瓦的观音阁。寸滩老街还有座清朝道光年间修建的单孔古桥至善桥，表达了"臻于至善"的理念，至今已有一百七十余年历史。

寸滩的水码头历史悠久，是水上进入重庆的第一站。抗战时期，寸滩建起了战时大后方最大的修造船厂，艘艘汽轮从这里出发奔向抗战前方。进入新世纪，巨轮满载"重庆制造"从寸滩起航，通江达海，物畅天下。

2008年，寸滩和两路被正式批准设立海关特殊监管区域，是全国第一家"水港加空港"一区双核的内陆型保税港区，也是"一带一路"重要节点，连接中欧国际的铁路、水运联运枢纽之一。2019年寸滩港引入国家特色商品馆三十个，经营进口商品约六万余种，在寸滩这一"方寸之地"，可以一键"买全球，卖全球"。2022年，重庆两路寸滩综合保税区再次迎来发展机遇，调整后的寸滩片区将加快培育邮轮旅游、数字娱乐、总部基地等业态，打造国际消费中心城市核心承载地、城市形态展示新高地、对外开放新窗口。

登山远眺，江面烟波浩渺，船舶来往如梭，"小艇摇明月，停桡得寸滩。蛙鼓喧清夜，渔灯乱急湍"的景色将被现代化的邮轮港口和摩登的城市建筑所代替。古渡口"寸滩"将变成现代化的"金滩"。

沙坪坝区

◆ 磁器口

位于重庆沙坪坝区的磁器口古镇，背靠歌乐山，前临嘉陵江，曾是重庆著名的水运码头，如今是重庆最为知名的都市旅游景点之一。

磁器口古镇始建于宋真宗咸平年间，最早的名字叫作"白岩场"，因这里的山壁上曾有白色摩崖而得名。传闻明朝建文帝朱允炆逃出皇宫后流落巴渝一带，曾在白岩山上的宝轮寺隐匿过一段时日，世人便因此将宝轮寺改名为"龙隐寺"，白岩场也被改称为"龙隐镇"。据民国《巴县志》卷一记载，"（此地）水陆交会，极便舟车，为城西重镇，陶器甲全县，故里人又呼曰'磁器口'"。

磁器口的瓷器，主要是清代歌乐山麓青草坡生产的瓷器。人们把以青草坡为地理中心，包括沙坪坝、红槽坊、重庆城区及北碚、璧山、武隆、贵州等地，以闽籍江氏家族为代表（包括周围相关的陶瓷窑）生产的民用陶窑、瓷窑统称为"沙坪窑"。

明末四川战乱导致人口锐减，当时的重庆府巴县西部一带成为战场，尸横遍野，龙隐镇也毁之殆尽。到清朝初年，地广人稀的四川土地、物产亟待开发，当政者施以奖赏和优惠的措施，鼓励百姓自迁自选，分流入蜀，形成了史上颇具规模的人口大迁移"湖广填四川"。

清康熙年间，祖籍福建汀州连城县孝感乡的江氏家族江生礼、江生鲜、江生鲍兄弟三人，随着移民队伍来到了当时的四川，他们在重庆巴县白崖镇青草坡定居落了户，成了沙坪窑的创立者。

福建是我国制瓷业发达的地区之一，以建窑和德化窑闻名于世。江氏家族世代以经营瓷厂为业，拥有较为娴熟的福建德化窑白瓷和青花瓷传统工艺，之所以选择在青草坡落户，是因为他们看准了这里具备独特的制瓷条件。

青草坡位于磁器口北偏西四千米处，原为一片荒无人烟、长满茂密青草的坡地，附近居民大多将坟墓置于此地，故而流传有"青草坡，死人多"的俗语。这里地质、地理条件虽然恶劣，但制陶、制瓷原料却颇为丰富，加上歌乐山出产数目可观的柴薪，可作为烧制陶器、瓷器的燃料。

江氏家族在青草坡创办了江氏制瓷业，开启了沙坪窑的光辉篇章。江氏制瓷业以家庭手工业作坊的形式存在，由江氏家族成员自主经营，家族内部分工管理，基本上为父终子继的家族传统格局，以单线、复线等形式延伸、发展了几百年，几乎垄断了沙坪窑的生产。例如1938年，青草坡有八家碗厂，共有工人两百余名，除一家碗厂是他姓开的外，其余都是江家开的。

陶瓷业的兴盛让磁器口成为了当时重庆最大的陶器、瓷器转运码头，但如何将陶器瓷器运送到磁器口却成为了难题。从青草

◆ 磁器口：牌坊

沙坪坝区民政局　供图

坡到磁器口有一条古老的石板路，它由磁器口经大河沟、井口至金刚坡，属重庆去陕西的驿道中的一段，时称"正北路"，这条路在当年承担起了陶器瓷器陆路运输的任务。

当地的村民用箩筐、背篼等简单工具，以男挑女背的人力方式，通过三条路线将青草坡的陶瓷运到磁器口。

第一条路线称为"瓷器道"，是从青草坡的碗厂坡或耗儿洞起，往南经江家山、枇杷林、马桑岚垭，到大河沟上正北路，最后抵达磁器口。第二条路线称为"陶器道"，是从青草坡的窑罐厂坡起，顺无名小溪下行，往东穿过该溪流转而向南，约行2100米，在大河沟接正北路，最后抵磁器口。第三条路线称为"陶瓷道"，

◆ 宝轮寺

从青草坡的碗厂坡或耗儿洞、窑罐厂坡起，顺无名小溪东行转北，横跨正北路，再向东南沿詹家溪而行抵达嘉陵江畔，最后沿江右岸南行抵达磁器口。三条运送通道中，以瓷器道最为便捷，陶器道最为平缓，而陶瓷道最为劳苦。

以青草坡瓷窑为代表的沙坪窑产品通过磁器口装船外运，远销各地：北至陕西、川北、南充、遂宁，西至宜宾、成都，东至万县、湖北、湖南、江浙一带，供不应求。当时的磁器口古镇上，每家瓷厂、窑罐厂至少都开设有一家铺面，例如"裕兴镒碗铺""顺和窑罐铺"等，源源不断的货源让磁器口商品集散规模空前，让磁器口一跃成为川东地区民瓷供应重镇长达三百余年。

随着公路、铁路运输业的发展，水上运输减少，磁器口的商业地位也慢慢下降，逐渐萧条了起来。今天的磁器口古镇再获新生，已然成为了中国历史文化名街、国家4A级景区、重庆市重点保护传统街、重庆"新巴渝十二景"……拥有如此多殊荣的磁器口古镇再次重现车水马龙的繁华景象，重回高光时刻。

◆ 双碑

双碑位于重庆沙坪坝区，紧邻磁器口古镇。

双碑的历史要追溯到两千多年前。

重庆先民在渝中半岛筑城，为了与关中地区取得政治与经济上的联系，开辟了一条从渝中区三圣殿通往陕西的驿道"正北路"。从此不管是上歌乐山到永兴场、青木关、璧山，还是上青草坡买瓷器，又或是到北碚、合川，人们都要从这条路经过。

明崇祯十三年（1640），为方便行商旅客，当地人在正北路上修建了一座石桥，名为"永胜桥"。桥下有一小溪，因附近多詹姓人家，故名"詹家溪"。清道光年间，乡民捐款在永胜桥附近新修人行路与正北路交叉。为指示两条路的方向，也为表彰乡民善举，詹姓人家在永胜桥头岔路口立了两座石碑，从此这地方被称为双碑。

20世纪50年代初，渝南公路建成通行，起点为今沙坪坝三角碑，经北碚到南充。由于公路通过双碑，人们开始沿路建房，形成了小街，叫做双碑街。

要说在双碑这个地界上发生的故事，就绕不开两座兵工厂——重庆嘉陵厂和特钢厂。

1875年，嘉陵集团的前身龙华制造分局在上海创立，"九一八"事变后，工厂辗转搬迁到河南巩县、湖南株洲等地。抗战爆发后的1938年，工厂从株洲内迁双碑，更名为"军政部兵工署第二十五兵工厂"，为抗战制造枪弹、木柄手榴弹等武器弹药，成为抗战时期的军工重地，对外称代名为"念吾农场"。

解放后，工厂更名为国营嘉陵机器厂。1979年实施"军转民"政策，开发生产民用摩托车，"嘉陵摩托"由此诞生。20世纪八九十年代，工厂成立中国嘉陵集团，与日本本田公司开展技术合作，成为中国最早开展国际合作的摩托车企业，被国家统计局技术进步评价中心授予"中国摩托车之王"称号。

2012年，嘉陵股份公司整体搬迁璧山，双碑的旧厂址遗存有兵工厂旧址、老旧军工设备等，被保护、开发成为军工文化的一座展示地标。

在双碑，曾与嘉陵厂齐名的军工企业还有重庆特钢厂。特钢厂的前身为兵工署第二十四工厂，再往前能追溯到熊克武、刘湘时代的电力炼钢厂。

民国初期，四川军阀割据。曾任川军总司令、四川督军，时任重庆镇守使兼川军第五师师长的熊克武，为了扩大自己的势力，决定筹办一家炼钢厂。由于当时四川政权割据得厉害，各路军阀混战，熊克武从美国采购的设备历经十余年才辗转运回重庆。

熊克武最初将厂址选在了重庆南岸区铜元局附近，后因选址地面积不够，又因南岸一地外籍人士众多，出于安全与保密的需要，最终定址在嘉陵江边磁器口与詹家溪之间的双碑地界。

1937年1月，蒋介石发布命令，成立"军政部兵工署重庆炼钢厂筹备处"，接管熊克武名下的重庆电力炼钢厂，并于当月试生产出了第一炉钢。1939年7月1日，重庆电力炼钢厂更名为"国民政府军政部兵工署第二十四工厂"，正式成立投产。

二十四工厂在抗战期间，不惧日寇飞机的狂轰滥炸，一边扩建，一边坚持生产。产量由数百吨增至上千吨，特种钢最高年产曾达到四千多吨，为抗战期间的重庆军工企业提供了大量优质钢材。

重庆解放后，二十四工厂改名为"西南工业部102厂"，对外代号重庆市2307信箱。军转民后，2307信箱改名为"重庆第二钢铁厂"，简称"二钢"，与重庆钢铁厂（重钢）相区别。后又改为"重庆特殊钢厂"，简称"特钢"。

随着特钢与嘉陵厂的发展与扩建，双碑居住人口日益增多，双碑街繁荣兴旺了起来。自20世纪50年代开始，两厂建设了大量生产车间、家属宿舍，包含了今石井坡、大河沟至双碑这一带方圆数平方公里的地方。

◆ 双碑：嘉陵工业园
　　沙坪坝区民政局　供图

1988年，嘉陵厂在厂区修建了供职工休闲娱乐的挂榜山公园，公园依山而建，紧邻嘉陵江。今天的挂榜山公园仍是双碑地带市民休闲娱乐的好去处。

如今，重庆嘉陵集团仍称"重庆嘉陵集团"，只是重庆特钢厂却因为多种因素，变成了东华特钢厂，逐渐淡出人们视线。双碑作为重庆军工企业的发祥地，在重庆发展史上写下了独特的一笔。

◆ 飞雪岩

飞雪岩位于沙坪坝梁滩坝土主镇，是一处由梁滩河河床高低落差自然形成的飞瀑深潭胜景。自南宋时起，飞雪岩便是巴渝地区一大自然、人文奇景。

关于飞雪岩的得名，主要有两种说法。

一说在南宋初年，宋高宗赵构重用秦桧，推行与金国南北分治的政治主张，与金国进行和议，史称"绍兴和议"，巴县人冯时行因不肯附和秦桧的和议主张被罢官归乡。一日，冯时行与友人游历飞雪岩，"见其形势凛然，故更其名飞雪岩"，飞雪岩因此得名，原名为何已不可考。

另有一说来自民间。梁滩河是嘉陵江的支流，流至飞雪岩处，河床骤跌十多米，故而形成了高落差的跌水景观。上游来的水跌成瀑布，经瀑布长年累月的冲击，瀑布下方形成一个河水返流的深潭。当瀑布跌落深潭时，溅起的水花好像飘飞的白雪，飞雪岩因此而得名。

在瀑布下方的右岸边，石壁架空形成一个巨大的天然石洞，古称"栖真洞"。瀑布上游河床建有行人过河的石桥，石桥下有一石坑，古称"流杯池"。据传，河边还曾建有九层观景阁楼，然而早已毁去无迹可觅。由于景观独特又身处乡野，飞雪岩自古拥有"雪涌云飞"的美誉。

飞雪岩瀑布两旁有被河水冲刷得光滑平整的天然石壁，是古代文人览胜后题刻的好地方，很多文人墨客曾在飞雪岩留下题刻。

传说中为飞雪岩赐名的巴县人冯时行，于北宋时状元及第后第一次览胜飞雪岩，便曾作游记刊刻于岩壁之上；南宋时冯时行被罢官返乡后与友人重游飞雪岩，友人李沂将这次游历飞雪岩所作游记刊刻于飞雪岩右岩石壁上；数十年后，南宋王朝偏安而治已成定局，何东叔、季和、侯彦正等乡宦游历飞雪岩，又作游记刊于岩壁；清朝进士李为栋曾在飞雪岩旁的书院教书，多次览胜后作《飞雪岩赋》刊刻于岩壁。

现当代文学家郭沫若先生也曾多次游览飞雪岩，并著有《飞雪岩》一文，对飞雪岩历史进行考证，对岩壁所刊的两篇南宋题刻作了点校，并认为"两则南宋题壁，颇可宝贵"；对飞雪岩的自然之美，郭沫若感叹道："飞沫四溅，惊雷远震。"著名经济学家、史学家、游记作家朱偰游览飞雪岩后写下《梁滩河大瀑布纪游》散文一篇。中国现代戏剧三大奠基人之一的田汉先生在游览飞雪岩后作对联一副："云雪可以濯我足；松竹争来贡其姿。"

据说早在唐代时，飞雪岩旁就建有寺庙，寺庙正对飞雪岩瀑

◆ 飞雪岩：瀑布
沙坪坝区民政局　供图

布，因而得名"飞雪寺"。但由于寺庙建在河水边，每遇洪水泛滥，都要经历洪水淹泡之苦，飞雪寺曾多次被洪水冲毁。如今的飞雪岩旁仍有飞雪寺留存，不过那是20世纪末期重新原址修建的现代建筑。

曾经的飞雪岩地处乡野，是一处具有深厚人文底蕴，又兼具自然风光的风景名胜地，就连重庆本地人也对它知之甚少，故而形成了飞雪岩不受惊扰的清雅惊奇之势。然而随着城市的扩张，城市建筑延伸到了这里，今天的飞雪岩乡野变成都市，被湮没在四起的高楼和喧嚣的街道中。随着重庆市政府保护举措的加强，相信这里定会成为城市高楼中一处可以静下心来细细体味的怀古之地。

◆ 津南村

重庆南开中学里有一条笔直又漂亮的林荫大道，叫"三友路"，取岁寒三友之意。在三友路的尽头、大操场的北面，坐落着二十四栋仿北方四合院式的小型建筑群，这里就是扬名海外的津南村。

津南村始建于1936年，原是"南开之父"张伯苓先生为南开中学教师修建的宿舍，为纪念在抗战中被炸毁的天津南开中学，取名"津南村"。

张伯苓是中国近现代著名爱国教育家，从20世纪初到20世纪20年代，他先后创办了天津南开中学、南开大学、南开女中等一系列新式学校，被人们称为"南开之父"。

九一八事变后，华北形势日渐危急。为了让教育不因时局变化而中断，也为了把南开学校办到全国各地，张伯苓于1935年赴四川考察，决定在重庆兴办一所中学。

经过一年多的辛苦筹建，1936年8月学校建成，取名为"重庆南渝中学"。南渝中学校园占地800亩，是抗战后方规模最大、教育设施最好的中学。

1937年七七事变后不久，南开大学、天津南开中学先后被侵华日军炸毁。为宣告南开精神之延续、决心之不屈，1938年12月，重庆南渝中学更名为"重庆南开中学"。

早在修建校园中津南村片区的时候，张伯苓考虑到战争形势日益恶化的情况，除了自居的小院和国民政府行政院经济部部长翁文灏的小院外，还专为部分大学教授和专家学者预留了院落。

抗战期间，张伯苓、马寅初、柳亚子等名流要人都寓居于此。还有大批文化精英、民主人士，也时常到重庆南开中学举办文化抗日讲座和活动，相聚津南村。国共重庆和平谈判期间，毛泽东、周恩来等共产党领导人也曾来到这里，与张伯苓、柳亚子等相会津南村。

1945年8月28日，毛泽东从延安飞抵重庆与蒋介石进行和平谈判。在重庆谈判的43天中，毛泽东除谈判外，还同社会各界朋友进行广泛接触，这其中当然少不了毛泽东的好朋友——柳亚子。

柳亚子是国民党元老，也是孙中山先生联俄、联共、扶助农工三大政策坚定不移的支持者。抗日战争时期，柳亚子与宋庆龄、何香凝等民主人士在香港积极从事抗日民主活动。1941年香港沦陷，柳亚子被安全转移回国，因儿子柳无忌当时在南开任教，柳亚子便受邀居住在津南村。

毛泽东与柳亚子早在大革命时期便已经熟识。当时毛泽东在国民党中央任宣传部长，结识了同样居住在广州的柳亚子。因柳亚子忠诚拥护孙中山的三大政策，与共产党友好往来，他们成为了志趣相投的好朋友。

毛主席到重庆参加谈判期间，9月6日便与周恩来等一道专程前往津南村拜访柳亚子。在津南村柳亚子的寓所，柳亚子正在编撰《民国诗选》一书的书稿，他邀请毛泽东校正书中准备收录的毛泽东《七律·长征》一诗，并向毛泽东索诗。

第二天，毛泽东将《沁园春·雪》题赠柳亚子，并致信说道："初到陕北，看见大雪时，填过一首词，似与先生诗格略近，录呈审正。"

柳亚子收到《沁园春·雪》后,被这首词的宏大意境和恢弘气魄深深吸引,马上提笔写了一首和词,大力推赞。随后,他将《沁园春·雪》以及自己的和词抄写下来,举办了一个小小的展览会,这是《沁园春·雪》第一次在山城公开露面。

《沁园春·雪》在诗画展上的出现,在文化界引起关注,并在一定范围内开始流传。1945年11月14日,《新民报·晚刊》便根据传抄稿在报上刊出。28日,《重庆大公报》又将毛泽东的赠词和柳亚子的和词一并发表。《沁园春·雪》发表后在重庆引起很大轰

◆ 津南村
　沙坪坝区民政局　供图

动，一时间人们争相传诵，好评如潮。柳亚子甚至将它称为"千古绝唱"。

随着时代的变迁，津南村的故事变成了一张张泛黄的老照片，一段段人们口口相传的老掌故。津南村的二十四栋四合院院落，在岁月的无情刻刀下也面临着年久失修的命运。

2009年，津南村被列入重庆市文物保护单位。2012年、2016年，南开中学校先后对津南村进行了两期修缮，如今已完成五个院落的修缮焕新。

修缮之后的津南村3号是张伯苓纪念馆，津南村4号是校史陈列馆，津南村1号、2号、5号分别是民乐、管乐、陶艺活动室。历经八十年岁月变迁的津南村焕发了新的活力，一如当年的意气风发。

九龙坡区

◆ 冬笋坝

冬笋坝现为铜罐驿镇下面的一个社区，曾经经历冬笋坝乡、冬笋坝镇、冬笋坝人民公社、冬笋坝镇的历史沿革。

1985年，冬笋坝镇更名为铜罐驿镇，而冬笋坝作为乡镇一级的地名未再使用。冬笋坝和铜罐驿都有自己独特的文化地理符号，徐中舒先生曾推测铜罐驿是"铜官驿"之讹，是云南运铜至重庆的必经之地。

冬笋坝下游几公里的长江边有个龟亭，当地人至今呼为龟亭子，即巴志所说"巴人立市于龟亭"之地。龟亭岛是长江中一处卵石洲碛发育的石屿，呈西南—东北向，长条形，像一只巨龟沉睡在长江之中。《华阳国志》记载："故巴亦有三峡……其畜牧在沮，今东突峡下畜沮是也。又立市于龟亭北岸。""东突峡"即铜锣峡，"沮"即现在的广阳坝。也就是说，巴人的畜牧基地在今天的广阳坝，而其商贸中心在现在的龟亭岛北岸。冬笋坝发现的船棺葬也是这一史实的佐证。

冬笋坝因为在1954年发现大量汉代船棺葬而闻名，该遗址被命名为巴人船棺遗址。冬笋坝地处长江北岸的三级阶地上，分布面积约一万平方米。

1954年，重庆第一机制砖瓦厂准备建厂房，挖地基时发现许多铜器，当时也没有太在意，有些铜器被当作废品卖掉。西南博物院收购古旧铜器时发现这些以兵器为主的铜器，经调查才知道这些铜器是砖瓦厂取土时发现的。随后，西南博物院四川省文物管理委员会先后对此地进行了4次抢救性考古发掘，共清理发掘墓葬81座。这些巴人土坑墓和汉代砖室墓、船棺葬一起，共同组成了冬笋坝遗址这一百科全书式墓葬集群。其中21座船棺葬独具特色。这些墓葬头部均正对长江，意味着墓葬群主人即古巴人是沿江水而来的，可以说巴人以船为家。随后，《四川船棺葬发掘报告》的发表奠定了冬笋坝遗址作为巴文化研究标志性遗址的重要地位。

2020年9月上旬，重庆市文化遗产研究院、九龙坡区文物管理所组成联合考古队对巴人船棺遗址开展主动性考古发掘工作，共清理发掘遗迹38处，出土墓葬37座、砖窑1座，分布密布、排列有序、类型丰富。出土各类文物400余件（套），主体遗存为战国晚期至西汉早期的巴文化墓葬。系统反映晚期巴文化及其逐步融入汉文化的全过程，是近十年来重庆地区文化遗产最为重要的发现。

船棺葬是我国古代一些傍水而居的民族特有的葬俗。船棺葬所使用的船只，正是墓葬主人生前所使用的船只。这些船只通常采用当时长江两岸常见的楠木整棵制作。制作方式一般用火烧，在巨大的楠木上烧制出了船体。这些船只，最短的也长达4.7米，长的更是超过了5.5米。两千年前，巴人就是驾驶着这样的船只，游弋在江中捕捞鱼类。而在他们死后，这些生前驾驶过的木船，就变成了墓主人安息的棺材，墓葬主人带着他们生前所使用过的生活用品和武器，被殓葬，永埋泥土之中。

　　巴人船棺遗址是古代巴人的典型墓地，三峡地区也有以小田溪为代表的巴人墓地，两者是不同类型的巴文化的重要代表。在相关的文献记载中，巴人有两个重要族群：一个是廪君蛮，另一个是板楯蛮。综合文献记载和考古发现，在嘉陵江流域以及重庆主城以西的长江流域部分地区的船棺葬的主人，可能是战国时期的板楯蛮。比如在冬笋坝遗址中，戈、矛的放置位置是有讲究的，腹部还放置有铜盘或漆盘，这在三峡地区并不常见。

◆ 冬笋坝：巴人船棺
　　李文勇　摄

重庆市文物考古研究院在冬笋坝遗址的出土文物的保护修复中，还发现了排列规律且较为完整的巴文化竹编织制品，这在重庆地区巴人墓葬中为首次发现。此外棺内有竹篾垫痕，以及麻布、绢的痕迹，说明古代巴人在制陶、制漆、纺织技术上已比较发达。出土的巴人船棺文物中，都以虎纹作为图案，可以看出，巴人是以白虎作为图腾的。至于巴人先民们为何把这个地方作为他们的墓葬群，还有待考古专家们的进一步考证。

◆ 谢家湾

谢家湾街道在长江北岸，东临长江与南岸区隔江想望，南与杨家坪街道接壤，西界渝州路、石坪桥街道，北与渝中区大坪街道毗邻。1958年，由由鹤皋岩街道办事处和国营建设机床厂厂区办事处合并组建谢家湾街道办事处。

谢家湾得名与在街道域内营生的居民多为谢姓有关。在重庆，以姓氏命名的地名不在少数，大多在明末清初"湖广填四川"时形成，比如冉家坝、谢家湾、杨家坪、肖家沟等地，主要是因为原来的原住民和地名因战乱消失、弃用，便以重新占据该地的人的姓氏命名。而谢家湾的鹅公岩得名却是另外一种情况，属于"雅名俗化"。鹅公岩原名是鹤皋岩，这个名字来源于清代重庆著名的书法家、画家、诗人龚晴皋。有一天，龚晴皋来到鹅公岩江边，看见有一群白鹤在一座山坡上翱翔，背景就是滔滔东去的长江。见此美景，龚晴皋将这个地方命名为鹤皋岩。鹤就是白鹤，皋就是小山包，这个名字十分雅致。鹤皋岩的名字一直到1958年还出现在正式的官方文书里。今天还有鹤皋村这个地名存在，比如建川博物馆的地址就是九龙坡区谢家湾街道鹤皋村1号。至于为什么鹤皋岩变成了鹅公岩，有一种说法认为当时建设厂有很多湖北人，他们的文化程度不高，对重庆也不太了解，就把雅致的鹤皋岩念成鹅公岩了。

关于谢家湾，就不得不说一说国营建设机床厂（以下简称建设厂）。建设厂原厂区在谢家湾鹅公岩长江大桥边上，规模很大，从直港大道开始，一直到袁家岗田家炳中学，都是建设厂的范围。建设厂跨越两甲岁月，历经四次搬迁，实施四次引进，创造四次辉煌，建设厂的搬迁史是中国工业发展史的缩影。

建设厂的前身是1889年两广总督张之洞在广东石门建立的枪炮厂。第二年迁至湖北汉阳，更名为汉阳兵工厂，是中国近代二十四家军工企业之一。这是建设厂第一次搬迁。

1937年7月7日，抗日战争全面爆发，为了对兵工厂进行更有效的管理，同年11月，兵工署采用数字代称兵工厂名称。因为汉阳兵工厂是当时创办时间最早、规模最大的兵工厂，被编为兵工署第一兵工厂。1938年7月，九江失守，武汉告急。同年11月，兵工署决定将汉阳兵工厂内迁到湖南辰溪县雍和乡南庄坪，沅江支流辰水之畔。这是建设厂的第二次搬迁。1939年12月，因日军轰炸辰溪，这家兵工厂搬迁到重庆谢家湾鹅公岩，这是建设厂第三次搬迁。该厂主要生产枪弹、甲雷、机枪及手榴弹，抗战时期，

◆ 谢家湾：谢家湾立交
陈林　摄

共制造了八百万支枪，中国部队大部分步枪是"汉阳造"。

搬迁到重庆鹅公岩的第一兵工厂为了防止日机轰炸，从傅家沟到龙凤溪沿长江北岸一带共开凿岩洞107个，总面积两万多平方米，从此，这里既是武器生产车间，也是防空洞。1950年以西南兵工局二十一分厂为厂名。1957年以国营建设机床厂为第二厂名。建设厂是苏联援建的156个重点项目之一，也是亚洲最大的步枪制造厂，鼎盛时期每年生产几十万支步枪、冲锋枪、机枪等。1984年奥运赛场上，中国选手吴小旋用建设厂制作的比赛用枪一举夺冠，吴小旋也成为中国奥运史上首位取得射击奥运冠军的女运动员。

20世纪60年代，建设厂有约两万名职工，出于保密需要，对外宣称是生产缝纫机的。建设厂鼎盛时期有七个厂门，早上上班的时候，工人们一起从职工宿舍出来，一起涌向工厂，上夜班的这时也从工厂里出来，从袁家岗到谢家湾路上走的全是建设厂的工人，浩浩荡荡的，如果你没有经历过那个时代，很难想象当时的场景。我国的三代领导人毛泽东、邓小平、江泽民都先后视察过建设厂。

1992年4月更名为重庆机床厂，同年12月组建建设工业集团公司。1995年9月改制为建设工业（集团）有限责任公司。2009年7月整体搬迁至巴南区花溪工业园区，这是建设厂的第四次搬迁。2009年，伴随着一声沉闷的爆破声，建设厂老厂区最后一个标志性建筑——高八十米的烟囱爆破成功，标志着在重庆有着七十年历史的建设厂老厂区彻底从人们视线中淡出。

位于鹅公岩大桥桥头一座雕像格外醒目：一名高大的战士持枪对着天空射击，好似守护神一般。这座雕像不仅是谢家湾的新地标，也是我国西部地区第一个防空洞博物馆——重庆建川博物馆的标志。该馆包括兵工厂旧址博物馆、抗战文物博物馆、兵器发展史博物馆等八个主题博物馆，陈展抗战、兵工、民俗等近现代史料和物品四万余件。昔日造枪造弹的防空洞，也因储存着一段民族记忆而成为人们回顾历史的好去处。

◆ 黄桷坪

黄桷坪不仅仅是行政区划意义上的黄桷坪街道，还包含着更广义的文化内涵。

黄桷坪街道位于重庆九龙坡区东北端，是九龙坡区重要的铁路、港口、码头货运集散地，是重庆市未来的物流配送中心。黄桷坪街道东临长江，南靠九龙街道，西接杨家坪，北连谢家湾。

黄桷坪为什么叫黄桷坪，因坪上生长有黄桷树（黄葛树）。相传与明代重庆籍官员黄阁有关。黄阁曾经在福州为官，福州盛产一种树，这种树枝叶茂盛、独木成林。黄阁离开福州回家乡时，带了许多这种树苗回来栽种，他在自己家的院子里也栽了两棵。若干年后，这些树苗长成伞一样的大树为人们纳阴遮阳，人们为了感谢黄阁，所以就把这种树取名"黄葛树"，有些人又写成"黄桷树"。

"斯土润载学脉"，正因这方水土所蕴含的浓厚学风，抗日战争期间，国立交通大学、国立女子师范大学相继迁往这里办学。

这里曾有毛泽东赴渝谈判飞机着陆的九龙坡机场，还有九龙坡港埠公司。

今天说到黄桷坪，大家首先想到的是四川美术学院和满城涂鸦。四川美术学院的前身是1940年由李有行、沈福文教授等人在成都创办的四川省立艺术专科学校。1953年该校与西南人民艺术学院合并，改名西南美术专科学校，1959年改名四川美术学院。四川美术学院的建立，为黄桷坪注入了更多的艺术气息，许多艺术大师，如叶毓山、罗中立、何多苓、高小华、周春芽、张晓刚……从这里走向世界。"收租院"群雕、毛主席纪念堂毛泽东汉白玉坐像、画作《父亲》……成为一个又一个中国乃至世界艺术经典。

街头闲置的仓库、废弃的厂房被改造成501艺术基地、坦克库艺术中心。街头涂鸦艺术街引入罗中立、庞茂琨、张晓刚等十余位当代艺术家的画作，让人眼前一亮。这些艺术家的作品和涂鸦

◆ 黄桷坪
李文勇 摄

爱好者随意画出的图案让黄桷坪涂鸦产生出特别的效果，吸引着大家前往打卡。

坐落于黄桷坪街4号附6号的交通茶馆，原本属于黄桷坪运输有限公司的员工食堂，1987年被改成茶馆对外经营，取名"交通茶馆"。茶馆仍然保持着老重庆的风格：长板凳、四方桌、青花盖碗、三尺铜壶。交通茶馆有段时间生意不好，为留住茶馆，一位川美教授默默支付了十年的租金。现在这里坐着老茶客，也坐着好奇的年轻人，木头架起的房梁挂了几个大风扇，逼仄的空间里，三五成群的老友下象棋、打纸牌。它的岁月光影让建筑历史化，那些被人们遗忘的、丢弃的、珍视的故事似乎又在这里找到了当初的感觉。

黄桷坪老电厂留下的两根大烟囱依旧还矗立着，暖暖的阳光洒下，照出这个老街区本来的模样，老年人端坐在藤椅上摆龙门阵，慵懒的猫眯着眼睛，似睡非睡。在这里，时间慢了下来，只有老旧的绿皮火车依旧停靠。

南岸区

◆ 呼归石

古老传说呼归石，涂山氏泪奔长流。

呼归石，也叫"夫归石"，位于朝天门弹子石和野猫溪中间的地带，是一个长120米、宽80米，形似一只昂首乌龟的石头。

这块石头还有一个凄美的爱情故事。相传远古曾有一次大水灾，人们日夜呼救，苦苦哀告天帝，祈求斥退洪水，把他们从死亡中拯救出来。百姓的哀求触动了一位名字叫鲧的天神。他赶退了洪水，拯救了人民。不料，却惹怒了天帝，鲧被杀死。大地又是洪水一片。

这时候鲧的儿子大禹从天上降临人间，到了江州（即重庆）。和涂山九尾狐相遇，二人情投意合，结为夫妇。结婚的第四天，水神兴风作浪，长江浊浪拍天。大禹忧心忡忡，立志要把天下的洪水导入大海，还百姓安静幸福的生活，于是向涂山女表示自己需要远行除水患。涂山女虽然恋恋不舍，但还是把大禹送走了。光阴似箭，时光荏苒，大禹治水一去就是三年。这天已是黄昏，大禹回到涂山脚下，远望家门，只见山洞里射出一道亮光。正要进入家门，忽然听到江水拍打山岩的巨响，回头一看，下游洪水仍然遮天蔽日。大禹转头又跳入滚滚洪水之中。一次、二次、三次，每当大禹要回家之际，总会又出现洪水的消息，就这样大禹三过家门而不入，只留下涂山女站上江边的石头，深情地呼喊："禹呀！快归来吧，快归来吧。"涂山女等呀等呀，等了九百九十九天，天天呼喊着："禹啊，你归来呀！"日久天长，涂山女化为一块石头。日日奔腾不息的江水，替涂山女呼喊着："禹——归——来——吧！"

大禹治水三过家门而不入，留涂山氏天天站在江边盼夫归来，百姓感念大禹治水之德，也感动于涂山氏的痴情，把涂山氏所化之石称之为"呼归石"。

◆ 呼归石
南岸区融媒体中心　供图

不过，这一美丽传说的寓意石如今却深藏江底。2008年2月18日下午5时8分，位于长江朝天门水域弹子石和野猫溪中间地带的一块礁石上，"嘭"的一声轻响后，呼归石升腾起一片硝烟，碎石向江中飞溅，位于朝天门水域的"夫归石"，消沉于江底。

原来，2008年三峡蓄水达到172米后，朝天门水域航道变宽，呼归石下面是一道石梁，上游紧连一片400米的礁石群，伸入江中150米，约束了航槽，影响江水流态。如果不炸掉这个礁石群，库区达到175米蓄水深度后，此处将形成暗礁，成为万吨级船舶驶进重庆的障碍。为保证三峡蓄水完毕后万吨级船舶通行更加安全，"夫归石"只能被炸掉。

得知消息的市民们呼吁留下呼归石，为重庆留住这一文化传说，留住重庆唯一与大禹治水传说有关的"遗产"。不过，最终经过论证，还是对呼归石进行了爆破。自此，真正的呼归石在炸药声中化为乌有。

大禹和涂山氏故事广为流传，而这一传说就发生在美丽的重庆，在涂山湖公园里，广场中间立着的，一袭古代长裙，面容姣好，凝视远方，似乎在呼喊的正是"涂山氏"雕像。涂山、弹子石、呼归石都是大禹和涂山氏在重庆活动的传说证明，更是包含美好寓意的旅游文化象征。呼归石是历史留给重庆无比宝贵的财富，留给了后人无限的想象空间。

◆ 弹子石

弹子石其实是由"诞子石"误传而来。

关于弹子石的由来,有这样一则传说:大禹治水三过家门而不入,妻子涂山氏怀着身孕久等不至,变成了一块石头。大禹治水归来,见妻子化作石头,不由得潸然泪下,眼泪滴落在石头上,儿子启便从石头里生了出来,诞子石由此得名。

弹子石在长江南岸,与朝天门隔江而望,上接野猫溪,下连王家沱。清乾隆时代始成为江南有名的水码头,与黄葛渡、海棠溪、龙门浩、玄坛庙齐名,合称为南岸"五渡口"。

沿着长江南岸蜿蜒的这一条路、一条街,不仅是交通要津,更是重庆历史的时光通道,从此穿越回去,我们会看到历史深处摄人心魄的美。

"从此处开始我们进入较为平静的河段。左岸是陡直但低矮的锥形小丘,右岸是低矮的圆形山丘,山坡上种满了罂粟、烟草、大麦和豆类。中午船工吃饭时,船停在富有诗意的大佛寺脚下。寺庙坐落在绿荫之中,院子很大,围墙外有竹丛、柑橘、山茶等林木环抱。寺庙外有一尊巨大的镀金石佛,安放在一座石亭内,面向河水,一段长长的石级通向石佛。船工们为结束了危险的航行而谢恩,虔诚地叩头。我上岸观察一下寺庙,在一进院落里有五尊更大的石佛,佛像前有设计美观的石砌平台、庭园和鱼池,但和其他地方一样,都显出一副破败失修的面貌。"

写下这段文字的是英国人立德乐。1883年,他乘木船从汉口出发，逆长江而上，经过四十天的艰苦航行抵达重庆弹子石。这段看似平静美好的文字背后，其实涌动着一个时代的大变革。

重庆开埠，大量外国人和外国资本通过长江源源不断涌入重庆。弹子石作为重庆开埠最早的地区之一，美、英、法等国大使馆都云集于此。那时在南滨路沿线，不但有法国水师兵营、王家沱日租界，更有多达二十七家洋行。

抗战时期，随着大量"下江人"涌入重庆，到30年代末，弹子石已经聚集了许多全国性的大企业，如裕华纱厂、川威制革厂、鬃皮厂、制裘厂、肠衣厂、羽毛厂等等。日本飞机对重庆实行无差别大轰炸，唯独不敢轰炸弹子石，因为当时在渝外国人全都躲在弹子石中央警官学校的"日军俱乐部"。

◆ 弹子石
南岸区民政局　供图

由于人口暴增，抗战时期的弹子石社会治安也乱成一团。为了维护治安，当时弹子石街道上设有醒酒石与弹神桩。醒酒石高2米，宽0.8米，离地1.5米处打有小孔，凡有酒醉闹事者，团防队便将其项上套上铁链，一段穿于孔内系住示众，直到酒醒认错方可释放。弹神桩乃一木桩，用于穿入铁链，拴滋事不听劝阻者于其上，以惩罚示众。

当时的弹子石鱼龙混杂，但黑白两道尚能相安无事。码头是袍哥地盘，有仁字协同心、义字永汉公、礼字福汉口三个堂口；国民党中央警官校设在窍角沱；家住弹子石长新街的中统南岸站站长张重业，每天坐在七星街茶馆悠闲喝茶。

弹子石也是人文荟萃之地。加拿大人文幼章在此创办了精益中学，老舍、茅盾、田汉、安娥、姚雪垠都曾在此学校讲过学；诗人沙鸥、足球名将严德俊、短跑名将陈家全，先后在这里读书；新中国第一位女大使丁雪松，也是从这里走出来的。

即使如今的弹子石已然升级换代，形成一道新的城市景观，许多老重庆人依然对弹子石曾经的美食如数家珍，水池子饭馆的卤味香、石桥正街国营三八餐厅的加工肉、兰园食店的豌豆面、石桥面馆的杂酱面、横街早点馆的油饼、五一饭店的炒菜、大佛段饭庄的卤菜、大佛段正街面食店的大包子、庆新面庄的凉面、窍角沱餐厅的冷酒、乌龟凼面馆的小面，在老弹子石人那里依然回味无穷。

幸运的是，老街不老，只是旧貌换了新颜。开埠文化、抗战文化、陪都文化、码头文化，这四张重庆着力打造的文化名片，在弹子石老街随处可见其元素，改造和提档后的弹子石老街吸引着越来越多慕名而至的游客。

新打造的弹子石老街依山而建，呈阶梯状分布。从弹子石到南滨路，建筑群自上而下，高低参差，错落有致，充分展现了山城的独特魅力。站在两江汇观景台，可俯瞰嘉陵江和长江。对面朝天门码头和来福士大厦宛如扬帆远航，驶向重庆更美好的未来。

◆ 海棠溪

关于海棠溪得名，在民国向楚所撰的《巴县志》中是这样写的："其名为海棠，或曰昔多海棠，以此为名。或又曰盛夏洪流大江灌入溪中，三五之夕，月光激射，江波喷发作朵朵海棠状，遂名溪。"

海棠溪绝佳的风景，历朝历代都有诗文记诵。

三国时代，蜀国谋士徐庶曾在海棠溪的山崖上留下诗文。

唐朝时，诗人元稹与薛涛同游海棠溪，后者兴之所至写下《海棠溪》一诗："春教风景驻仙霞，水面鱼身总带花。人世不思灵卉异，竞将红缬染轻沙。"

清代诗人王士禛在《蜀道驿程记》中，提及海棠溪两岸瀑布流泻，形成的雨雾细雨如丝，美不胜收。

清末巴县知县王尔鉴，更将包括"海棠烟雨"在内的巴渝十二景列入《巴县志》，使之声名远播。

开埠时期，居住这一带的外国人更在报上撰文宣称：重庆城唯有海棠溪一带才是游赏的精华所在。

虽然人们怀着对美的向往，赋予了海棠溪种种浪漫诗意的历史人文想象，但海棠溪的命名，其实与人的美好德行有关。

自古以来，要进入三面环水的渝中半岛，大多借助长江、嘉陵江沿岸的大小渡口。海棠溪与重庆城隔江相望，往来商旅，只有乘船横渡长江，才能经太平门、储奇门进入重庆城。为方便往来游客，1834年，县绅廖春瀛、廖春溶出巨资14000两白银，购木船36艘，开设了海棠溪义渡。为表彰善举，渡口于是取廖春瀛（字海山）、廖春溶（字棠溪）两人表字，命名为海棠溪义渡。

在《重庆市略志》中，有"惟由储奇太平两门到海棠溪码头，是川黔交通要道，每日返往频繁"的记载。

海棠溪为重庆的南大门。从前去綦江、贵州，一般要从太平门过长江，经海棠溪上黄葛古道，再去往各处。这条驿路是盐茶古道的组成部分，被称为正南道。而不管是从重庆城过江远行，还是过江进城，人们都要停下来，在海棠溪歇歇脚，因此形成了海棠溪一带茶馆、酒馆、饭馆、旅馆、烟馆、赌馆，以及各色商店、客栈、货栈、药房、当铺、裁缝铺林立的繁荣景象。

1891年，重庆开埠，南岸成为重庆近代工商业的发祥地，海棠溪也不可避免卷入了近代工业文明的浪潮，西南第一家水泥厂、军需被服厂、灯泡厂、汽车翻修厂……相继在这里出现，为重庆的现代化奠定了基础。

不过海棠溪被载入史册，则与抗战有关。

抗战期间，由于大片国土沦陷，交通运输不便，经中缅、中印公路进入中国的军需物资，需通过川黔、川湘向前方运输，而海棠溪则是这两条交通大动脉的零公里起点。重庆"四公里""五公里""六公里"等地名，都是以海棠溪码头为零公里起点计算。那个时代的海棠溪地段，店铺鳞次栉比，江上樯桅林立，车流、人流如织，不舍昼夜，热闹非常。

更值得一提的是，当年在重庆与四川招募的十万青年军正是从海棠溪出发，赶赴中缅战场，最终把日本人赶出了云南、缅甸的。远方的将士胜利归来，也是从海棠溪过江进城，所以正对储奇门的那条路被叫作凯旋路。

时代飞速发展，海棠溪昔日的风光逐渐消失。

1980年建成重庆长江大桥，海棠溪的车渡、轮渡从此退出历史舞台。紧跟而来的是南滨路大开发，海棠溪溪沟被填平，零公里指示碑也被喜来登酒店雄伟的双子塔楼取代，海棠溪码头于是彻底淹没在长江两岸日益密集的高楼大厦之中。

◆ 龙门浩

龙门浩街道地处南岸区中部，东靠南山街道，南与海棠溪街道相邻，西临长江，与渝中区望龙门街道隔江相望，北与涂山镇接壤。

龙门浩的名字，据说还和苏轼有关。北宋嘉祐年间，苏氏父子自嘉州乘船东下，船至重庆时候，惊见长江南岸段有一条顺江的巨大石梁，这条石梁被拦腰截断，形成一个浩口，可容船只进出。苏轼感叹大自然的鬼斧神工，就把岸边村落江口村取名"龙门浩"。

当明月升上涂山，倒映在浩中，便形成"龙门浩月"的美景，"龙门浩月"为古代巴渝八大美景之一。

1891年3月1日重庆海关建立，标志着重庆正式开埠，龙门浩千年的宁静被彻底打破。龙门浩码头成为最早对外开埠的通商口岸，是国外商船在重庆的必经之路。岸上洋行林立，商贾云集，成为了当时最大的外商聚集地，来自西方的商人、货物、文化沿着长江水逆流而上，进入重庆，影响着这座城市的发展进程，自此重庆掀开了历史上新的一页。

目前龙门浩地区遗存有海关别墅、立德乐洋行、卜内门洋行等开埠时期的历史遗迹。其中海关别墅为近代重庆工商巨子、西南首富汤子敬的儿子汤壶峤所建，后改为海关人员办公和居住之用，因而被称为海关别墅。解放后，长航公司接管了海关别墅，改作长航医院。

1890年，英国人立德乐率先在重庆开办洋行，称"立德乐洋行"。将重庆优质的猪鬃远销国内外。后来直接建立了猪鬃厂，通过洋行来进行进出口贸易。而后，又将业务拓展至运输、保险、煤矿、轮船等行业均大获成功。立德乐洋行三易其址，1898年，龙门浩立德乐洋行竣工，成为其此后长期的固定地点。

依山而建的安达森洋行，面朝长江，与渝中半岛隔江而望，与慈云寺一墙相隔。其主人安达森是一位瑞典商人，主要经营中国的土特产出口贸易。一座普通洋楼，却有一段特殊的往事，被喻为南滨路上的战时"故宫"。

1933年1月3日山海关失陷后，为确保北京文物的安全，故宫博物院理事会决定将故宫部分文物分批运出北平，人类历史上最大规模的文物大迁徙——故宫文物南迁正式拉开序幕。

1938年5月，九千多箱故宫文物几经辗转从汉口运至重庆。为了最大程度地保护文物的安全，故宫文物在重庆分三处存放，其中一处便是南岸安达森洋行的仓库，共在此存放3694箱重要文物。日军飞机反复轰炸重庆，每当天空出现飞机，洋行老板安达森就会安排将瑞典国旗挂上房顶以求安全，最终安达森洋行幸免于劫难，藏于此洋行的故宫文物也得以保全。

抗战时期，龙门浩又吸引了一批使馆在此办公，意大利大使馆、美国大使馆临时办公楼、美国使馆酒吧、美国大使馆武官别

◆ 龙门浩
南岸区委宣传部 供图

墅群、比利时大使馆等当时就落户在龙门浩。

百年开埠史，千年龙门浩。近年来，南岸区通过了龙门浩老街相关保护规划，计划将老街打造为南岸区新的历史文化名片。

龙门浩老街占地面积380亩，建筑面积9万余平方米，包含了18栋优秀历史文物建筑，光修缮就用了160余万块老青砖、40余万片老瓦。每一栋建筑的屋面均采用波形瓦或小青瓦，以还原民国期间的当地建筑风貌。在维修过程中，尽可能多地使用旧有建筑材料，做到"修旧如旧"。

改造后的龙门浩老街，随意走到一栋建筑，便可穿越时光，重返历史现场。

◆ 黄葛渡

黄葛渡位于重庆市南岸区西部的长江南岸，石板坡长江大桥南桥头下南滨路的江边，与南纪门码头隔江相望。宋人《图经》记载："涂山之足，有黄葛树，其下有黄葛渡。"黄葛渡以树冠名，从宋代开始了它的悠长历史。

"黄葛晚渡"被评为古代巴渝十二景之一。据清乾隆年间巴县知县王尔鉴《巴渝十二景》记载，"南纪门外大江对岸南城坪有黄葛古树，偃盖渡旁。江横大洲曰珊瑚坝，舟子曲折行乃达彼岸。雨余月际，遥睇江烟苍茫间，舴艋往来，飘如一叶，亦佳趣也"。

◆ 黄葛渡
宋泉宏 摄

　　历代名人雅士以"黄葛晚渡"为题材，留下了不少诗篇。南宋四川安抚制置使兼知重庆府余玠《黄葛晚渡》诗："龙门东去水和天，待渡行人暂息肩。自是晚来归兴急，江头争上夕阳船。"夕阳西下，江水奔流不息，渡口都是急着赶路的行人，争相登上傍晚的渡船，踏上回家的路，一幅生活场景图跃然眼前。

　　清代奉节知县姜会照《黄葛晚渡》诗："老树根蟠古渡旁，珊瑚秀插水中央。空江秋影烟波阔，小立冥朦望江航。"

　　根据文献记载可知，黄葛渡在宋代就已形成。清末和民国时期，渡口达到兴盛时期，是重庆市中心与南岸间的重要交通口岸。

　　1891年重庆开埠后，设置重庆海关，控制了港口管理权，黄葛渡被划入海关管理范围，成为非常重要繁忙的渡口。码头上过江的人，等候在黄葛树下，排成长长的队伍，江面上的货船载着满满的货物起航远行。无数人通过黄葛渡口，将食盐等货物经古道运入贵州、云南甚至缅甸销售，而运回的茶叶也从这里销往全国。

不过每当洪水季节，摆渡木船过江须分外小心。1940年，黄葛渡码头摆渡船升级，改由轮渡过江，极大提高了过江的安全性。

渡口的黄葛树是黄葛渡的重要标志，可惜的是1968年遭洪水淹没、受损，1972年被砍毁。

1980年7月1日，长江大桥正式通车，天堑变通途，黄葛渡停止摆渡，结束了它的历史使命。

现如今，古巴渝十二景中的"黄葛晚渡"遗址位于重庆石板坡长江大桥南桥头下。作为开埠时期南岸著名的"五渡口"之一，黄葛渡与海棠溪、龙门浩、玄坛庙、弹子石齐名。历史的车轮将渡口遗留在旧时光里，不过仍能从口耳相传的关于它的故事里，领略到地道重庆风情，感受曾经的悠悠岁月。

◆ 二塘

重庆以"塘"为地名的，最出名的恐怕就是老巴县的二塘（今南岸区二塘社区）了，这个地名被用得最多的就是轨道交通3号线二塘站（现改名为重庆交通大学站），它位于六公里站和八公里站之间。那么,"二塘"这个名称是怎么来的?

关于"二塘"的来历有多种说法。一是水塘说,认为因有两口大堰塘得名。二是祠堂说。在很久以前,这里有一大户人家,每年4月向族人发出邀请,在这里的祠堂开清明会。因为这里是这户人家的第二故乡,所以大家把这里取名为二塘,大概是第二祠堂的意思。

其实,以上两种说法都是不靠谱的。二塘这个"塘",是古代的驿站名称。从明代以来,军事情报被称之为"塘报"。所以,送军事情报的人休息和换乘驿马的驿站便称为"塘坊"。从城市中心出发,第几个驿站(塘坊)就称作几塘。以重庆中心城区往合川区方向为例,头塘也就是一塘在佛图关,二塘、三塘、四塘就在如今的沙坪坝区白崖、金刚坡和四塘村,五塘在青木关,六塘、七塘、八塘在璧山,而九塘、十塘在合川。

在明清时期,重庆去成都,从江北城旁边的溉澜溪出发,第一个驿站是头塘,到成都有72个塘。不过,塘和驿站还是有区别的。驿站与驿站之间,相隔距离是50里;而塘与塘之间,相距只有15里。

老巴县的二塘,则是从前通往湘、黔的重要驿站。老巴县有四大古道,清乾隆《巴县志》载:"正西陆路八十里至……系赴成都驿路",其他三条则分别是正南路—巴綦古道、小川东路—巴璧古道、东南路—巴南古道。著名的巴南古道是南丝绸之路茶马古道延伸线的重要组成部分,也是古时候重庆城对外贸易的重要通道。这条古道是入渝咽喉,昔日商贾潮来马帮如梭,是物流集散的必经之路。巴南东泉镇的双星古桥便是巴南古道的组成部分,近年来由于观景口水利枢纽工程建设，这座有一百五十余年历史、长度48米的清代同治年间的石拱桥，已经被整体搬迁保存。

在今巴南天星寺镇保留的古道遗迹，关口石板上依然保留有"夕阳古道"四个苍劲有力的大字，古朴凝重。整条巴南古道成就了木洞场、丰盛场、二圣场、太和场等古镇，直到出巴县入南川界。

历史的变迁，曾经让二塘驿站成了"二塘村"，从六公里到交通大学这一带，下至江边，后至山脚，都属于二塘村。明清时期，这里出现了一条老街，有好几百米长，清一色的穿斗式房子，很是热闹，来茶馆酒馆铺子的顾客，常常闹到深夜。

1935年3月，蒋介石来到重庆，令刘湘赶修川黔、川湘公路。为此，蒋介石不仅拨付了大笔经费，还派当时驻军军长郝梦麟督阵。从1935年3月开始，不到三个月，就修通了川黔公路四川段（海棠溪到松坎）。1936年，由贵州督修的贵阳到松坎段也宣告完工。在此之后，又从川黔公路上的三江另外开出一条公路通往东南，这就是川湘公路。从那以后，二塘作为往来客商和军事意义上的驿站，渐渐淡出历史舞台。

1949年10月29日中午，人民解放军十一军三十二师沿着川湘公路跟踪追击国民党残部，由黄桷垭追到海棠溪，俘虏近二千人。从海棠溪码头到罗家坝，一字长蛇摆放着败军遗留下来的美制卡车，很是壮观。30日凌晨，解放军先头部队开始渡江进入重庆城，重庆宣告解放。

◆ 铜元局

在南岸区菜园坝长江大桥和苏家坝立交桥下面,有一片老街区,老街区有一个听起来非常富有的名字——铜元局。

铜元局地名的得名源于同名的工厂。铜元局工厂至今有一百多年的历史了。清朝光绪年间,1905年,光绪皇帝批准四川总督锡良在此设立工厂试铸铜元。清朝厂名大多以"局"命名,如江南制造局,成都银元厂名为"银元局",苏家坝建厂系生产铸造铜元,故名为"铜元局"。

铜元局的设立,开启了重庆民族工业发展之路,创造了多个"第一":第一次与外商谈贸易,第一盏电灯在这里亮起,第一台进口机器在这里转动,第一批产业工人在这里形成。

当时四川省正在筹建川汉铁路,但是资金紧张。于是光绪皇帝准旨兴办重庆铜元局,建局资金两百万两白银,铜元局铸造铜元、银元,为修建铁路打下基础。

铸造铜元,第一件事就是建厂,当时购得南岸苏家坝靠江田土两百亩作为厂地。派人去上海向洋行洽购机器设备,历时两年签订合同,购妥英制和德制设备各一套,铜元局成为重庆第一家引进外来设备的企业。与之配套,在购得的土地上分别修建了德厂和英厂,用于放置德式和英式设备。但是,历时两年花巨资购买来的英式设备一直没能使用。德国设备安装好后,也因为原料缺失,无法投入生产。

铜元局正式开始生产,已是民国二年即1913年的事了。刚开始制造时品类较为单一，仅生产五十文的铜元，之后陆续开始生产十文、二十文、一百文、二百文等铜元产品。

曾任铜元局工务科长的天津南开大学教授付友周所著的《重庆铜元局的回忆片断》中对德厂、英厂有如下描述："厂的建筑为中式平房，就倾斜地形筑成两台。上台为局址，下台就英制、德制设备各建厂房对峙"，故有所谓英厂、德厂之称。

1930年以后，由于铸造铜元利薄，加之当时军阀混战，刘湘打仗急需军火，遂派其参谋长杨芳毓主持，将铜元局由生产铜元改为生产枪弹，并改名为第二十一军子弹厂。

1938年子弹厂更名为兵工署第二十工厂，成为抗战大后方的第一枪弹厂。抗战期间，第二十厂共生产了六亿发枪弹以及甲雷等多种武器，为前线提供了强大的武器弹药支持，为抗战的胜利提供了保障。

与此同时，厂内的工人数量和设备也在不断地增加，大大提高了制造水平。从1937年开始，南京金陵兵工厂枪弹生产机器在安徽芜湖装船水运，经宜昌中转运至重庆；陕西兵工厂的设备也全部运到重庆，进行统一整编。随之而来的还有大量技术工人。这些装备和工厂都并入到第二十工厂，大大扩大了工厂规模。到了1940年，新建的厂房就有一万多平方米。

为了防止日军空袭，保证枪弹生产，第二十工厂按照兵工署令，一共修建了15座山洞厂房，生产出来的枪弹源源不断输送到前线。

解放后，工厂改名为"长江电工厂"，在抗美援朝战争及几次边境保卫战中又承担起为前线提供枪弹的任务。

一百一十多年的发展中，铸币厂、子弹厂、图强村、单身宿舍、长江电工厂，每一个名字都见证着一段历史，组成了铜元局人共同的回忆。再往后，曾经生活在这里的人们慢慢搬出了这里，铜元局这片土地像是被静静包裹在旧时光里一样，正在蓄势待发。

老的篇章已悄然翻过，不见了铸币厂，也不见了电工厂，老街依稀凋零……取而代之的是渐渐蜕变的全新的铜元局，它在历史的积淀下成为了一份独特的礼物。

创造了无数个"重庆第一"的重庆铜元局，在时代进程的每一个重要节点，都从未缺席，始终在岗。

百年铜元局，从历史的尘埃中蜕变重生，你是重庆的骄傲！

◆ 烟雨路

重庆最诗意的街道，非烟雨路莫属。打开导航，查看南岸区烟雨路所在的位置，会发现它从南滨路开始，一路蜿蜒向上，经江南体育中心，到南坪四公里止。

烟雨路的得名，和川黔公路的修建有关。1935年川黔公路修建，起点就在海棠溪码头。把海棠溪码头到四公里这一段纳入川黔公路之中，为了区分公路的路段名，便把这一段称为"烟雨段"，并借巴渝十二景的"海棠烟雨"之名，命名为"烟雨路"。

1935年2月26日，川黔公路在重庆海棠溪行开工典礼。川段长170公里，限4个月通车。从此，重庆有了第一条从陆上通往外省的公路。

自"九一八"事变后，日本侵略者占领了东北三省，随时准备入侵中国腹地。国民政府把目光转向了西南，寻找一个可以撤退的大后方，同时，还可以把在长征中的工农红军消灭在大西南。不过，当时西南各省交通极为不便，重庆尚未有一条通往更为腹地的云贵地区的公路。

1935年1月，红军准备强渡乌江，进入敌军力量薄弱的贵州腹地。为防止中央红军同红四方面军会师，国民政府严令川黔两省修建川黔公路运输军队物资，同时阻止红军北上，限期四个月完成。蒋介石加紧实施公路建设计划，推行所谓的"公路协剿"政策。这条从重庆直达贵阳的川黔公路的修建，极为迫切。为了加快川黔公路的修建，同年3月，蒋介石飞抵重庆，手令驻川国民党军队，以团为单位每月修建"剿匪公路"5公里。

1935年出刊的《新世界》杂志第五期上，载有《川黔公路成功》一文，文中描述42万民兵，109天之内，完成了176公里的长度，开支经费之少，修路速度之快，打破了四川甚至中国筑路的纪录。

1937年8月25日，日本发表的所谓"遮断航行"宣言，宣布全面封锁中国海面，禁止国内外商船往来。如何打破封锁，成了抗日战争的重大战略。援华抗战物资，需运到战时首都重庆，再分配到各大战区和主要战场。川黔公路成为战时重庆运输物资的重要通道。不少援助后方的物资、军用设备等，都是通过川黔公路进入重庆，成为战时一条重要的"生命线"。

很多人第一次听到重庆四、五、六、七、八、九公里，认为取名太随意。也有不少人问重庆的"零公里"，也就是起点在哪里？真正的"零公里"起点所在，正是川黔公路的起点海棠溪码头。当时的四、五、六、七、八、九公里所在地，还是一片荒野，只能按公路建设规范要求，每公里埋设公里碑，标有起点至此的里程，这就形成了各个按照公里数而来的名字。

随着城市建设发展，如今烟雨路两旁，高楼林立，娇艳的海棠花早已没灭，"海棠烟雨"成为历史流传的佳话，深深印刻在重庆人的记忆之中。时光变迁，海棠不在，烟雨路却从未消失。

海棠不再，美景依旧。在烟雨路与南滨路的交叉口处，目前还有一个名为"海棠烟雨"的公园。"海棠烟雨"公园，长七百米，呈月牙状，内有重庆民族风情浮雕、花木浮雕，上千种植物点缀其中，仍是不少重庆及外地游客喜爱的打卡地之一。

北碚区

◆ 金刚碑

有这样一个古村落，它是古渝州最偏远的山村，位于现在重庆市北碚城区五公里外，北温泉街道境内缙云山下嘉陵江畔，山清水秀，古木参天。这便是有着三百多年历史的金刚碑。

金刚碑名字的来历是这样的。传说，佛祖释迦牟尼的大弟子迦叶尊者，曾经到缙云山帮助修建寺庙。由于建筑寺庙需要搬动很重的建筑材料，于是召金刚力士来相助。寺庙建成后，他们遗漏了一块巨石在此，被当地人称为"立石子"。巨石有七米多高、二米多厚，形状好似一块石碑。石头的一侧，深入滚滚的嘉陵江。唐代曾有人在石头上题刻"金刚"二字，所以当地人就称此处为"金刚碑"。

金刚碑古镇的两侧被群山环绕，但它中间被嘉陵江环抱的地方，却豁然开朗，很是宽阔，于是形成了一个中国传统认识中的"风水宝地"。金刚碑山水拥街，街含山水，与优美的自然环境完美融合，是风水家盛赞的"形胜之地"。

◆ 金刚碑
　　爱心人士　供图

　　金刚碑的建筑非常有讲究，与自然和谐统一，相辅相成，将自然与建筑融为一体。

　　金刚碑古镇的兴盛，是由煤矿业带动的。清朝康熙年间，缙云山南坡的小煤窑就很多，吸引了很多人来此从事煤炭行业。产出的煤炭，经过金刚碑地段嘉陵江运销到外地，在金刚碑形成了一个运煤、销煤的水陆码头。煤窑业的兴盛，带动了整个古镇其他行业的发展。到了清同治年间，镇上各个行业都兴旺繁盛，还成立了以煤、盐、船、驮、牛、马、米为首的行业帮会"七帮会"。各种商号、客栈、茶楼、酒肆林立，川剧、评书、划龙舟、放花灯等各种民间活动热闹非凡。到了民国时期，该镇已经形成了姚家院子、熊家院子、郑家院子几处较大的民居建筑群。金刚碑镇当年之繁华，成为嘉陵江边一大景观。

由于深藏大山中的独特地理位置，抗战期间，国民党的大批部门，以及中国的科学、文化、教育、经济界精英名流，共约三千余人来到金刚碑。当时，金刚碑作为国民党中央政府部门所在地，真的成了乱世中的一片世外桃源。当时，国民参政会参政员章伯钧来到金刚碑，充分利用山坡地势，解决了制革工艺用水的难题，并在此建立利民制革厂。1939年中央赈济委员会利民皮革厂正式挂牌并且营业。这个制革厂及时补充了抗战时期的军需用品的短缺问题。而著名思想家和教育家梁漱溟先生，在卢作孚和卢子英两人的支持下，于1941年在此创办了勉仁中学。金刚碑古镇以其优越的地理位置，成为抗战时期众多学校和企业躲避战乱安家立命之所。

同时，金刚碑亦是大师云集的地方。中国第一位地质学博士翁文灏，在金刚碑宁静的环境中，经过文献整理与研究，发现了"北京猿人"头骨存在的证据。著名文学家缪崇群在金刚碑写了三部具有划时代意义的散文集《夏虫集》《石屏随笔》《人间百相》，最后病逝并葬于金刚碑。老舍先生在金刚碑写下了著名的《四世同堂》，梁实秋在金刚碑写下了著名的《雅舍小品》。另外，顾颉刚、翦伯赞、郭沫若、柳亚子、田汉、曹禺、陈树人等一大批巨擘大家，都曾云集在金刚碑古镇。

2018年，将金刚碑封闭进行整体维修改造。2022年初，改造后的金刚碑作为景区和度假村正式对外开放，三百年沧桑的金刚碑古村落，依旧用它古朴深邃的面貌，展现着悠远而又神秘的魅力。

◆ 状元碑

北碚人都知道，在碚青公路的双柏树和雷打石之间有一个车站，名叫状元碑。而轻轨也有一站叫状元碑。状元碑不仅是一个车站名，更是周边的地名。可是，绝大部分人都没有见过这块状元碑在哪里，也不知道状元碑是状元立的碑，还是为状元立的碑呢？

事实上，状元碑和北宋年间的一位状元有密切关系。

这位状元名叫冯时行，生于北宋徽宗元符三年（1100），出生在当时的恭州（重庆）乐碛（今渝北区洛碛）。他14岁至22岁在缙云山隐居了八年，苦读诗书，终于在宋宣和六年（1124）高中状元。冯时行还有一个很大的名头，就是巴蜀地区科举历史上的第一个状元，而且高中状元的时候才24岁。

不过，由于冯时行刚正不阿，为人正直，行为清廉，不和得势的奸相蔡京为伍，因而虽然考上状元，但一直没有得到任用。一直到了南宋高宗建炎元年（1127），也就是他考中状元三年后，才放任奉节县尉，接着历任江原县丞、川陕左奉议郎、丹棱知县、万州知府等职。冯时行非常爱国，反对与金议和，主张抗金，因而多次遭贬，甚至被罢官削职，被除名在《大宋状元录》之外。一直到了千古奸臣秦桧死后，他才因功而升至右朝请大夫、提点成都刑狱事。南宋隆兴元年（1163）在雅安去世，享年63岁。他的作品有《缙云文集》43卷，《易论》2卷。

冯时行不仅学富五车，而且品性高洁、爱民如子，同时又忠君爱国,坚持抗金,因而在朝廷与民间,都享有极高的威望,被朝廷封为"俎豆侯"。死后雅州民众集资七十万钱,为他建了一座祠庙,足见他在百姓心中的地位。而在状元的故乡重庆,至今还有与他相关的地名,比如巴南的状元桥街、璧山的状元桥、他当年在北碚缙云山中读书时的洗墨池"八角池"等等。

北碚的状元碑,为冯时行去世后四百多年的明朝万历年间所立。当时的观吏部政胥从化,被冯时行的品性事迹所感动,专门来到缙云山中的状元故里,立碑并刻上"状元乡"三个大字。所以北碚就有了"状元碑"的地名。

◆ 状元碑
　北碚区民政局　供图

那么，这块状元碑现在还在吗？很遗憾，已经没有了。但在状元碑车站附近，有一处招牌提示着这里曾经是冯时行的旧居，并且立有冯时行雕像。这里原是状元冯时行的旧居，附近还有状元牌坊，不过在北碚旧城改造时，旧居遗址没有被保存下来，状元牌坊也没能保存下来。

虽然冯状元生活的年代距今已有千年，他的旧居遗址也没能保留下来，但北碚依然可以处处见到这位巴蜀第一状元的影子。北碚现在有冯时行路、状元路、状元碑社区、状元小学等地名，这些地名，不仅记录下一个成长在北碚的大人物的名字，更是将这种洁身自好、廉洁刚正、忠贞的精神传承了下来，并将代代相传。

◆ 夏坝

1937年7月7日，卢沟桥事变爆发。国民政府下令北大、清华、南开内迁，先在长沙合并组建国立长沙临时大学，之后又在昆明组建西南联合大学。

1937年8月，淞沪会战打响，大上海陷入战火中。复旦大学在上海江湾的校区，遭受到了炮击和轰炸。还好那时学生正在放暑假，并没有造成伤亡，但9月肯定是没办法开学了。

怎么办？

只有一个办法，内迁！

于是，复旦大学和大夏大学，组成了联合大学，商定一起内迁。大夏大学一部分人迁到了贵州，复旦大学一部分人迁到了庐山。但庐山告急，1937年12月中旬，联合大学的一部分师生乘坐轮船到了重庆，暂时住进了位于菜园坝的复旦中学，并准备辗转去贵州。以大夏大学为主的一部分师生已经先期到了贵州，发现已经挤不下了，于是给在重庆的师生发电报请他们自己想办法。

1937年12月底，一些复旦师生到北碚游览。发现北碚风景秀丽，文化氛围浓郁，社会环境相对安定，吸引了国民政府一些机关、文化团队和学校进驻。复旦大学感受到了这种良好的氛围，他们相中了东阳一个叫下坝的地方。是的，当时这里叫下坝。

当时主持复旦事务的副校长吴南轩曾经说过选择下坝的原因。当时，吴南轩在复旦校友的帮助下，来到了下坝，发现下坝"背靠琼玉山，面临嘉陵江，位于黄桷镇与东阳镇之间，有平坦土地一千余亩，与北碚夹江相望，风景秀丽，诚为建校佳地"。综合考量后，吴南轩决定将下坝定为复旦大学新校址。

当时，国民政府已经将东阳规划为厂矿集中区。在吴南轩及其他人的奔走争取之下，国民政府取消了这个规划，让复旦得以顺利入驻下坝。

1938年2月21日，吴南轩带着复旦大学学生到了下坝，北碚区署安排他们借用正在放寒假的黄葛小学开始上课。这时，留在复旦中学的有三百多名学生。5月5日是复旦校友节，复旦校友定5月5日为迁碚立校纪念日。后来黄葛小学开学，复旦的学生还在露天坝里上了一段时间的课，之后才找了个庙子上课。当年条件非常艰苦,办公室是破旧不堪的黄桷镇河神庙,学生宿舍是堆煤炭的房间,教师宿舍则是简陋的民房。但师生们觉得能在如此安静的环境中教学,已是非常美好的事情了,因而毫无怨言。

1938年夏天,当时的国民党四川省政府同意复旦大学可在下坝征地千亩,用于修建校舍。于是,复旦大学终于得以开建校舍。

那"下坝"又是如何变成"夏坝"的呢？1940年底,语言文学大师陈望道先生到复旦中文系任教,他建议将"下坝"改为"夏坝"。这里的"夏"是"华夏"的意思,表达了复旦人的爱国

◆ 夏坝:复旦大学旧址
　　叶玲　摄

热情。汉字的魅力真是博大精深，只改一字，一下子就雅致有韵味了起来。这个建议被采纳，"夏坝"一名沿用至今。

1942年元旦，复旦宣布改为国立大学，任命吴南轩为校长，于右任题写了"国立复旦大学"的校名。

复旦大学在北碚的几年，为大后方的文化教育建设作出了巨大的贡献。抗战胜利后，复旦大学迁回上海，但其在夏坝留下的校舍，成立了一所设有农艺、文史、外文、经济、银行会计五个系的大学——相辉学院。相辉学院的名字是为了纪念复旦大学创始人马相伯和老校长李登辉。

1992年3月，复旦夏坝旧址的登辉堂被列为重庆市文物保护单位。复旦大学北碚夏坝旧址，是目前国内保存最为完好的抗战时期的大学旧址。北碚和复旦大学对旧址的保护利用非常重视。2005年复旦百年校庆，复旦大学与北碚对旧址进行了保护维修；2010年复旦105周年校庆之际，旧址的登辉堂挂牌"抗战时期复旦大学校史纪念馆"并对外开放；2012年，登辉堂再次进行保护性修缮，成为复旦大学爱国荣校教育基地和北碚区爱国主义教育基地。

渝北区

◆ 多功城

多功城，又称翠云寨，在渝北区鸳鸯街道翠云山上。多功城整个遗址呈椭圆形，占地面积约10000平方米。始建于南宋咸淳祐年间（约公元1247年）并得名，后经清咸丰三年（公元1853年）重建，清光绪二十四年（公元1898年）补修，至今未变动，是宋元战争时期宋朝西线防御体系的重要据点，也是重庆城防御体系的重要前哨和屏障。多功城地势险峻，岩石高耸，筑城时以嶙峋的岩石为基，有"山石巉嵘，因岩为城"的记载。

多功城有东、西两座城门，皆为拱券结构，西门门洞保存较好，东门内侧门洞坍塌。西门现存有"西城门"刻石。说到多功城，就不得不提到朱禩孙。朱禩孙，四川阆中人，曾为四川安抚制置大使。据有关文献记载，多功城就是他修建的，现在的多功城的西大门还有"端明殿学士大中大夫四川安抚置制大使朱"的题记。朱禩孙早年在成都居住，端平三年（1236）十月，蒙古攻破成都，展开惨无人道的大屠杀，朱禩孙侥幸逃出成都，后通过科举考试走上仕途。朱禩孙参与了对元军的最后战斗，城破自杀未遂，被迫投降。

多功城最早并非防御城堡，而是一座远近闻名的寺庙，名为翠云寺，建于1021年。后来因为战乱不断，翠云寺慢慢破败凋零。直到南宋末年，由于此地地理位置特殊，才修筑起了用于战事的多功城。

南宋末年，为抵御蒙军入侵，在余玠的领导下，川峡四路境内共修筑了类似于多功城的防御寨（堡）数十处，现在保存较完整的，四川有泸州合江县的神臂城、金堂云顶石城、苍溪大获城

◆ 多功城
  两江新区翠云街道云卉路社区　供图

和南充青居城，重庆有合川钓鱼城、渝北多功城、涪陵三台城、南川龙岩城、云阳磐石城、巫山天赐城、奉节白帝城、忠县皇华城和万州天生城等，这些寨堡共同组成山城防御体系，形成了抵御蒙军入侵的铁壁铜墙。

多功城在"防御支柱"钓鱼城和"防御核心"重庆城之间。是连接合川钓鱼城与重庆主城的必经之道。因此，多功城不但担负着钓鱼城的兵援、物质供给，而且是迎敌的重要防线，其战略地位极其重要，多功城为抗击蒙军入侵作出了重大贡献。

据史料记载，多功城中翠云寺外有天池，池水常年不涸。天池是由特殊地质构造形成的池塘，池水受地壳挤压作用源源不断地涌出，为城中军民提供生活用水。翠云山顶土地平整，可以满足生产、囤积需要。多功城城墙坚厚稳固，三面临崖，易于防守，便于观察敌情。多功城遗址内还曾发现采石场遗迹，结合西城门外旧有的石板路，一定程度上能够证明原江北县与钓鱼城之间有古道相通，这表明多功城不仅是守卫重庆的重要前哨，也是拱卫钓鱼城后方的重要关隘。

随着合川抗蒙战争的结束，多功城沉寂了很长一段时间。若干年后，多功城又一次显示了它的军事地位，又一次发挥了它不可替代的重要作用。明末清初，四川局势错综复杂，张献忠夺取重庆城，四川称王。张献忠手下刘文秀率精兵三万，兵分两路，陆路攻佛图关，水路自嘉陵江而下，直抵重庆。他们的第一个目标就是渝北的多功城。

当时驻守川东的是明军参将曾英，他得知情报后，先将城内老弱送往涪州，只留下精锐部队与刘文秀决死一战。他亲率五百轻骑兵，绕道潜入多功城，打了刘文秀一个措手不及，明军趁机打败大西军。这次战斗是张献忠军自入川以来遭受到的最惨重的失败。多功城作为古代军事防御城池，是古代军事城市的代表。

清朝嘉庆初年（1796），地主武装以多功城为据点抵抗白莲教。抗日战争时期，多功城是原江北县中学女中部的校舍。

多功城这座历经风霜、雄踞近八百年的孤城，在日新月异的城市变化中凸显出自己的历史价值。

◆ 天官坟

在渝北区有一条著名的金开大道。在金开大道西端起点大竹林，有一座名为"龙囟山"的小山丘，当地居民称其为"天官坟"，这个名字来源于龙囟山树林深处隐约可见的九座墓碑与多座坟包。

龙囟山上的这个墓群来自于同一家族，龙囟山实为明代官场第一人蹇义所属蹇氏家族的坟场。

蹇义生于1363年，重庆人，原名叫蹇瑢。1385年，他考中第三甲进士并入朝为官，由于他上的奏折往往能讲到太祖皇帝朱元璋的心里去，朱元璋很是赏识他，赐他单名一个"义"字。蹇义深得朱元璋喜爱，明朝官员任职期为三年，三年期满就将调任或升迁，但朱元璋因蹇义而破例，留他陪伴君侧长达九年。

直至建文帝登基，蹇义才破格录为吏部右侍郎。但在建文一朝，蹇义由于不认同齐泰等"改革派"的治国主张，逐渐被边缘化。后明成祖朱棣篡位登基，又重新重用前朝旧臣蹇义。朱棣登基后主张将建文一朝的改革全部作废，蹇义却建议朱棣取其精华去其糟粕，朱棣最终采纳了他的建议。

 明仁宗称帝后，蹇义作为数朝元老深受信赖与重用。明宣宗即位，蹇义官拜二品，称为"三孤"，仅在帝王和三公之下。随后明英宗即位，年迈的蹇义也走到了自己人生的尽头。临终之时，蹇义还嘱咐英宗遵循先帝遗训继承大统。蹇义逝世后，明英宗赐

◆ 天官坟：蹇氏家族墓地
　　两江新区大竹林街道龙竹苑社区　供图

葬于巴县。

蹇义的一生不可谓不传奇，确为"天官"。他辅佐了明太祖、建文帝、明成祖、明仁宗、明宣宗、明英宗，在整个明朝历史上也唯此一人。他是历史上官位最高的重庆人，整个家族也在他的带领下迎来了空前的繁荣，明朝时的重庆城时称"蹇半城"，在渝中区魁星楼附近留下了天官府、太师坊、蹇家巷、蹇家桥等地名。直到今天，重庆城依然有两万多名蹇姓后裔。

明宣宗曾赐蹇义府邸于故里巴县（今重庆主城），府邸按王府规制建造，其中堂匾额、门联都为御笔亲题。重庆人熟悉的"天官府"之名正是由此门联府邸而来——"祈天永命天官府，与国休戚国老家"。这座天官府蹇义一天都没住过，抗战时期，这里成为郭沫若先生的国防三厅办事处。

2005年和2008年，重庆市文化遗产研究院先后两次对位于龙囟山的蹇氏墓地进行了调查和试掘，发现了碑亭一座、神道碑一方以及石室墓五座，抢救性清理了二号石室墓。此外，文献中出现的有关蹇氏家族墓地的地名，如"龙囟子""铁炉沟""石梁桥""五云洞"等，均在此次考古工作中得到了印证，从而可以确定"天官坟"为蹇氏家族墓地所在。

迄今为止，在蹇氏家族墓地的考古发掘中，找到的都是蹇义后人的墓葬，而且多数被盗过，蹇义本人之墓却一直没有找到。有一种观点认为，在天官坟附近山上，发现过大量鹅卵石存在人工垒砌现象，不排除真正的天官坟即蹇义墓葬，是以山为陵打造，经过时代变迁湮没，蹇义墓葬可能在当地的水库建造中，被长埋于地下。

巴南区

◆ 鱼洞

鱼洞自南宋起就有其名,至今已有八百余年历史。明代属云篆里,清末设鱼洞场,民国十九年始建鱼洞镇。自古为巴县四大水驿之一,是交通要道、军事重镇。在陆路交通尚不发达的时代,上到铜罐驿、下至朝天驿的川江黄金水道上,先后设置过九座码头,足见水路交通繁忙,经济繁荣。

然而在最初,鱼洞不过是几户人家守着一个"鱼洞"过日子的小村庄而已。此"鱼洞"位于长江边一片石岩,石岩底部有一巨大斜洞,鱼喜欢藏身游弋其中,每逢桃花盛开,它们就活蹦乱跳地涌出。住在这里的人们,都拿着竹篓、筐子在洞口捞鱼,久而久之,人们就习惯叫这里鱼洞了。鱼洞右侧有一条小河在此注入长江,名箭滩河,交汇处俗称"溪口",因而鱼洞也被称为鱼洞溪。

"江风无限好,诗酒夕阳间。"清代文人姜会照曾在古诗《舟次木洞》中,写下自己在巴南木洞这个山水相依的江边小镇中怡然自得、饮酒作诗的情景。

鱼洞的繁荣是从开设水驿开始的。

明代时，鱼洞属云篆里管辖，明王朝设水驿于此，称馆驿站或馆驿城。

正是设立水驿的原因，大约在明末清初，鱼洞形成集市，人们开始逐渐定居于此，商贸货运也开始兴盛起来。清康熙四十六年，鱼洞归巴县孝里甲管辖。王尔鉴《巴县志》卷二记载："孝里，鱼洞溪，二甲，离城八十里，二五八期。"说明这时候鱼洞不仅已经形成了场镇，并有了明确的赶场日期。

然而，在时代的洪流下，鱼洞也经历了起伏变迁。经历了康熙五十一年裁撤水驿、清末设场、民国十九年建镇等几番起落。

鱼洞老街位于鱼洞城区东端、箭滩河与长江交汇处，东起龙洲湾，西至鱼洞新大桥，全长约1.2公里。长江河道在此纵折，形成了天然的"U"字形，鱼洞老街也沿江岸而建。

鱼洞民国时期初现繁荣，抗战时期由于居住人口猛增而兴盛，鱼洞老街逐渐成为重庆小有名气的水码头。当年的老街街上拥有

◆ 鱼洞
巴南区鱼洞街道办事处 供图

不少的作坊、客栈、店铺、茶馆、仓房，还是盐、糖、药材、山货等物资的集散地。水运文化、宗教文化、地域文化因长江黄金水道，在此交相融合。

提及抗战，不得不提及鱼洞中坝岛。

中坝岛位于巴南区鱼洞街道西北方向，江津区、巴南区、大渡口区三区交界处，长江出猫儿峡峡口附近，与江津珞璜、大渡口茄子溪、鱼洞天明村隔江相望。岛上有较多历史遗迹，其中中坝机场是抗战期间建设的一座军用机场，是战时首都重庆除珊瑚坝、广阳坝外，长江上的第三座机场，又称大中坝机场。中坝机场为抗战作出了重大贡献。

当年之所以选择在江心岛建机场，主要原因是重庆境内平地太少，又因为当时建筑机械匮乏，无法进行大规模开山辟石工程，只能因陋就简、因地制宜，而且当时水路运输相对陆地运输更方便。大中坝机场虽是备降机场，却也屡遭日本飞机轰炸。为了迷惑日本人，机场官兵做了很多飞机模型，日本飞机每次来袭都会在此投下炸弹，最多一次炸出了九十多个"函函"（重庆方言，意为"坑"）。据史料记载，抗战最繁忙时，大中坝机场曾停放有三十多架飞机。抗战结束后，机场停用。

2010年，中坝岛上保留的八处机场及碉堡遗址组成中坝机场及碉堡遗迹，作为近现代重要史迹及代表性建筑，被巴南区人民政府确立为区级文物保护单位。

如今，鱼洞老街打造成了具有明清文化底蕴，集休闲娱乐、观光旅游、商贸居家为一体的历史文化街区，经过恢复性建设后的鱼洞老街展现出新的生命。

长寿区

◆ 乐温

乐温是古时候长寿的县名。

长寿地域，在周代的时候被称为巴国枳邑。秦惠王更元九年（前316）巴国被灭，在枳地（今涪陵城东枳里乡）设立了枳县，今天的长寿地域就属于枳县。到了蜀汉时期（221—263），巴郡益州治江州县，刘备在今天长寿地域附近，设立了一个常安县。北周保定元年（561），枳县被废除，其地并入巴县。唐武德初年（618），在巴县的西边设立了温山县，隶属于南潾州。武德二年（619），设立了乐温县。当年之所以将这块土地叫作乐温，是因为"其地常温，禾稼早熟，民乐之"。武德九年（626），乐温县从南潾州改属涪州。时间来到宋朝，宋熙宁三年（1070），温山县被撤销，改为温山镇，温山镇变成了乐温县下面的一个镇。元朝至元二十年（1283），乐温复县，隶属于涪州。

那么，当年乐温县又是怎么变成长寿县的呢？在长寿当地，有一个流传很广的故事。话说在朱元璋洪武年间，宰相戴渠亨有

◆ 乐温

长寿区民政局　供图

一次下乡寻访民情，路过今天的长寿新市镇的河石井，突遇瓢泼大雨，就只好去一间酒店躲雨。他看到酒店对面有一家庭院非常热闹，人来客往，像在办喜事，就想前去问个究竟。正要上前，他看到一位银须齐胸的白发老翁到酒店来打酒，年纪有九十来岁，自称是给爷爷做寿。戴渠亨听后，就问老翁："令祖父高龄几何？"老翁笑答："我的祖父正满一百五十岁。"戴渠亨心内大惊，又见一个年约四十多岁的中年人来到老翁面前送伞，原来是老翁的孙儿。过了一会，又有一个孩童跑来，称送伞者为爷爷，要他回去拜寿行礼。宰相兴致大发，亲自前往寿翁家祝贺。老翁家的人感到来者谈吐不凡，应不是一般人。就取出文房四宝，请其题词留念。戴渠亨于是写下"花眼偶文"四个大字。主人不解其意，向他请教，戴渠亨便以每个字为句首，写下四句诗：

"花甲两轮半，眼观七代孙，偶遇风雨阻，文星拜寿星。"

末了，下方落款是"天子门生门生天子"。大家才知道这是当朝宰相。戴渠亨在乐温县考察后，认为此地民风淳朴，百岁老人特别多，便回朝奏明洪武帝朱元璋，朱元璋写下："盘古开天地，人活百岁难。乐温高寿多，改名长寿县。"于是乐温县改名长寿县，而且县名保留至今。

戴渠亨此人的身份在历史上存疑，有说他为元末宰相，有说他为洪武宰相，甚至还有说他是大夏国宰相的。但长寿的得名，当与当地普遍长寿有关。而当地人之所以长寿，在于"其地常温"，其人常乐幸福。

那么乐温县城位于今天何处呢？唐朝的官方地理总志《元和郡县志》和北宋的官方地理总志《太平寰宇记》，均明确记载乐温县城位于龙溪河上。多年来，人们普遍认为乐温县城在原属双龙区仁和场（后改乐温乡）的灌滩寺。目前已知最早记录乐温县城在灌滩寺的，是清朝光绪《长寿县志》，此志称"灌滩寺，治东北一百里，地即古乐温旧治"。1956年10月，因修建狮子滩电站，构筑拦河大坝而形成长寿湖，灌滩寺被淹没在了湖底。不过，也有已发现的史实证明，最早的乐温县城并非在灌滩寺，而是位于狮子滩安顺寨脚下的泥城坝。清康熙五十三年（1714）的《长寿县志·古迹门》引《乐温志》载："废乐温县，治东四十里乐温山下，唐武德二年置，元省入涪州，置巡检司于此。"而经专家考证，乐温山即安顺寨一带。不过，泥城坝也已经淹没于长寿湖之中。也就是说，无论乐温古城在灌滩寺还是泥城坝，如今都沉睡在长寿湖的湖底了。

不过，"因为乐温，所以长寿"，长寿成为长寿县千年不变的标志，代代相传。

◆ 西岩观

在长寿城南的望江路有一处西岩观，它背靠着长寿主城的凤城，面前就是滚滚的长江。说到西岩观名字的由来，顾名思义，这里曾经有一座古庙名叫西岩观，因而得名。

西岩观是昔日的长寿八景之一，现在是一处融合了人文与自然风物的景观，景点和设施包括西岩瀑布、明代城门、森林公园、缆车等。当游客乘轮船逆江而上来到凤城，最先看到的便是西岩观。山顶上长寿城现代都市的建筑，山脚的码头，以及如腰带一般缠绕的森林公园，如此的景观和谐相处，让凤城更像是长江边一座绿意盎然的宏大园林景观。

◆ 西岩观：瀑布
长寿区民政局　供图

在西岩观景区现存较完整的建筑，是建于明代天顺年间的城门和一段古城墙，距今已有五百多年的历史了。20世纪80年代中期在城门上建有一古雅亭台。亭台连着望江大桥、城雕《三凤朝阳》和望江路公园，是眺望长江和河街全景的绝佳地点。

西岩观景区的西岩瀑布也相当有名。西岩瀑布为季节性瀑布，其水流是由附近的各大溪流沟渠的细水汇集而成。西岩瀑布与城门并列在城墙下，水源由最上面的滩子岩喷涌而出，宽约20米。整座瀑布分为三级，头级高40米、二级高30米，三级高20米。大雨之后，气势更为磅礴，历史上曾有"西岩瀑布千条线"的诗句来赞美其婀娜多姿。

而西岩观的森林公园，在城墙之下的河街之上，一条绿色的飘带，把凤城拦腰截断，形成一面开阔的山林地带。森林中，林荫小径纵横交错，也设有露天桌椅供游人休憩。在森林公园中鸟瞰长江和河街码头进出港的船舶，也是一种别有韵味的体验。

◆ 三倒拐

历史悠久的重庆腹心地带长寿，有着众多的历史文化遗迹。其中，位于长寿城区西南，居于长寿中心地带的三倒拐，不仅是我国较长的一条古街，也是三峡库区保留最为完整的明清街市建筑。

三倒拐古街是一条全长2.5千米的石板大道，沿山势而筑。石板大道有石梯三千多级，曲曲折折地蜿蜒盘上山，非常壮观。因为这条石板大道转了三个急弯，有民谚"爬三倒拐通身汗，下三倒拐脚打颤"，从而得名"三倒拐"。在重庆话中，"倒拐"就是转弯的意思。"三倒拐"这个名字，也是很形象地诠释了这条古街的样貌。

三倒拐的修建，和长寿城的发展紧密相关。长寿古时候为巴郡枳县，元朝末年改名为长寿县，县址在今凤城街道河街，也就是长江边上。到了明代，在河街附近，开始建造后街和上后街，就是现在三倒拐的后半部分。清嘉庆四年（1799），江苏状元石韫玉从翰林院出守重庆，来到长寿视察，觉得太濒临长江了，决定将县府迁往凤城。但河街依旧是长寿经济和文化的中心。而之后就修建了三倒拐，与上下后街相通，方便居民的来往。三倒拐高差达到两百余米，站在三倒拐的台阶上，就可以俯瞰长江、江南、关口和黄草山的景色。1944年的长寿县志这样记述三倒拐："时有三倒拐共二里，与新街、长乐街、下后街、上后街、上鱼市街相通，皆相连接由城至江岸码头之大道。"

在今天看来，三倒拐依然具有相当高的建筑特色和艺术成就。它师法自然，尊重环境，依山就势，合理布局。整条路用青石铺就，从河街直通凤城，既自然又很规整。三倒拐位于凤山的主脉，拥有"长寿新八景"中的两个：吉祥菩萨和桃源仙家。三倒拐地处桃花河与长江交汇处，东北紧邻三洞沟峡谷，周围绿树成荫，小径通幽，远远地可以看到长江，也可以听到三洞沟瀑布倾泻而下的声音。

石梯两边的建筑，就顺着青石街道依次布局，错落有致，井然有序。三倒拐沿途分布着不少文物古迹。河街右拐，经原文里门，有以前的文庙，今天是一座学校；在它旁边有魁星楼，现在是这所学校的幼儿园。出武厢门向右行，则有吉祥寺、武庙、龙神祠、书院、文昌宫等古迹。武厢门向左拐天桓门上行，能看到状元桥。在三倒拐附近，还有东汉崖墓群、石佛寺石刻、清代南门遗址、林庄学堂旧址，以及抗战遗址桃花电站、国民政府二十

◆ 三倒拐：古街
长寿区民政局　供图

六兵工厂等。

　　三倒拐布局的精巧，还体现在周围的小四合院。在这里，临街建筑中间有许多通道，走进通道，又有许多的小四合院。这些四合院里设有小天井，上厅明间用抬梁结构，上厅与左右厢房之间有三到五步踏道，上厅的斜撑多采用镂空雕饰，再配以雕梁画栋、楼阁窗棂，很有生活情趣。另外，三倒拐住户的门前都有一个留有洞口的青石板，用于排水。这种排水系统极为科学，四合院和单家独院的水，都经过地下水道排到街面两边的排水沟。现在看来，这种排水系统的建设，相当具有超前性。

抗战时期，三倒拐是长寿最繁华的地段，有面粉厂，盐、茶等店铺百余家，为重庆提供了大量的粮食、蔬菜、肉类等后勤保障物资，为中国抗日战争和世界反法西斯战争的胜利作出了一定的贡献。三倒拐中部的武庙，抗战时期曾设为国民政府第十一陆军医院，许多从前线下来的伤员治好伤后就在三倒拐定居。

新中国成立后，这里的建筑全部收归国有，由房管部门管理，城镇居民居住。20世纪六七十年代，三倒拐手工一条街非常发达，有酒馆、卷烟厂、布鞋厂、老相馆、川剧院等等。2001年12月25日，长寿撤县设区。之后，长寿区对三倒拐作出旅游开发规划，对老街的道路和房屋进行了局部的修复改建。

三倒拐具有丰富的非物质文化遗产资源。比如长寿血豆腐制作工艺、龙舞狮舞表演、唢呐吹奏、锣鼓敲打、荷叶说书、川剧打闹等。

如今，三倒拐成为长寿的一处旅游新景观，也是长寿人健身的好去处。

江津区

◆ 白沙坝

"坝"有几重含义：一、截住河流的构筑物；二、河流险要处巩固堤防的构筑物；三、方言，沙滩、沙洲；四、平地，多用于地名。

重庆江津的白沙坝应该是第三和第四种意思的结合体，即方言里的沙滩、沙洲，因为地势平坦有人居住而后形成一个地名。

江津白沙坝因江边沙子显白色而得名。白沙坝历史悠久，早在东汉就有人聚居在驴溪河和长江交汇处，并形成村落。唐朝时期曾在此兴建大圣寺，《蜀中广记》《太平广记》等文献均有关于白沙大圣寺的记载。而白沙有典可考的建镇时间为北宋雍熙四年，即公元987年，距今已有千年之久的历史。元末明玉珍以重庆为国都建立大夏政权，把江津改为畿甸邑，白沙随之而成为"畿甸"之地。万历九年（1581），在白沙设置水驿，白沙水驿与奭溪水驿、汉东水驿、白渡水驿并称为江津的四大水驿。清代中后期以后，白沙凭仗水驿之利成为川东、川南一大水路要津，而且是川黔滇驿道上的一个重要集镇。抗战期间，江津的白沙坝与沙坪坝、北碚夏坝、成都华西坝一起，并称大后方的"文化四坝"。

有人说白沙是因酒而得以建镇。古代巴国因为盐业而富裕，又得水利之便，不缺粮食，自古有酿酒之风。而且巴人的酿酒工艺高妙，所酿之酒清澈无比，分外珍贵，因为古代的酒大部分是浊酒。宋时白沙镇的酿酒业已经颇具规模，官府设置了专门的酒官管理生产与税赋。明朝嘉靖年间，《江津县志》记载：江津产酒甲于省，白沙烧酒甲于江津。到光绪年间，镇上的酿酒槽坊一家连着一家，沿长江岸铺满了五里地，被称为"槽坊街"。清末诗人赵熙曾到访白沙喝酒，作诗赞誉："十里烟笼五百家，远方人艳酒堆花；略阳路远茅台俭，酒国春城让白沙。"

白沙除了经济发达，还有厚重的文化底蕴以及悠久的办学历史。北宋时期，江津知县冯忠创办了巴渝地区最早的书院——五举书院。到了清代，江津书院数量居全川之首，尤其是白沙坝上的聚奎书院英才辈出、佼佼者众，是迄今巴蜀大地上保存最完好的四大古代书院之一。

1905年，商人邓鹤翔在白沙溜马岗兴办了全川最早的女子小学——私立新本女子学堂（现校址为重庆工商学校），由此拉开了白沙坝现代教育的序幕。抗日战争时期，一大批学校和教育机构迁到白沙坝。1940年，国立女子师范学院在白沙新桥开学，抗战结束后，这所全国唯一的女子最高学府迁至重庆九龙坡原交通大学（今四川美术学院）校址，1950年并入西南师范学院，2005年7月西南师范大学与原西南农业大学合并组建为西南大学。1939年，国立中央图书馆和国立编译馆也先后迁来白沙。

据统计，抗日战争期间，白沙有大、中、小等各类学校近四十所，常年在校人数超过一万多人。白沙在抗战时期成为了一个名副其实的"学生城"，正因如此，白沙与沙坪坝、北碚并称为重庆的三大文化区。

悠久的历史铸就悠久的文化，悠久的文化孕育出特有的魅力。在白沙坝这块地方涌现出了大批杰出人才，比如重庆大学创始人之一、著名诗人吴芳吉，地方史学家邓少琴，国画家张采芹，农学家程绍迥，气象学家徐近之，细菌学家陈文贵，心脏病专家邓庆曾，经济学家樊弘，教育家颜实甫，爱国将领抗日军长夏仲实，书法家周浩然，油画家陈可之，作曲家王锡仁，前国家女排主教练邓若曾，原国防科工委主任丁衡高上将，原中国科学院院长、全国人大常委会副委员长、中国科协名誉主席周光召院士，土木工程学家吴惠弼，当代科技创造发明家张朝吟等，他们都曾在这块沃土上生活、学习或工作。

中国共产党创始人之一陈独秀、原国民政府军委副委员长冯玉祥将军、蒋介石夫人宋美龄、梁漱溟、黄炎培、文幼章等也曾在白沙留下了不少逸闻趣事。

◆ 江公享堂

江公享堂是明代名臣江渊的故居，位于江津市几江街道相府路，江渊是江津地区唯一写入二十四史的历史人物。

江公享堂坐南朝北，砖木石结构，悬山式屋顶，复合四合院布局，三进两厢，结构规矩严谨。大门两侧有楹联"北极勋臣府，西川相国家"，门额正中部位嵌有竖匾"江公享堂"，均为楷体阴刻，笔力厚重工稳，为明成化帝朱见深钦题。该故居每重堂的撑弓都刻有明代风格的人物和花鸟虫鱼木质浮雕，古朴雅致，是重庆市文物保护单位。

据《明史·江渊传》记载，江渊生于明惠宗建文二年（1400），天资聪颖，才学充裕。宣德五年（1430）中进士，入选翰林院庶吉士，授编修之职。"土木堡之变"中，他协助于谦主持北京保卫战，击退来犯的瓦剌军队。后官至工部尚书。曾出视紫荆、倒马、白羊诸关隘，和都指挥同知翁信监督修建雁门关。景泰五年，负责赈济山东、河南、长江北岸饥荒，处理事情灵活果

◆ 江公享堂
　江津区民政局　供图

断，圆满完成任务。1465年，江渊辞官回乡，建造江公享堂，过着乐山乐水的田园生活，写下赞美江津的诗作24首。逝世于1473年，享年73岁。

江渊去世后被葬于江津九龙铺临峰山下，新中国成立初期因兴修九龙水库，江渊墓被淹没。

明英宗正统十四年（1449）初秋，一个惊人的消息传来：率领五十万大军御驾亲征、抵御来犯的瓦剌军队的皇帝朱祁镇，在土木堡被俘！一时间朝野上下人心惶惶，大家围绕放弃北京南迁还是固守北京展开激烈争论。

江渊极力陈述固守北京的理由：动摇首都，民心也会动摇。上下一心，军民共同守卫北京城才是正道。江渊的主张与时任兵部尚书的于谦的意见不谋而合，也得到朱祁钰的首肯。于是，江渊从翰林院侍讲被擢升为兵部右侍郎，参与了于谦组织的北京保卫战，并最终打退瓦剌强敌，保卫了北京城。朱祁钰也被群臣拥立为新君，改年号为景泰。

然而，景泰八年（1457），北京发生"夺门之变"，英宗朱祁镇复辟，江渊也随之被流放辽宁铁岭。直到1465年明宪宗朱见深登基，江渊才被召回。

此时的江渊已经步入暮年，无意从政。于是，宪宗批准他回乡养老，并命在江渊住宅（即江公享堂）内建造御书楼，还钦赐楹联"北极勋臣府，西川相国家"，表彰江渊的贡献。

如今的江公享堂，匾额、楹联尚存，御书楼已无影无踪，仅剩两进院落。为什么会这样？原来明朝天启年间，四川永宁（今叙永）宣抚司奢崇明及贵州水西（今大方一带）宣慰司安位及其叔父安邦彦举兵叛乱，战火燃及江津。战乱中，江公享堂的御书楼被毁，江渊的诗词和私物散佚殆尽。

  层峦叠巇摩晴空，堆螺染黛谁为工。
  苍松为远嶂暮烟，紫碧浅映春霞红。
  见说嵩高降申甫，孔硕之章振今古。
  愧我宦游空白头，归来与世曾无补。
  几江形势甲川东，山势崔巍类鼎钟。
  岚静天空青嶂耸，雨余烟敛翠华重。
  钩帘对酒情偏逸，拄笏吟诗兴颇浓。
  安得辞荣归故里，巢云直卧最高峰。

这首《鼎山叠翠》是江渊对鼎山的深情礼赞，类似描写江津景观的诗歌，他一共写了24首，写下了鼎山叠翠、华盖晴岚、古寺晓钟、龙门春浪、马骁春色等前八景和后八景的诗歌。

江津的书院文化兴盛，江渊成名之前曾在栖清书院读书。栖清书院是当时江津的四大书院之一，书院门口有一条石板路，已有千年历史，是一条名副其实的"千年石板路"。这条石板路一头连接璧山，一头连通中渡口，通向贵州。江渊作为书院最刻苦的学生，从这里走向全国的政治中心。

如今在这条千年石板路两边的巨石上，仍能清晰地看到不少文人墨客留下的笔迹。穿越时空，我们仍然能感受到江津浓厚的文化底蕴。

聚奎书院

江津聚奎书院又名"聚奎义塾",始建于清同治九年(1870),清光绪六年(1880)建成,从规模上看为当时江津四大书院之首。

江津对文化的尊崇是出了名的,北宋年间江津知县冯忠创办的五举书院是重庆最早的书院,比涪陵的白岩书院还要早。苏轼、杜甫的后人举家迁居江津,授业解惑,启蒙乡童。到了清朝末年,江津成为了重庆府中书院最多、学风最盛的县,境内有聚奎书院、育才书院、双峰书院、志城书院、莲峰书院、桂林书院、余庆书院、凤鸣书院、文峰书院等多座知名书院,满城书香。

在江津这些书院中,最有名的就是位于今江津白沙镇黑石山风景区的聚奎书院。明代,黑石山上曾有宝峰寺和川主庙,香火颇盛。据传清同治年间,宝峰寺住持因犯事被驱逐,寺庙渐渐没了香火,僧人们纷纷离去,这个寺庙也就空了。后来有识之士在这里设立了义塾,再后来白沙盐商邓清涟与时任白沙团总的张元富在义塾的基础上募资修建书院,后又经江津知县国璋出面劝募,聚奎书院才于1880年正式建成。

聚奎书院为复四合院布局,土木石结构,悬山式屋顶。进深大于面阔,呈长方形。中轴线上一大间木结构大屋,是教室。教室之后是夫子堂,塑孔子像。两旁各一列厢房,为学生宿舍。

"聚奎"是聚天下英才的意思,"奎"主文章,有人才之意。聚奎书院大门石刻对联:"知国家大事尚可为也,得天下英才而教育之。"院内夫子堂楹联:"是英雄铸造之地,为山川灵秀所钟。"

◆ 聚奎书院
江津区白沙镇人民政府　供图

楹联为佛学大师欧阳渐题写，表达的也是这个意思。

聚奎书院山水亭台错落有致，给人一种江南山水园林的即视感，校友吴芳吉在周游全国各地后赞扬聚奎校园说："就同等学校言之，见闻所及，更无风景佳丽胜于此者。"

聚奎书院内的鹤年堂是由乡人邓鹤年捐款十万大洋兴建的。鹤年堂内似意大利歌剧院，上下三层，可容一千四百多人，当时号称"川东第一大礼堂"。为赞邓氏兴学善举，流寓江津的中共创始人之一陈独秀题词称道："大德必寿"，篆刻于鹰嘴石上。建于1909年的石柱楼，是江津境内第一座西式教学楼，由39根石柱构成主体，故称"石柱洋楼"。聚奎书院不仅拥有像鹤年堂这样的文化古建筑，还有二十余处吴芳吉、郭沫若、佘雪曼、冯玉祥、吴宓、欧阳渐等名家的诗刻、联刻。

聚奎书院人才辈出，最出名的当属"聚奎三杰"，即著名诗人吴芳吉、考古学家兼书法家邓少琴、国画家张采芹。三人中最出名的就是吴芳吉。吴芳吉世称白屋诗人，其才华卓绝，为20世纪20年代中国著名诗人。他写的《婉容词》传诵一时。

抗战时期江津白沙作为陪都重庆的后方，为陪都三大文化区之一，许多文化名人都和这里有过交集。抗战时期，陈独秀、于右任、文幼章等著名教授、学者、作家、文学家、教育家等各界知名人士在此登台讲学或演讲。1940年，陈独秀曾在书院正门内右侧小屋小住三月，并在此做了他人生最后一次讲演，他说："行无愧怍心常坦，身处艰难气若虹。"

抗战时，举行建院60周年纪念，台静农教授赞道："聚奎能屹然一隅，延续至六十年之久者，诚我国近代教育史所罕见。"

马鞍双峰对峙于前，驴溪清流环绕于下，聚奎中学坐落于青山绿水间。走进聚奎书院，目光所及之处，皆是郁郁葱葱的古树，校园内有大树八百余株，这样的环境造就的聚奎书院有两大极富特色的现象："六月飞雪"和"缘木求鱼"。春夏之时，满山鸟粪白茫茫一片，似大雪覆盖，故名"六月飞雪"；鹭鸶衔鱼鳝鳅蛙回巢哺幼，因此鱼虫之类常见于鸟窝，故名"缘木求鱼"。

聚奎书院现在为聚奎中学所在地，这恐怕是中国最有历史传承的中学了。

合川区

◆ 赤水县城

在合川城西北方有一个龙凤镇，在龙凤镇的龙多山南麓有一个很小的乡场，叫赤水场。虽然这里现在看上去只是一个平常的小乡场，但却藏着一个古老的县城遗址——赤水县城遗址。

据史料记载，隋开皇八年（588）设置赤水县，这个赤水县是属于当时的合州府管辖的。当年的赤水县城就在现在龙凤镇的赤水场上。这个赤水县，经历了隋朝、唐朝、宋朝和元朝，一直到元朝的至正二十年（1360），存在了长达七百七十余年。但是，这座建置超过七百年的县，却突然就在元朝被撤了，被合并到了当时的石鉴县，石鉴县后来又变成石照县，也就是后来的合川。至于当时赤水县为什么被撤掉了，史书并没有记载，也就成为了一个千古之谜。

现在的赤水县城遗址，东西长约 1.5 千米、南北长约 1 千米，遗址面积约 1.5 平方千米。具体位于距离赤水场西北约五百米的赤水溪畔，遗址的中心地带就是河坎院子。河坎院子的来头很大，

◆ 赤水县城：观景拱桥
唐仕军　摄

　　它以前曾是古赤水县县衙门，如今这座院子早已长满了竹木，但仍能依稀看见从前的石梯和石板院坝。河坎院子北边的竹林下，立有合川区文物保护单位"赤水县城遗址"的石碑。

　　在距离遗址石碑以北不远的农房，是古赤水县城书院遗址，这里是当时县上的文人读书和聚会的地方。河坎院子往西约四百米处的两栋院子是梅子湾院子，这里曾是古代赤水县的"卡房"，也就是监狱。

　　沿着赤水溪往南，至赤水场口，有一座横跨在赤水溪上的石拱桥。这座石拱桥名叫"观景拱桥"，是合川区文物保护单位。观景拱桥其实就是古代赤水县城的观景桥，赤水溪从桥下流过，在前面形成一道七米高的瀑布。另外，乡场附近的水田、坡地、溪沟均为古赤水县城范围，除赤水县衙遗址、卡房（监狱）、观景拱桥外，还有练兵场、行刑台等遗址。当地居民大都知道，这里曾经在古代是一座繁华的县城。

◆ 龙多山

在中国古代,"巴"和"蜀"是两个相隔很近、相互融合却又特色分明、各自相对独立的地域与文化,它们之间也有绵延千年的争斗历史。那么,古代巴蜀两地的分界点在哪里呢?

这个分界点就是如今位于重庆市合川区与潼南区之间,和四川省蓬溪县、武胜县毗邻的龙多山。龙多山海拔高度619米,面积100公顷。

龙多山原名紫微山。龙多山山名的来历有两种说法,一种是因山峰绵延到天外,像一条腾飞的巨龙,因而得名龙多山。一种

◆ 龙多山
　　刘勇 摄

说法是唐朝的武则天称帝时，曾在山上建放生池，因而更名叫龙多山。

龙多山自古就是我国的旅游名山，也是佛道合为一体的名山。有很多关于龙多山的传说流传下来。相传西晋永嘉三年（309），广汉仙人冯盖罗在山上炼丹。一日，冯盖罗全家十七人飞升仙去，从此龙多山就以"仙山"闻名于世。武则天称帝时曾钦敕龙多山的僧人在山上建放生池。唐玄宗时，山僧曾"奉旨醮祭（设坛祈祷）"。

龙多山最有名也是最精华的历史遗迹，就是千余年以来所留下的古石刻。最早的石刻为东晋作品，但大多数为唐宋作品，明清也有少部分留存。龙多山现存的摩崖造像有76龛，造像多达1742座（含千佛龛），但因年代久远，遭遇风化和人为破坏，多数石刻是残损不全的。其中，唐代凿造的千佛龛和弥勒佛龛最为珍贵。1946年，顾颉刚、杨家骆、傅振伦所著《大足石刻图征录》称："合川多唐代造像。龙多山跳珠洞咸通五年弥勒佛龛，其最早也。"千佛龛宽9.1米、高2.33米，是唐代咸通五年（864）合州赤水县主簿赵行捐造，刻浮雕跌坐佛像一千余座，每尊高约0.10米。弥勒佛龛高1.08米、宽1.05米，内存佛像19座，半浮雕，造型丰硕，衣褶流畅，有"吴带当风，曹衣出水"之态，系咸通五年供养人樊氏捐造。唐以后的石刻，仅明代万历阴刻画线《二仙传道》人物刻石保存完好，高3.2米、宽2.4米，刻冯尧子（冯盖罗）、田老子像，每像高约1.5米，万历进士布政使李作舟题有跋记。

龙多山古建筑曾以寺庙为最多，最早为西晋始建，最晚为民国时期所建，但现在均已被毁坏，只存有一些地基残殿。龙多山的历史遗址传说景点有巴蜀分界石、静老崖、飞仙泉、飞仙洞、飞仙石、灵隐崖、仙台等。

1980年,龙多山石刻被列为合川县县级重点文物保护单位。1987年被列为重庆市重点文物保护单位。

龙多山的自然风光也相当优美,并有"龙多山八景",包括了鹫台献瑞、飞仙流泉、怪石衔松、晴岩绕翠、黄龙吐雾、赤城旧迹、横江白练和群峰堆翠。每年农历三月初一到三月初三,龙多山都要举行庙会,吸引合川、潼南等周边几万信众前往参观朝拜祈祷,非常热闹。

◆ 钓鱼城

钓鱼城遗址位于重庆市合川区嘉陵江南岸五公里处的钓鱼山。钓鱼山地处四川盆地东部华蓥山弧形褶皱群的西南支脉,海拔高度在91.22米至186米之间。钓鱼山的位置,正好在嘉陵江、渠江和涪江的交汇处。钓鱼山三面临江,极为险峻。

钓鱼山名字的由来源于当地的一个民间传说。传说在远古时代,三江洪水泛滥,灾民们逃到三江交汇的这座山峰上避难,一时饥饿难耐。这个时候,一位巨人从天而降,他站在山顶的巨石之上,手持长竿,从江水中钓起鲜鱼送给灾民,灾民才得以缓解饥饿之苦。人们感念巨人的救命之恩,就把山顶的巨石称作钓鱼

◆ 钓鱼城
　　罗明均 摄

台，这座山也因此得名为钓鱼山。

钓鱼山三面被江水环绕，只有东侧与陆地相连，形成了一道长约二十公里的险峻天堑，这是它成为重要军事基地和堡垒的自然条件。

1235年，蒙古大军在西征东欧、东征金朝的同时，开始对自己联合抗金的盟友南宋发起了战争。当时的巴蜀地区，因地处长江上游，扼夔门天险，所以在几十年里，一直是蒙古攻宋的首要目标。

南宋嘉熙四年（1240），蒙古军在四川连破西川二十城，四川危在旦夕。淳祐元年（1241），南宋理宗任命战争经验丰富的余玠主持四川防务。淳祐三年（1243）春，兵部侍郎、四川安抚制置使兼重庆知府余玠，采纳了冉琎、冉璞兄弟的建议，按照"城塞结合、军政结合"的战略防御思想，在钓鱼山筑城，将合州和石照县的治所也迁到了城中，此时，也就有了钓鱼城的名字。

宝祐二年（1254）七月，王坚调集17万军民大修钓鱼城，并新建了南北水军码头和一字城墙。景定四年（1263），张珏再次对城郭进行了加修。经历了前后二十年的三次修筑，钓鱼城建成了两道高二三丈不等的石砌城墙，城的周长有13里，加上一字城共16里，建有碉楼式城门8座，城内面积2.5平方千米。城内一千余平方米的九口锅遗址，是我国现存最早的兵工厂遗址。

当时，在钓鱼山南小东门与山北出奇门，各由山上筑一道伸入嘉陵江心的城墙，名"一字城"。江边建有水军码头以停泊战船。整个钓鱼城分内、外两城。一字城以东，城墙筑于岩壁上；以西则三面环水，形成外围屏障。内城建有炮台、墩台、兵工作坊、武道衙门、军营、校场等，开挖天池14所，凿井92眼，可以耕种千亩良田。现存的大天池水面仍有三十余亩。另外，城内还建有暗道通往城外。自此，钓鱼城形成了自己坚如铁桶般的攻防堡垒。

南宋开庆元年（1259）二月，蒙古大汗蒙哥率四万大军围攻钓鱼城，而王坚、张珏的宋军只有一万人。在双方人数悬殊的情况下，南宋军队坚守钓鱼城长达半年，屡屡挫败蒙古军的猛烈进攻。最后，蒙哥大汗在军中死亡。关于他的死因，历史上也是众说纷纭，有病死、伤死两种说法。蒙哥大汗一死，蒙古军被迫北撤。此后的二十年间，蒙古军队多次进犯钓鱼城，前后发生两百余次战斗，但元军始终没能攻下钓鱼城。

1260年，忽必烈即大汗位，把进攻重点转移到长江中游的荆襄战区，但钓鱼城仍是蒙宋争夺的焦点。1268年，忽必烈调集近十万大军围攻襄阳，开始了长达五年的襄樊之役。与此同时，他也加强了对钓鱼城的包围，并在钓鱼城与其他山城之间"筑城进窥"。1273年，元军占领襄阳，四川诸多城镇也被元军取得。1278年2月，元军攻破重庆城。1279年正月，钓鱼城守将、合州安抚使王立，以不可屠城为条件终止抵抗，开城降元。坚守了三十六年的钓鱼城至此陷落。不久后，逃至崖山的七岁幼帝赵昺在陆秀夫背负下蹈海而死，南宋至此灭亡。

钓鱼城之战成为世界战争史上罕见的以弱胜强的战例，钓鱼城因而成为驰名世界的历史和战争遗迹。后世的很多种说法中，就有"钓鱼城改变了欧洲历史"一说。当时，因为蒙哥大汗死于钓鱼城下，元政权发生了变化，让蒙古军队无暇顾及欧亚国家，收缩回中国。从而无形中挽救了半个世界，也让南宋多存在了超过二十年。钓鱼城因此被欧洲人誉为"上帝折鞭处"。

如今，钓鱼城古战场遗址保存完好，是国家4A级旅游景区、国家级风景名胜区、国家重点文物保护单位，是重庆十大文化符号之一。主要景观有城门、城墙、皇宫、武道衙门、步军营、水军码头等遗址，有钓鱼台、护国寺、悬佛寺、千佛石窟、皇洞、天泉洞、飞檐洞等名胜古迹，还有元、明、清三代遗留的大量诗赋辞章、浮雕碑刻。

永川区

◆ 朱沱

万里长江进入重庆的第一个镇是哪里？是永川区的第一大镇——朱沱镇。朱沱有"重庆长江上游第一镇"的美誉，它的地理位置十分重要，地接永川、江津、合江、泸州四地，滚滚长江贯穿全镇。长江从朱沱的九层岩村入境，由南向北流经镇内15千米，水域宽度400多米。

朱沱的历史十分悠久，据《元和郡县志》记载，唐朝武德三年（620）分江津县置万春县，县衙所在地即在今天的汉东城遗址。到了武德五年（622），万春县更名叫万寿县。到了北宋的元丰元年（1078），万寿县被撤，并回江津县，这里变成了江津县的一个乡，名叫汉东乡。到了明代，汉东乡更名叫思善乡。清代更名为思善里。朱沱名字始于清朝，清朝康熙年间，"湖广填四川"移民大潮中，移居到此地的朱姓人家众多，仅场镇附近就有五个朱氏祠堂。他们的主要居住地有一回水沱。这个回水沱在今天的朱沱镇老街到汉东村一带，最开始的时候这里被叫作朱家沱，后来就简称叫朱沱了。

1981年第二次中国文物普查，在朱沱镇的汉东村发现了汉东城遗址。遗址分布面积约40万平方米，遗存保存较好区域面积共6.45万平方米，核心区面积约2万平方米。2013年10月到2015年1月，重庆市文化遗产研究院对汉东城遗址进行了第一阶段抢救性考古发掘，发现城墙、房屋、墓葬、灰坑、水沟、道路、陶窑等各类遗迹101处，仅试发掘了不足1000平方米的遗址面积，就已出土器物小件800余件、器物标本4500余件，大部分都是生活用器。遗址内出土的文物涵盖了新石器时代、商周、汉代、唐宋元及明清等各个时期，专家认定其为"通史式古城遗址"。除汉东城遗址外，朱沱古街、朱沱烈士陵园也都是朱沱的名胜地。

◆ 朱沱
　陈科儒　摄

朱沱地灵人杰，著名人物有清代教育家赖文海、明末清初武术家罗希樵、近代地质学家徐近之、当代经济学家樊弘、书法家李德益、舞蹈教育家郭明达等。

朱沱在历史上一直属于隔江而望的江津县，但是由于朱沱地处江津县边缘，中间还有永川的松溉镇相隔，好似一块"飞地"，隔着滚滚长江也不好管理，1979年，当时的江津县朱沱区（辖4乡、1镇）就划给了永川。1985年朱沱区变成了朱沱镇。如今的朱沱镇经济实力非常强，是永川区的第一大镇。朱沱镇先后被评为重庆市的试点小城镇、百个经济强镇、重点商贸示范集镇和龙眼特色镇，是永川区大城市发展战略中的港口小城市。朱沱镇现面积128平方千米，城镇建成区2.3平方千米。截至2020年11月1日零时，朱沱镇常住人口为62219人。

作为历史上著名的港口大镇，现在这里建有重庆港永川（朱沱）港区深水码头，是长江上游川、渝、黔交界河段唯一可停靠千吨级船舶的港口，年吞吐能力250万吨。由于地理位置优越，朱沱镇成为永川融入成渝地区双城经济圈发展的前沿阵地，也是建设双城经济圈泸永合作的黄金连接点和重要支点。另外，在农业上，朱沱龙眼和优质水稻成为朱沱镇的两大特色。

南川区

◆ 隆化城墙

重庆的南川是一座地地道道的古城。在南川区东城街道办事处东街城门洞，还保留着古老的隆化古城墙。城墙名的来历，和南川之前的县名——隆化有着密不可分的联系。

唐朝贞观十一年（637），今天的南川地界第一次有了县的建制，将原来的巴县拆开，在今合川设隆化县。隆化的县名来历，是因为在城西有一座永隆山，永隆山山名现在都还存在，现已是永隆山森林公园了。当时的隆化县县城所在地，就是后来的南川城区所在的隆化镇。隆化县名一直延续至唐代。先天元年（712），为了避唐玄宗李隆基讳，隆化县改名为宾化县。北宋熙宁三年（1070）又恢复了隆化县的县名。熙宁八年（1075），置南平军，隆化县隶属于南平军。嘉熙三年（1239），南平军迁到了隆化县。元朝至元二十二年（1285）南平军被废，隆化县改名为南川县，有了今天南川这个名字。

隆化城墙是明代开始修建的。明朝成化年间，当地人用结实、

◆ 隆化城墙
南川区民政局　供图

密度大且缝隙较少的压制混合泥块，也就是夯土来建造城墙。到了清朝康熙年间，就运用条石来建筑城墙。隆化城墙高6米，宽6.7米，长1447米，城池面积约为13.2万平方米。由城墙连接，古城有东西南北四大城门，东门叫祥书门，南门叫顺德门，西门叫望隆门，北门叫跃鲤门。其中东门祥书门是最雄伟高大的，1949年11月25日，刘邓大军从东门进入南川，南川宣告解放。

◆ 龙崖城

在重庆市南川区境内，有一个国家重点风景名胜区和国家森林公园——金佛山风景区。在风景区以北，南川区三泉镇马嘴村的地界，有一处龙崖城遗址。

龙崖城所在的马嘴山，山势相当雄奇。据《明史·地理志》记载，马嘴山原名"马颈关"，扼川黔咽喉，自古以来是黔北到渝东的必经之路。四周是悬崖绝壁，只有马颈关有一处独径通向城门，具有"一将守关，万人莫敌"之势，被誉为"南方第一屏障"。

龙崖城的得名，是因为这里之前被叫作龙岩城。马嘴山的山形犹如一匹骏马凌空，马的颈部山形又很像是一个龙头。城门就修在龙头上，三面悬崖绝壁，只有一条小路可上，所以被称为龙岩城。在重庆话中，"岩"和"崖"容易混淆，久而久之，就被叫成了龙崖城。

龙崖城遗址，和大名鼎鼎、曾经改变过欧洲历史的合川钓鱼城一样，都是南宋时期为抗击蒙古军队而修建的作战防御城池。龙崖城建成于南宋宝祐四年（1256），宝祐六年（1258）进行了增筑。龙崖城"古摩崖碑"述记了当年修建的情况："宋宝祐四年，上有旨，筑南郡四城，南平军守臣史切举奉梱令，筑城马脑山，四月丁卯而栽，六月戊寅而毕……"

就在龙崖城增筑的这一年，也就是公元1256年，蒙古大汗蒙哥亲率八十万军队杀进四川，宋朝军队节节败退。第二年春天，蒙古军队进入涪州（涪陵），主力驻扎在涪州西面六十里的蔺市镇。另外一支蒙军向西南挺进，一直杀到龙崖城下。龙崖城抗蒙记功碑碑文记载："正月，贼酋重兵攻城，二月再寇，斩房使，焚伪书，诸将争击，贼败而退，献俘授馘，功不一书。"当年，蒙古军队两次重兵攻城，历时两个月，守军滚下檑木乱石击退蒙军。碑文记载："梱台以全城却敌闻之公朝，上恩迭颁，宰、揆、枢宣钧翰踵至，咸谓兴筑以来所创见也。"由于将士守城有功，受皇帝嘉奖，并称龙崖城为"邑中第一要隘"。

今天的龙崖城遗址，面积约为 2400 平方米，四周还有尚存的残墙，高 1.2 米，设有瞭望台、射击孔，居高临下，视野开阔。龙崖城的城门用条石砌成，圆拱形门，门框高 1.8 米、宽 1.26 米。门

◆ 龙崖城
　符斌　摄

楣上镶嵌长条石一块，上面刻有"蟠龙砦"三字，字径约30厘米。门拱内顶亦嵌长条石，刻有双行小字："黄帝纪元四千六百一十一年癸丑岁建。"龙崖城抗蒙记功碑在城门外右侧约30米处的绝壁上，摩崖镌成，碑高3.5米、宽4.2米，碑文257字，字径14厘米，正楷双钩，雄浑劲拔，古朴遒劲，为南宋开庆元年所刻。碑上端刻一条横沟，长约5米、深5厘米，用以排水保护碑文。由于年久剥蚀，少数文字显得模糊。这是南川境内现存最早、最完善的金石珍品，为研究宋元之际历史的宝贵文物资料。

龙崖城下凉风岭左侧峭壁上有一块碑文，是民国初年袁世凯称帝时，其部下一个叫赵冕的连长撰文的。碑文记载，当年袁世凯称帝改国号，各省均已赞同，唯有云、贵将军蔡锷、唐继尧不服，于是"兴兵犯川"。陆军十五师步兵三十六旅六十团三营十二连奉命进击，于民国五年一月抵达马嘴。经过两次战斗，至四月七日取消洪宪国号，袁世凯倒台而北军撤退。赵冕仅以一连兵力死守龙崖城，而使蔡锷、唐继尧部下两次攻城不能取胜。自此，龙崖城从未被攻陷，被称为"不攻之城"。

到了明清时期，龙崖城一带还成为了佛教、道教等宗教的场所，这里如今除了存有抗击蒙军的遗迹外，还被发现有明代佛寺遗址、清代道教遗址和民国二年重修龙崖城及民国五年川军抵御云贵护国军的遗迹。2000年，龙崖城遗址被列为第一批重庆市级文物保护单位。

◆ 太平廊桥

重庆的降水量比较大，河流分布密集，最大的两条河就是长江和嘉陵江了。据统计，重庆流域面积大于 50 平方千米的河流就有 374 条，小的河流就数不胜数了。重庆既是山城，又是江城，所以重庆的桥也非常多。根据不完全统计，重庆一共有各类桥梁四千五百多座，2005 年，被茅以升桥梁委员会认定为中国唯一的"桥都"。重庆市内保存有一些相当有研究价值的古桥，位于南川区的太平廊桥就是其中的一座。

太平廊桥位于南川区太平场镇集镇内。太平场镇在南川区的北部，离南川城仅有 30 千米。太平场镇地处九台山与云雾山之间，地势低洼，周围山高坡陡。太平场镇境内河道属黎香溪、丘家河两大流域，其中黎香溪流域面积 5 平方千米；丘家河流域面积 2.4 平方千米，都算是重庆的小河流了。

太平场古称隔渡滩，在历史上曾经是古代巴县与南方联系的重要通道与纽带，也是渝南黔北到长江木洞码头的重要驿站。很早的时候，两岸要靠摆渡才能来往，于是在河上修建了一座廊桥，名叫"太平廊桥"。修好之后，千百年来靠撑船摆渡的历史就结束了。隔渡滩也因为桥的名字，改名为太平场。其实，在中国乡镇的名字中，用"场"做地名的非常少，太平场用"场"作为地名，足见当年太平场的兴旺繁盛。太平场上的古建筑，有东汉崖墓（两处）、五星向家大院、三星石垣碉楼等。太平场也曾经有"白岩飞雪""转塘映月""青龙入海""木牛沉湖""鱼跃云滩""弥勒奉香""古道挑盐""廊桥遗梦""尼庵晨钟""金观夕照""隔渡渔火",还有雷劈石等景点,它们被誉为太平场十二盛景,足以见得当年边城大镇的繁华。

改变了太平场面貌与发展的太平廊桥,建于清光绪十二年(1886),它呈东西走向横跨在黎香溪上。这黎香溪的源头是龙潭河,全长只有75千米,与油江河汇合后就叫黎香溪。它从南川流入涪陵,在蔺市注入长江。黎香溪的流域面积有935平方千米。

廊桥在我国有两千多年的历史,它指的是有顶的桥,桥顶既保护桥梁本身,也给行人遮阳蔽雨,使廊桥变成了人们交流聚会的地方。太平廊桥采用中国廊桥用得比较普遍的抬梁式穿斗式屋架,整座桥是纯木料结构,桥顶屋面为小青瓦。廊桥不长,只有30.6米,宽5.7米,桥面约6米高。

◆ 太平廊桥
陈渊 摄

太平廊桥的桥面，建筑在紧密排列的巨大木梁上。它有两个相当厚实的桥墩，有三个桥孔。桥建筑在河滩巨石上，因此桥基是比较稳定的，这也可能是它能够保存至今的原因之一。太平廊桥的桥墩上游方向形成一个锐角，这减小了河水的冲击，也是太平廊桥能存在超过百年、至今依然还能使用的另外一个原因。这充分体现了古人建桥的智慧。另外，位于桥下游五十米处的老石桥，减小了部分交通压力，可能是廊桥能够保存至今的又一个原因吧。桥的中部建有两层桥亭，不仅壮观，还十分古朴。桥柱上雕刻并不繁复华丽，反而很淳朴，加上时间的浸润，又带着雅致的古意。太平廊桥的桥头有传统的吊脚楼民居。

　　不管是从历史还是造型来看，太平廊桥都可以说是重庆廊桥的佼佼者。但因为百年风雨的侵蚀，太平廊桥一度因为年久失修而破损严重。2009年，太平廊桥被列为重庆市级文物保护单位。2016年，政府对太平廊桥进行了修缮，重现了廊桥昔日风采。

　　如今，太平廊桥依然是当地居民日常出行在使用的桥。而太平场镇也因为其地理优势，成为重庆与贵州旅客观光避暑的好去处。

綦江区

◆ 麻乡约民信局旧址

大约一百七十年前，在綦江东溪古镇通往重庆、贵州的古道上，人们突然发现除成群结队的盐茶马队之外，不时会有一人一马驮着包裹独自前行。他们是承载浓浓乡情的信使，是湖广填四川之后兴起于东溪古镇的"快递"——麻乡约。

麻乡约民信局是西南最早且保存完好的邮局。由綦江近代运输业巨子陈洪义创建。因陈洪义面部有麻子，先辈当过"乡约"（明清时称奉官命在"乡"和"里"管事的人为乡约），民间便称他的民信局为"麻乡约"。

东溪古镇素有"三宫六院"的美誉，遗存下来的基本上都是明清时期的建筑。麻乡约民信局在东溪古镇一条古时的小街转角处。砖木结构的建筑，面积有220平方米，内有两个天井，外有一个门面，门楣中间刻有"当衢向术"四个大字。大门左右环绕着两个对称的圆形花纹图案，是民信局的"邮戳"。门外，一条斑驳的石板小街，是明清时期通往贵州、云南的必经之道，向下沿黔蜀盐马古道可抵綦水码头，此后进入长江下行，抵达千里之外的麻城。一直到民国时期，移民与麻城等故土的亲友通过麻乡约进行联系仍然十分普遍。

麻乡约民信局的创办者陈洪义生于清嘉庆二十五年（1820），13岁时父母俱亡。后在川黔道上当轿夫，祖上是麻城移民。由于陈洪义疏财仗义、断事公道，常为朋友调解纠纷，类似乡约；加上传言他长有麻子，大家更加乐意喊他"麻乡约"。

陈洪义创办麻乡约据传与张之洞妻兄唐鄂生有关。当年唐鄂生赴滇升任云南布政使，轿夫陈洪义抬唐母坐轿，一路四平八稳，唐母被侍候得十分周到；又因陈洪义与唐鄂生为同日所生，因此，

◆ 麻乡约明信局
綦江区东溪镇人民政府 供图

陈洪义很受唐家照顾。清咸丰二年（1852），唐鄂生帮助陈洪义在昆明建立了麻乡约大帮信轿行，除将部分公文函件交其递送外，还发函给云贵川有关衙门要求给予支持和保护。很快，麻乡约大帮信轿行业务得以壮大发展，活动范围遍及西南各省。

同治五年（1866），年近半百的陈洪义将麻乡约总局迁至重庆西二街口子上。这一时期是麻乡约生意最兴隆的时期，在成都、嘉定、泸州、贵阳、昆明等地设立了分号，西南地区以至京津沪广，甚至滇缅、滇越道上的客货运输和信汇业务几乎全部由麻乡约包揽，各个分号业务应接不暇。凡托交的函件，虽穷乡僻壤，亦可送到。东溪古镇的麻乡约民信局也在这一时期建立。

麻乡约民信局快站信函中最出色的是"火烧信"和"么帮信"。火烧信是烧去信封的一角，表示是加急快递，需火速送到。么帮信，外用数层油纸包封以避免雨水浸湿，并缚一小木片，万一不慎落入水中不致沉没，还可以实现专人专递快速送达。

那段时期，入川的移民和故土麻城的信息沟通或经济往来，均依靠陈洪义的麻乡约。积累巨资后的麻乡约开始投资房产和土地，在重庆、贵阳、昆明等处置有大量土地。

光绪二十八年（1902），82岁的陈洪义去世，生意由其继室"麻老太婆"主持。这一时期，清政府在四川各地设立邮局，参照麻乡约民信局的分局地址和路线开辟邮路，并招收部分麻乡约有经验的信夫为邮差。除了政府强势介入这一行业外，各地开始兴建公路，长江航道上也有了民生公司等航运企业，大环境逐渐改变。此外，川、滇、黔军阀割据，混战连年，麻乡约常被迫为军阀办军差，各种捐款频繁，负担为同业之冠，因而元气大伤。最终，麻乡约被陈洪义的后代分别在成都、重庆以"麻乡蓉""麻乡渝"两块招牌租与别人经营，但承租人不务正业，代客走私，事故迭出，业务每况愈下。最终，麻乡约存在的最后时间定格在了1949年。

紫气东来，溪水长流。作为古代川渝地区沟通黔、云、桂的重要通道，盐茶古道上的99999块条形青石板，仿佛至今还缭绕着南腔北调的历史余音。东溪古镇书院街这条具有浓厚书卷气息的街上，老宅林立，若不是一块文物保护单位的牌子，丁字路口上的"麻乡约民信局"就会和其他老宅一样，淹没在古镇中。

如今，在民信局不远处，有中国邮政，有顺丰速递，麻乡约留下了一个历史遗址，东溪镇政府在这里建立了遗址纪念馆，还可以回望当时的旧景。

◆ 灵应岩

灵应岩石刻遗址，位于现綦江中峰镇龙山村长杆烟社灵应岩，距綦江城区44千米。近年来在此地又陆续发现大量同类石刻。这些数量庞大的石刻分布面积广，目前已发现三千多根，每组从几十根到几百根不等，其中3%左右留有题刻，雕刻年代为清代至民国时期。

这些被当地人称为"石桅子"的石刻，为什么会集中出现在这里？它们有何象征意义，隐含着什么样的历史文化信息呢？

关于石桅子的由来，目前，学术界比较普遍的一种说法是"生殖崇拜说"。特别值得一提的是，有一种石桅子呈宝剑造型，系国内首次发现。亚洲性学联合会副主席刘达临教授在现场考察后，称之为"东方十字架"。

生殖崇拜缘于远古人类对生命起源的模糊认识，实质上就是人类对生命的崇拜。1987年，人们在全国第二次文物普查时期发现了灵应岩石刻遗址，并予以科学确认。这对于当地历史及信仰研究具有实物参考价值。但石桅子的来历，迄今为止，仍是众说纷纭，充满神秘色彩。

有专家认为，宝剑造型的石桅子形似航船上的桅杆，类似沿海一些地方立木桅子祈求平安的习俗；也有专家猜测，石桅子的产生或许与湖广填四川时期的移民有关。不过，在当地老百姓心目中，这些石桅子就是为了求子而刻。

据说，当年曾有一条连通重庆与贵州的古驿道从灵应岩穿过。先民们纷纷立石桅子在古驿道两旁，以求绵延香火；在这里，石桅子之所以成对雕刻，大概也有"好事成双"的寓意。后来没有了立桅的地方，人们就在悬崖壁上开凿，以至于石桅子一直绵延清溪河两岸数十公里，成千上万，数不胜数。

经过仔细辨认，一些石桅子上还残留着或深或浅的题刻，有的时间清晰，有的内容明确，如"信民李忠国为父锡福延寿立……"，看来，先民们立石桅子并不仅仅限于求子，还广泛用于求寿、求福、求财。

在一处山崖下，远远就可以看到崖上的废弃土屋前，高高伫

◆ 灵应岩

綦江区中峰镇人民政府　供图

立着一根约4米高的石柱。不知道的人会以为那曾经是拴马桩，其实那也是一根石桅子。登上山崖，走近这根石桅子，发现因为风化严重，其外形已斑驳。据当地人介绍，这根石桅子原也为宝剑造型，只是已在岁月侵蚀中脱落，看不出它的全貌了。

站在石桅子下俯瞰山坡四周，视野开阔，清溪河像一幅画卷在眼前展开。清溪河流经此处，刚好呈现"S"形拐弯，使得幽幽青山和悠悠清溪嵌合一体，恰似一幅天然的巨幅太极图，为灵应岩的传说增添了不少神秘色彩。

到底是何人在此地兴起了立石桅子的风潮？热爱僚人文化研究的学者告诉我们，在綦江的历史长河中，曾经出现过一个独特的部族——南平僚。其先民自战国末年起就生活在山高林密的地方，有着神秘的生活习俗和自己的语言文字，还曾留下辅佐刘邦打下汉室江山的传说。

但这个最终消失在密林中的部落，与石棺子真的有关联吗？专家看来，石棺子主要集中分布在綦江，而在周边区域，如贵州、江津、万盛等地几乎难见，这或许真的与古代在綦江生活的僚人群体有关系。而这需要专家学者的深入研究与确证了。

◆ 韩国临时政府遗址

位于重庆市綦江区古南街道沱湾綦江河左岸，曾有几幢小小的青砖瓦房，虽不起眼却十分有名。抗战期间，这里曾是韩国临时政府在綦驻地，是中韩两国人民共同抗敌、结下深厚友谊的历史见证。

1910年，日本帝国强迫大韩民国签订"韩日合并条约"，从此韩国成为了日本的殖民地。一大批韩国爱国志士为赶走侵略者、光复祖国，进行了长期不屈不挠的斗争。1919年4月，旅居中国的几十名韩国热血青年在上海组织成立了临时政府。临时政府获得了中山先生的大力支持。1932年4月29日尹奉吉义士在上海虹口公园举义后，日军加重压迫，临时政府离开上海，经杭州、嘉兴、镇江、长沙、广州、柳州，于1939年3月来到綦江，1940年9月离开綦江到重庆。

大韩民国临时政府人员及其眷属107人在綦江待了一年半的时

间，他们主要住在綦江菊坡路、上升街、观音岩、新街子三台庄、沱湾临江街（当时李东宁、曹成焕、金九等重要领导人都住在沱湾临江街，赵素昂的父母住在三台庄，青年工作队住在观音岩）。在这期间，当时的綦江政府、綦江民众在物力、财力、人力方面都给予其大力支持和帮助。虽然这批韩侨在綦江只待了短短一年半时间，却和綦江人民结下了深厚的友谊，因此綦江也被韩国人民称为"第二故乡"。

1940年5月，韩国议政院议长、临时政府主席李东宁先生在綦江临江街病逝，享年72岁。追悼会在綦江菊坡路75号举行，由金九先生主持，中韩民众三百多人参加了悼念仪式，遗体葬于綦江城东石佛冈。直到1945年秋，这位韩国独立运动的导师和元老的骨骸才在綦江火化后运回韩国安葬。另外，韩国临时政府委员孙一民，外交部长的双亲赵祯奎、朴必阳也于同年不幸逝世，尸骨就地安葬于綦江。

直到今天，来华的韩国客人只要来到重庆，大多要来綦江看一看，追忆那一段并未走远的往事。

1939年初春，正是抗日烽火漫天的时节，韩国临时政府要员曹成焕受政府首脑金九（白凡）先生之托来到綦江，联系韩国临时政府成员及家属一百多人由广州经柳州内迁重庆，入住綦江的住房问题。县长李白英热情接待了曹成焕，并派专人带他去找开明绅士陈伯勋，以及饶范舟、屈星潭、魏二太太，协商租房问题，几位房东得知是韩国爱国志士租房，慨然允诺，并表示：我们两个国家同一个敌人——日本侵略者，韩国朋友远离家国，坚持反日复国，想来经济也不宽裕，房租全免，算是我们支持抗日了！

3月的一天下午，六辆军用汽车满载着临时政府人员来到綦江临江街禹王庙前的河沙坝子上。虽然经过半月的长途颠沛，韩国友人一个个疲惫不堪、面色黝黑，但他们精神振奋、秩序井然，一些青年人还用韩语唱起了反日歌曲："无穷花开遍三千里江山，昂首北望，那里是可爱的家乡……"

几位房东见韩国客人来了，将他们分别迎接到家，为他们烧好热水、做好丰盛的饭菜。热情周到的接待，让韩国朋友抛却一路劳顿，仿佛回到自己家里一样。

韩国朋友在綦江住下之后，总算有了栖息之地，但吃饭成了一大问题。那时临时政府经费欠缺，主要靠美洲爱国韩侨赞助，战争年月通信受阻，临时政府又不断迁徙，赞助款不能按时寄到。加上物价不稳，市场米价上涨，临时政府生活十分艰难。金九只好代表临时政府向县长李白英求助。李白英非常同情韩国爱国志士的艰难处境，敬佩他们不屈不挠爱国反日的斗争精神，但又不能将县上掌控的机动粮平价售给外国人，他略加思索并与城郊通惠乡联系后，便命警察署派人协助韩国朋友到通惠乡采购平价米。

粮食问题解决了，孩子上学的问题又凸显出来。金九又找到李白英县长。綦江没有外籍儿童到校读书的先例，李白英立即向四川省政府请示，说明情况。不久，四川省政府批文下来，特准韩侨子弟在綦江小学插班上学。这样，韩国小朋友就同中国小学生一起，同一课堂，同学方块字，同唱抗日救国的歌！

韩国独立运动元老李东宁年迈体衰，不服水土，不适应时冷时热的气候，加上生活贫困艰难，患上咳嗽、哮喘等疾病，无钱无医无药，竟一病不起。在弥留之际，他拉着金九的手，虚弱地说:"光——复——祖——国!"带着未遂的遗志离世了!金九找到王怀青、王少云,说:"东宁主席客死异国他乡,你们是本地人,有劳二位帮忙购置一块墓地,让东宁先生入土为安!"王氏兄弟有感于韩国友人待人很好,立刻回到村子里,一家一家询问,没有着落。他俩着急了,只好向族长求助。族长听说是安葬韩国抗日领袖,欣然从石佛冈自家坟地中选了一块最好的墓地,送给韩国朋友安葬李东宁先生。

长眠在綦江沃土的还有临时政府外务大臣赵素昂的父亲赵祯奎及其爱妻朴必阳。赵老先生憎恨日本侵占祖国,流亡中国二十

◆ 韩国临时政府旧址
　綦江区民政局　供图

余年，一直从事爱国独立运动。他五个儿子均从事反日复国运动，可谓一门忠烈。在爱妻逝世后，为了免除后代的牵挂，他投身綦河，以身殉国。他去世前，留下一篇告诫诸子的《遗训》："余年重八十，包羞苟生，即违渔溪先祖之灵训，中夜扣心，惕然自讼。汝等奔走光复数十年，余所求乎汝等者，非口实之养。汝等须专力至诚，为祖国独立而奋斗，不争功，不谋私，临大难而勇进，正其义而遇往，克己如临阵，则吾家遗风，庶乎近焉。"房东饶范舟先生有感于赵老先生光照日月的忧国忧民之心，毅然将自己的老鹰岩墓地赠送给赵老先生。綦江民众感动于赵老先生的高风亮节，作《招魂曲》以哀悼："时维九月西风凉，篱边朵朵菊花黄。韩人祯奎投江死，人杰千古美名扬。"

从1939年3月到1940年10月，韩国临时政府在綦江住了一年零八个月，除了安顿韩侨外，主要完成了两件大事：一是召开统一会议，完成了"三党统一"，成立了坚决支持临时政府的韩国独立党，为在华的韩国各抗日团体的团结联合打下了坚实的基础；二是召开临时议政院三十一届议会，增补议员，改组政府，增强了临时政府的战斗力、凝聚力，使临时政府成为领导韩国爱国同胞坚持反日复国斗争的最高指挥部。为了感谢綦江人民对韩国临时政府的大力支持与帮助，临时政府在迁入重庆市区前夕，在菜坝的露天广场举行了篝火晚会。晚会上，大家一起边跳边唱"争独立，求解放"，共同谱写了一曲中韩人民情深义长的友谊之歌！

大足区

◆ 邮亭铺

邮亭铺位于大足区东南部的邮亭镇，西接四川隆昌县，东邻永川区，成渝公路、成渝高速公路和成渝铁路、成渝高铁穿境而过，曾是重庆城前往大足石刻的必经之路。据嘉庆《四川通志》记载，"邮亭铺，在州东八十里……在县之南鄙，当锦江、渝州上下之冲"。

邮亭铺曾是明清时期成渝古驿道上的一个重要站点。成渝古驿道源于蜀汉，盛于明清，因在省府成都之东，故名"东大道"或"东大路"。在古代驿传体系中，大的站点称"驿"，小的站点称"铺"。

在整个东大路路线中，邮亭铺属永川境内的东皋驿管辖。古时商贾贩夫从璧山马坊桥出发西行，经界碑铺进入东皋驿，再从永川西外街出城，经双石铺、耗子铺、牛尾铺等地后，进入大足邮亭铺。

作为东大路上一个重要的站点，邮亭铺一直十分繁荣，铺内设有旅栈，旅栈前有一凉亭。古时由成都经荣昌送来的邮件，重庆经永川送来的邮件，大足送往成都、重庆的邮件，都交到旅栈的凉亭，由旅栈老板代为收发，县衙邮差每月按收发邮件的多少支付工钱。时间一长，凉亭就被人们叫成了"邮亭"，凉亭所在的这条小街就被称为了"邮亭铺"。

明清时期的邮亭铺还兼具重要的官方接待功能，在驿路运输系统中，它是供传递文书者或来往官吏中途住宿、补给、换马的处所，也是百姓往来和物资交流的枢纽。

因有了商机，商人们便在这里修建街房，开设食店、旅栈、茶馆、酒家、日杂货等多种店铺。商人的骡马队成群结队，晚上客栈、驿馆几近全满。铺中设有古戏台，为过往商客休闲娱乐解闷，称得上夜夜歌舞升平。

到了晚清至民国年间，四川战乱频仍，民不聊生，一些百姓为了生存只好落草为寇，包括邮亭铺在内的永川等地的山上都有不少"棒老二"（土匪），他们聚山而居，伺机抢劫来往客商，东大路成为了机遇与风险并存的一条商道。

1916年5月，年仅17岁、在重庆求精中学读书的张大千准备与同学一起结伴回家。由于大家的家乡都在东大路沿线，来自内江的张大千决定和同学一道，沿东大路走路回家。当他们走到大足邮亭铺时，就遭遇了麻烦。

张大千一行来到邮亭老街上的一个教堂，计划在此留宿。但让他们没想到的是，就在他们到达邮亭之前，当地的民兵团打死了两个土匪，当地人害怕土匪报复，人人自危，根本不敢收留外地人。

张大千等人只能通过翻墙的方式进入教堂留宿。谁知刚躺下

◆ 邮亭铺
　大足区邮亭镇人民政府　供图

没多久，邮亭老街上就响起了枪声。一行人赶紧起来逃命，但没跑多远就被土匪抓住了。张大千被抓后开始还十分害怕，后来就平静了下来。面对土匪的逼问，他一口咬定自己家里是开杂货铺的，没有多少钱。

土匪胁迫张大千给家人写信，让家里准备赎金。土匪头子见张大千的字写得很好，竟然让他当起了"师爷"。就这样，张大千为土匪足足当了一百天的"师爷"，在这一百天里，张大千被土匪挟持着辗转永川新店、来苏等地。他利用这段时间不仅自学了诗歌，还通过自己有限的权力，让一些无辜的民众免受折磨。

1916年9月10日，被绑架的张大千成功获救，顺利回到内江老家。后来张大千成为国画名家，在自己的回忆录中记录了这段与邮亭铺不得不说的往事。

今天的邮亭铺老街位于一座小山丘之上，残存仅两百余米。老街路面宽约两米，街上残留的房屋大多是典型的川东式穿斗房，多数已经残破不堪。相较邮亭铺过往的辉煌，今天的邮亭铺反倒以一道美食"邮亭鲫鱼"声名远扬，凡是走成渝公路，或是经邮亭铺前往大足石刻的人路过此地，都要停下来大快朵颐一番才算圆满。

璧山区

◆ 来凤驿

来凤在元朝以前名为王来镇，因三国刘备曾来到此地而得名。后因地处交通要道，朝廷在此设立驿站。当地一直就流传着"有凤来栖"的传说，据说曾有人还亲眼看见过凤凰；又相传元成宗铁穆耳曾在此娶妃，意为有凤来仪，"来凤驿"因此得名。

来凤驿是成渝古道上重要的驿站，翻过缙云山脉的老关口，就进入成渝古驿道璧山段。依次经过拖木铺、水口、二道牌坊，再过来凤驿、兴隆铺、帽子铺、丁家坳、马坊桥等地，然后离开璧山，西行成都。西去的客商艰苦跋涉之后要在来凤驿休整小憩，东来的商人在来凤驿留宿一夜后抵达目的地——重庆主城，来凤驿成为成渝古道上一个重要的驿站。

除了成渝古道，来凤驿还有一条璧南河自北向南流过，这样的水陆便利使得来凤驿具有极大的交通优势，因此来凤驿与龙泉驿、双凤驿、白市驿、南津驿并称为成渝古驿道上的"五大名驿"。到了明清时期，来凤驿成了成渝古驿道上最大的一个商驿，据清乾隆年间的史料记载，那时来凤驿设马十一匹、马夫五名、扛夫十六名。

清嘉庆举人杨庚，四川江安人，后任湖北武昌知府，途经来凤驿，写下了《三月五日来凤驿钓台饮酒即事》：

> 沿溪踏遍草木香，路转平台水一方。
> 对岸桃花迎我笑，过桥柳絮比人忙。
> 酒旗野径多新店，渔艇江天似故乡。
> 醉与邻翁闲话久，奚童催别指斜阳。

从诗句中不难看出来凤驿风景优美、商业繁荣。直至近代，来凤驿仍是川渝两地间重要的商业集镇。资料显示，1938年，来凤驿仅织布业、染织业的营业额就达到四百多万元。1946年，重庆、江津等地商人在此设立土布商号七十多家，本地人开设的各种店铺超过五百家。后来来凤驿从官方驿站变为民间集镇，成为璧山、江津一带重要的盐、糖运销和批发地，繁荣的业态使该地获得"小重庆"的称号。

抗战时期的璧山来凤驿可谓名流际会，国学大师梁漱溟曾在来凤驿创办私立勉仁中学；哲学家熊十力曾在此避难，并增订哲学著作《十力语要》；教育家黄炎培以《来凤驿》为题，创作了散文诗。

1933年，历时六年修建的长度为438千米的成渝公路通车。汽车的开通，极大地冲击了以马匹、人力为动力的成渝古驿道交通和贸易的功能，比如来凤到老关口一段就从此废弃了作为成渝干道的功能。但是来凤驿却是成渝公路必经之地，不但没有受到冲击，反而比以前更繁华。在这种背景下，"来凤鱼"横空出世。来凤鱼由康熙年间来凤驿有名的邓家鱼馆创制，数百年来经历代烹

◆ 来凤驿：凉桥
璧山区档案馆　供图

制大师在继承川菜传统手法的基础上，烧制出了以麻、辣、鲜、香、嫩为主要特征的"来凤鱼"，受到过往食客的喜爱，风靡一时。往返重庆、成都的人们不管是去还是来，均要在来凤歇息并美美地享受一番鲜鱼的滋味，来凤鱼声名大噪，成为一个菜品的传奇。

　　1995年成渝高速公路开通，这条高速公路绕开来凤而去，更惨的是没有在来凤留下出道口，人们想吃来凤鱼就非常不方便了。来凤鱼的名气渐渐暗淡，其地位被翠云水煮鱼替代。再后来旧城改造，老房子拆了，高楼拔地而起。来凤古驿连同璧山境内的成渝古驿道从此仅保留在世人依稀的记忆中。

"古驿苍茫落照西，临邛凤羽漫称奇。千寻绝壁分丹穴，百尺高梧忆旧栖。"——这是清代诗人王梦庚途经来凤驿时留下的感慨。2021年，以来凤驿为核心景点之一的璧山古道湾公园正式开园。公园将成渝古道东大路的历史场景作为建设背景，建成古驿站、古村落、古茶铺、古酒肆、邮驿递铺、梯田花海等十四个主题场景。畅游其中，领略璧山古道的精彩故事，不失为休闲放松的好去处。

◆ 凉亭关

据《巴县志》记载，"凉亭关道出璧山，直上五里，重山延秀，高耸入云，其上杂树交荫，青若施黛，里人因险筑关，跨据两县"。

旧时成渝古道交通有两条路线，一条为成渝南道，后世习惯称呼为东大路。另一条为成渝北道，后世习惯称呼为东小路。东小路在唐宋时期一直是作为成渝之间的主要官方驿道，因为走东小路比东大路要少走一百三十多千米的路程，所以即使是在民国时期，从成都返重庆的客商仍大多选择走东小路。凉亭关是东小路上的一个重要节点，前接璧山县城，后连虎溪场。而让凉亭关声名大噪的除了跨据两县的地理位置，更重要的是因为那些历史上著名人物和凉亭关千丝万缕的关系。

沿着石板古道行走于密林之间，穿过凉亭关摩崖节孝碑群（目前存留九块节孝碑和一块德政碑），拐过一个小弯，一座简易小桥横跨小溪之上。旁边三岔路口石壁上刻有指路碑，字迹虽然模糊，基本上也能判断出大致方向，三个箭头分别指向璧山、高滩与凉亭关。

沿着小溪旁边的石板古道上行不远，一道巨大的石梁横亘路中。石梁上有人工凿刻的平台，平台周边有人工凿刻的方孔，这明显是以前架构木结构建筑的榫孔，只是现在建筑物已经荡然无存，只留下这些孔洞。这个地方当地老百姓叫龙床，为什么叫龙床呢？原来在七百多年前的重庆，发生了一件影响世界历史走向

◆ 凉亭关：古碑刻
璧山区档案馆　供图

的重大事件。1259年，元宪宗蒙哥在钓鱼城中流矢受伤而撤军，后在北碚温泉寺驾崩，运送其灵柩行经温汤驿（今璧山六塘）途中，在凉亭关有停灵祭祀仪式，这也是凉亭关龙床的由来。其灵柩北归路线为沿温汤驿、凉亭关、铜罐驿，经长江水道至武汉，然后从陆路北归。因为那时候重庆主城至合川钓鱼城的嘉陵江水道以及南充、广安、广元、营山尚在南宋军队的控制之下，而重庆下游的长江水道以及武昌已为元军大将纽鳞所控制，所以蒙哥的棺椁从璧山走也说得过去。

龙床并没有留存的石刻或者其他形式的标志来说明蒙哥灵柩曾经经过此地，倒是不远处的龙泉寺旁边的岩壁上刻着"蒙哥棺"三个隶书大字，看字面的意思好像蒙哥埋在此处，其实山崖之上并没有墓穴，也没有相关墓志铭碑。"蒙哥棺"三个字到底何人所书、何时所刻已经没有办法查证，但是人们情愿相信蒙哥就是死在这里，一场侵略的战争带给了人们痛苦的记忆，人们自然用自己特有的方式表达不满情绪。

璧山是人文荟萃之地，历史上出了两个状元，一位是冯时行，另一位是蒲国宝。除了在县域内建造了状元牌坊，凉亭关作为进入璧山的第一道关口，自然少不了向外界宣传两位状元的举动，凉亭关的石碑上曾经刻有"尝怀抗疏冯时行，太息通经蒲国宝"的对联，一副对联就把两位状元的生平与追求表述得淋漓尽致：状元冯时行主张抗金，却被排挤，直到秦桧死后才被重新起用。状元蒲国宝潜心治学，成绩斐然。蒲国宝还精于书法，尤其善于榜书，今重庆渝北区鸳鸯街道多功城遗址中的翠云寺内尚存其手书"天池寺"匾额。

有人的地方就会有寺庙。凉亭关曾经有一座建于清乾隆年间的龙泉寺。今天当地村民在古代寺庙遗址上复建龙泉寺，庙内供奉有观音大士、横三世和竖三世佛、土地爷、财神爷、药师佛、孔圣先师、送子娘娘等各路神佛，这些身份各异的神像聚集一堂，披红挂彩，每一尊塑像都寄托着人们淳朴的念想，人们希望生活平安遂顺，万事如意。

凉亭关古道基本保留了原始古朴的旧貌，阳光在古道两旁留下斑驳的光影。如今，从璧山城区至金剑山天池的盘山公路虽已开通多年，但当地的许多老百姓上下山，还是喜欢走古道。用他们的话说，这是一条捷径，特别是下山，省时又省力。

铜梁区

◆ 林森公馆

在铜梁区的东南方，西温泉山与巴岳山之间的浅丘地带，是铜梁区的虎峰镇。这里靠近重庆小十景之一的"巴岳游龙"等景观，风景优美。在虎峰镇的峡风村，有一处很低调的建筑，这里就是抗战时期的国民政府主席林森的别墅，也被称为林森公馆。

林森是中国近现代历史上的知名人物，生于1868年。1898年，他在台湾加入兴中会，进行反清抗日活动。1905年林森创办福州阅报社。1911年10月23日，他在九江响应武昌起义，任九江军政府民政长。1912年1月，林森任南京中华民国临时政府参议院议长。1913年4月，出席北京第一届国会，被选为参议院议长。二次革命失败后，林森去了日本和美洲。1916年7月，回国任广州孙中山大元帅府外交部部长。1918年10月，被选举为参议院院长兼宪法会议议长。1921年1月，任非常国会议长。1922年，出任福建省省长。1924年1月，林森被选为国民党中央执行委员，并担任国民党海外部部长。1925年3月，孙中山逝世后，成为西山会议派领袖之一。1925年7月，广州国民政府成立，被选为常委。

1927年开始，林森历任国民党中央政治会议委员、国民政府立法院副院长、国民政府任务委员会委员长、国民党中央监察委员。

1931年1月21日，林森任国民政府主席。3月，国民党中央常委会选其为立法院院长。4月，国民党中央四名监委通电弹劾蒋介石，时林森虽在国外，也列名其中。12月，蒋介石下野，林森被推为国民政府代理主席，并确定主席为国家元首，不负实际政治责任。1932年元旦，林森就职为国民政府主席。1936年12月西安事变时，林森代理国民党中央政治委员会主席，明确表示认可张学良部队是爱国的，促成西安事变和平解决。1937年10月，国民政府西迁重庆，林森只身入渝。不久，北平、南京相继成立伪政权，林森发表严正声明，并发布明令通缉汉奸头目。国民政府迁都重庆后，1938年初在西温泉附近修建林森公馆，林森在抗战期间有时会来此居住。

1943年5月12日，林森从重庆林园的家里坐车去接受加拿大驻华大使呈递的国书。在途中与一辆美国卡车相撞，林森当场受伤被送进医院，经抢救无效，于1943年8月1日在重庆去世，终年75岁。国民政府为林森举行隆重国葬，将林森安葬于重庆市歌乐山南麓林园内。

林森虽然贵为元首，却堪称"平民元首"，过着平民化的生活。他的衣食起居都很清淡与素雅。在住宿方面，林森也崇尚简约自然，喜欢清静的环境。他在南京的故居十分狭窄，洛阳期间的居处也相当简陋。到重庆后，开始的时候住在李子坝，后来住

◆ 林森公馆
铜梁区民政局　供图

歌乐山林园。林森对住宅要求的简单，从他在铜梁的公馆就可以看出。林森公馆只是一栋简单普通的木结构建筑，建筑风格为混合式，坐北朝南，面阔3间15米，进深3间12米，是中式的歇山顶，小青瓦覆顶，夹壁墙，外漆深灰色，当年约有200平米左右的总面积。公馆周围环境幽深静谧，也非常符合林森对居住环境的要求。

如今铜梁的林森公馆保存较为完好，离319国道只有几分钟路程。对面是林森题写牌匾名的西温泉，非常有名。虽然林森公馆有着八十年的历史，遭受了多次的洪水侵袭，但在当地文物部门的大力抢修下，林森公馆的主楼保持了当年的样貌，之前的厨房、炮楼等，由于风雨侵蚀都垮掉了。当年附近还有很多国民政府重要人物的公馆，但如今都垮掉了。林森公馆主楼的地下，为悬空的石柱支撑，不仅可作为战时物资的储备库，还能作为紧急时的避难所。这些柱子经历了八十年时间，依然非常坚固，有了它们的支撑，才使得林森公馆主楼得以屹立不倒。近年来，林森公馆已对外开放，成为一处抗战文化教育基地。

潼南区

◆ 青石坝

位于重庆西北部的潼南区，自古以来都属于巴蜀之间的交界地带，现在也是重庆西部与四川的交界之地。在潼南区的玉溪镇，有一个叫青石坝的地方，是古青石县城所在地。

西汉高帝时，现潼南地域属于广汉郡广汉县。到了蜀汉时期，这一带一部分属于广汉郡德阳县（今遂宁市城区，不是现四川省德阳市旌阳区地域），一部分属于犍为郡。到了西晋设置了遂宁郡，郡治在现潼南区大佛乡，下辖德阳县。孝武帝时，潼南地域从德阳县分出来单独设立晋兴县，这是潼南境内置县的开始。到了南北朝，晋兴县改名叫始兴县。到了隋朝，文帝开皇十八年（598），改始兴县名青石县，如今的潼南地域分别隶属于安居、青石两县。炀帝大业三年（607），遂州改为遂宁郡，青石县就隶属于遂宁郡。

唐朝的时候，遂宁郡又变回了遂州，青石县仍然属于遂州。唐中宗景龙二年（708），青石县被分出，建立遂宁县，县城在今潼南原大佛乡下县坝。宋神宗熙宁六年（1073），青石县又被并入遂宁县，第二年，重新设立了青石县。元朝至元十九年（1282），将遂宁和青石两个县合并为小溪县，自此，青石县这个县就成为一个历史名词。

当年的青石县为什么要叫"青石"？《旧唐书·地理志》认为是因为境内有座青石祠。而《寰宇记》认为是因为境内有座青石山。常璩的《华阳国志》则记载："德阳县有青石祠，青石祠在青石山。"也就是说，当年这里有座青石山，青石山上有座青石祠，所以才得名叫青石县。

那么，青石祠的来历又是怎么样的呢？原来，在周朝的时候，这一带属于蜀郡的广汉县管辖，后来被秦朝派兵攻占。因为这个地方死在战场上的人相当多，当地就建了一个忠义祭祀祠。祭祀祠都会刻一个名单，于是人们就把忠义名单刻在了青石碑上，所以这个祭祀祠就被叫作"青石祠"。到了重大节日，四面八方都会来拜祭英烈忠魂。到了楚汉相争时，青石祠被焚毁，青石碑就被抛弃到了涪江边上，成为当地村妇的搓衣板。但神奇的事情发生了，村妇们发现，在这块青石碑上洗衣服，心中想要什么颜色，青石就会把衣服染成什么颜色。一时间，"石头会染色"成了十里八村的奇谈。不久之后，这件事就传到了吕后的耳朵里。吕后命令樊哙将军用船将青石碑运到京城。没想到的是，船没开多久，河上就起了大浪，青石就掉入了水中。樊哙深知心狠手辣的吕后不会放过自己，就驻扎下来，在河里不分昼夜地打捞，三个月过去了，却一无所获。那边吕后等急了，就派人来问，樊哙在逃跑中被官兵所杀，而青石碑就永远地沉在了涪江中。

青石县当年是相当繁华的,哪怕是被并入了小溪县,青石坝地域依然经济繁荣,非常热闹。可惜的是,明朝正德年间,在短短五年内,这里经受了地震、冰雹和洪水的侵害,县城变成了废墟,昔日的繁华就淹没在历史中了。如今的青石坝属玉溪镇的青石村,如缎带一样的涪江从村边流过。在青石村下游的三公里,就是它所属的玉溪镇了。现在的青石坝,是一个土地肥沃、物产丰富的鱼米和蔬菜种植之乡,但是在这一派田园牧歌的画面之中,谁也想不到,早在千年前,它曾经是多么繁华的一处城郭啊。

荣昌区

◆ 施济桥

荣昌城西，濑溪河上，一座石拱桥静静伫立。这座桥就是建于北宋仁宗年间的施济桥。它是成渝古驿道的必经之地，在重庆市地理信息中心发布的《重庆古桥地图》中，施济桥被鉴定为重庆现存年代最久远的石拱桥。

重庆河流众多，所以桥也多。

重庆最常见的古桥为石拱桥，各地乡间时常能见到，乌江上游、渝东南地区以廊桥著称，渝东北则多索桥。在重庆众多古石拱桥中，两座奈河桥和"三无桥"特别值得一提。两座奈河桥，一座是重庆人熟知的丰都名山明代奈河桥；还有一座是璧山县茅莱山上四孔石奈河桥，此桥建于南宋，至今保存完好。而"三无桥"是位于巫山县培石乡的三座石拱古桥"无夺桥""无伐桥""无暴桥"，三桥均建成于1890年。究其得名，无夺指不夺农时、少征劳役，无伐指有德行不自夸，无暴指有功不显耀，均含警示世人尤其是为官者要重视民生、多为民做好事之意。三峡水库蓄水,"三无桥"均已易地复建保护。此外,在廊桥当中,最出名的是秀山的客寨桥。客寨桥长59.4米、宽6.59米,石墩木面,它是桥,也是集市之地、避雨休憩之所,具有典型的土家风格。

重庆究竟有多少座古桥?《中国文物地图集·重庆分册》共收录了重庆市现存的古桥近八百座,其时间跨度从北宋延续至民国,其中绝大部分为清代古桥,有七百多座。

荣昌城西濑溪河上的施济桥,又名思济桥,由北宋朝宰相文彦博命名为思济桥。桥长110.5米,7孔,每孔跨11米,石板铺面。与之差不多年代修建的还有涪陵马武镇的碑记桥。碑记桥单孔净跨14米,建于南宋绍熙年间,至今仍保存完好,两桥均为重庆市文物保护单位。

◆ 施济桥
荣昌区民政局　供图

思济桥桥不高，夏季涨水，常被水淹，行人通行不便。我们现在见到的施济桥是民国时期的桥面。思济桥桥面因为洪水被冲垮，大家集资修建，建成之后更名为施济桥；因每孔正中均竖有圆雕石狮一座，又俗称"狮子桥"。整个桥虽经维修，但是主体依然保留宋朝修建的基础，是不可多得的桥梁文物，不管是学术还是历史价值都极高。

史料记载，桥头曾立过一块石碑，上书"川东保障"四个大字。

清末席卷全国的太平天国运动造成依赖淮盐的湘鄂两地无盐可食，清政府遂下令川盐济楚。当时，施济桥是川盐济楚的必经之地，它也是川盐入黔的必经之地，因此被誉为"川东保障"。这座古驿桥还是成渝交通运输纽带中的连接点，施济桥1929年用作公路桥，是成渝公路必经之桥。

"文化大革命"期间施济桥上的石狮被砸毁，并更名"工农桥"。1997年12月被其旁边新建的施济桥取代，新的施济桥为圆弧形，桥面高于老施济桥，可以通行汽车。古施济桥就成了只供行人行走的桥。

由于施济古桥二十年没有通行各类汽车，桥的两侧长满了绿色植物，其中一个桥墩上还自然生长了一棵黄葛树。

施济桥不仅位于交通要塞，也曾因其宁静秀美的风姿而颇获诗人青睐。"十里晚烟迷古渡，二月分明印长桥"，这是清代荣昌教谕谢金元对荣昌八景之一"虹桥印月"的真实描写，虹桥即是老施济桥。民国时期，著名的白屋诗人吴芳吉路过荣昌时，也曾写下了一首题为《施济桥》的诗篇，诗人这样形容施济桥的美景："山水光辉映，吾行御空飞。不觉两岸远，但来天香微……"

◆ 安富

　　安富街道，地处荣昌区西部，东邻广顺街道，南接清江镇和清升镇，西与四川省隆昌市接壤。安富取平安和富裕之意而得名。

　　荣昌古称"昌州"，素有"重庆西大门"之称，共有九个镇街与四川的十一个镇街相邻。清代荣昌教谕谢金元描述荣昌的地理特点为"地接巴渝据上游，棠香自古属昌州"。正因为如此，这里自古以来就是交通要道和客商云集的重镇，荣昌安富更是成渝古驿道上著名的"五驿四镇三街子"中的"四镇"之一。清康熙四十一年（1702），安富镇建置。

　　起初安富驿站只有几间草房子，后来随着"湖广填四川"移民的加入，渐渐发展起来，尤其是安富陶业的大力发展更是带动了整个小镇经济繁荣。经济繁荣之后的移民们陆续建庙宇，如南华宫、惠民宫、禹王宫、帝王宫、火神庙等。人们紧挨着这些庙宇修房造屋，并以街为市，规模不断扩大，至民国初年形成热闹的街市。"安富场，五里长，排列泥精列成行，前山矿子后山炭，中间窑烧陶罐罐"，这句耳熟能详的民谣生动地表述了安富镇的盛况。

　　沿着成渝西路西行到安富街道，一只高度为18米的泡菜坛子屹立眼前，这只泡菜坛子也是小镇的入口。根据史料，荣昌陶器最早出现于汉代，明清时代得到广泛发展，现在是整个西南地区最大的陶瓷生产基地。而荣昌陶最集中的地方当属安富街道，安富陶器"红如枣，薄如纸，亮如镜，声如磬"，尤其叫人称绝的

◆ 安富

荣昌区安富街道办事处　供图

是，安富陶器所储藏的物品不串味、不变味、不渗色，可以长期保质、保味、保鲜。尤其是泡菜坛子，在国际上享有盛名，曾经一度出口达年32万只。

在安富，陶就是小镇的灵魂，而优质的陶器离不开优质的土壤，安富红泥含铁量高，故而显示出红色来。而白泥主要含三氧化二铝、二氧化硅和少量的铁，安富泥料质细色正，可塑性强，烧结性能好，含水率低，烧失率低，埋藏浅，是最佳的陶瓷原料，素有"泥精"之美誉。四川美术学院的江碧波教授看上了这两色泥土，取红泥为本、白泥为图，或反之，所制作出来的陶盏、陶碗、陶瓶、陶罐，个个具有薄如纸、亮如镜、声如磬的特色。无论直筒、扁壶，还是双耳罐、敞口瓮，白中入红、红中有白，妙趣天成。

安富街道的安陶博物馆总占地近一万平方米，博物馆内收藏有自宋代以来的历代藏品近3000件，均系各个时期安陶的代表作品。馆内设有陶艺大师工作室，设有参观者交流、体验及制作区域，来访者可以亲自制作陶瓷作品。

2005年重庆文物考古部门对刘家拱桥宋代瓷窑遗址进行了试掘，出土大量宋、元陶瓷，同时在安富陶瓷厂一带发现明、清龙窑6处，阶梯窑、平窑遗址18处。从宋初到近现代，特别是明、清、民国乃至近现代，这里生产了许多绚丽多姿的釉陶和素烧陶制品。因此，重庆荣昌跟江苏宜兴和广东石湾一起被誉为我国三大陶都。荣昌安富陶器（简称安陶）又跟江苏宜兴、云南建水、广西钦州陶器一起被称为我国四大名陶。

荣昌区安富街道规划了陶都自然风景区，整个风景区占地10961亩，有古宋陶遗址，明清时代龙窑、阶梯窑等25处，其中，刘家拱桥的宋陶遗址有两平方千米，遗址陶瓷碎片堆积如山，其中不乏精品。人称"九宫十八庙"之一的"火神庙"在安富街道也保存较为完好。今天在陶都风景区修建了飞檐翘角，古色古香的巴渝古民居，街边随处可见精美的陶艺装饰品，漫步这条老街，宛如穿越回到了古时安富场五里长街。

◆ 夏兴窑

　　夏兴古窑位于荣昌安富街道垭口村的鸦屿山瓦子河畔，是目前荣昌区保存得最为完整的清代古窑遗址。夏兴窑从1802年点火，1876年进行过一次大修后，直到2002年闭窑，窑火整整燃烧了200年！

　　自从人类掌握了火，制陶也随之展开。泥土烧制成红砖的温度大约是800℃，制成粗陶的温度大约是1200℃，而制成精陶的温度大约是1500℃。重庆最早的陶制品是在巫山大溪文化遗址被发现的，这里以红陶为主，距今已有五千多年的历史。而在宋代，

◆　夏兴窑
荣昌区安富街道办事处　供图

重庆南岸区的涂山窑名气大，据说是"重庆的建窑"。明末由于战争的因素，巴渝一带人口剧减，百废待兴，重庆的制陶业也不例外。

康熙十年，湖北籍手艺人肖氏移民四川，途经荣昌，在发现了当地残留的窑址及上好的陶土，就留在安富重续窑火。肖氏家族后来开办中兴窑。1802年彭玉棠开办下兴窑，即今夏兴窑，接着周玉龙开办万利窑，万世宪开办万兴窑等，制陶业渐渐兴盛起来。有一句谚语描述了当时制陶业的盛况，"安富场，五里长，瓷窑里，烧酒坊，泥精壶壶排成行，烧酒滴滴巷子香"。

这些陶窑当中的佼佼者当属夏兴窑。夏兴古窑是利用山地斜坡兴建的阶梯窑，阶梯窑从高处往下看似龙的形象，因此也被称为龙窑。夏兴窑坐东北向西南，由窑门、窑室、烟囱、观火孔构成，燃料可用柴和煤，占地四亩多，当时来说是一座规模数一数二的大窑。作业时，在窑室内码装坯体后，将所有窑门封闭，先烧地势最低的窑头，由低向高依次投柴或煤，逐排烧成。一般阶梯窑的宽度只有1米，而夏兴窑宽9.62米，整个窑体由11个窑室串联而成，每一个窑室的侧面都有三个大小不一的方形观火孔。

安富街道的陶器以缸、钵、坛、罐等粗陶为主，也有花瓶、罐、茶壶、文房用具等高档产品。荣昌陶以"红如枣、薄如纸、亮如镜、声如磬"为特征，与江苏宜兴紫砂陶、云南建水紫陶、广西钦州坭兴桂陶并称为"中国四大名陶"，曾作为国礼被赠送给各国政要，还大量出口到国外。荣昌陶制作的泡菜坛有久储不坏的特点，1964年，荣昌泡菜坛开始作为包装陶出口国外，最多的一年出口32万件。这算得上荣昌陶的高光时刻，也是夏兴窑最值得怀念的时代。除了制陶产量远销国外，夏兴窑还培养了一批制陶大师，比如现在荣昌大力扶持的吉芬窑的创始人刘吉芬就是在夏兴窑开始学徒生涯的。荣昌陶传统制作重庆市级传承人梁先才也是从夏兴窑开始学徒生涯的。如今这两位大师都在安富设有工作室，一边制作陶艺品，一边传授制陶技艺。他们的陶艺作品多次获奖。

到了20世纪90年代，随着人们生活方式的改变，搪瓷产品的兴起，土陶产品渐渐没落。再后来更为环保、效率更高的电窑出现，逐渐代替了以柴火和煤炭烧制的土窑，夏兴窑也未能幸免，在2002年，燃烧了200年之久的夏兴窑关闭。

2012年，夏兴窑被重新修缮，当地老工匠以传统手法采黏土制作土砖，重新起拱修复了夏兴古窑垮塌的窑身部分，在窑身四周建了土砖立柱，屋顶用杉木搭架，串檩子，盖小青瓦。古窑内壁经炉火历练泛着金属质感的青灰色重新出现在众人面前。

夏兴窑旁边有一座窑王庙，窑王庙的神龛上供奉着面容慈祥的石刻窑神坐像。以前窑主每次烧窑点火前都要举行祭窑王仪式，杀鸡宰羊，祭拜窑神，祈祷烧窑顺利多出精品。祭祀窑王是安富陶文化的一部分，现在这个民俗已经演变成安富街道旅游项目之一。

窑王庙有一副刻于光绪丁丑年的楹联："万人同绿日月久，天下文章共成裘。"横批："为善最乐"，可见当时的人们已经有强烈的环保意识，资源共享意识。

如今，瓦子河两岸只留下层层叠叠的陶片，河水依旧流淌，夏兴古窑已成为一处历史遗迹展示地，没有了逼人的光与热，但它却以另外一种面貌出现在鸦屿山上，逆风生长。

开州区

◆ 盛山

盛山早先为开州的行政称谓。北周天和四年（569），东关郡划归通州，开州移治新浦（今开州区南门镇）。隋开皇十八年（598），改永宁县为盛山县，因背靠盛山而得名。广德元年（763），改盛山县为开江县。新中国成立后，此地置盛山区，辖大慈、大德、大梁、九岭、镇安、镇东、文峰、川心八个乡。

古时建房筑城，十分信奉风水。若前有河水环绕、中有开阔原野、后有山脉连绵的地方，堪舆学称之为"玉带缠腰，前照后靠"，是绝佳的形胜宝地。而盛山县所处的老城坝子，就具此奇妙特征，以至若干年后清道光年间，石彦恬在编修县志时，还对此地大加赞赏："面毗卢之苍翠，枕盛山之巍峨，澎溪带其右，清水环其左，雄峙巴国，冠冕夔巫。"

清咸丰《开县志》引《夔州府志》明确说："盛山在县北三里，突兀高峰，为县主山。山如盛字，故名。"是说县城北面的山头，轮廓形状像个"盛"字。从前，原县城人民路外围一带还没建房子，是一片宽长的农田，阡陌纵横，静卧于凤凰头下面。面北远观，田原如"皿"山如"成"，上下相连，恰如一"盛"字。因此，历史悠久、广为流传的盛山，不在别处，就在建有长廊的凤凰头这座山。唐朝开州刺史韦处厚的盛山十二景诗，就是他多年游乐此山，触景生情而对盛山的歌咏。

开州地处重庆东北部，西邻四川开江，北依城口和四川宣汉，东毗云阳和巫溪，南接万州，早在春秋时期就属巴国。从东汉建安二十一年（216）刘备设汉丰县至今，开州已有一千八百多年历史。

然而，在很长一段时间里，世人眼中的开州只是一个蛮荒之地。直到唐元和十三年（818），从考功员外郎被贬谪至开州任刺史的韦处厚（韦处厚后来官至丞相）在此写下十二首诗，世人对开州的印象才有所改观，而诗中所提及的开州盛山更是声名远播。

这是怎样的十二首诗，为何能改变一个地方在世人眼中的固有印象？盛山又是一个怎样的地方，为何让人以诗咏之？

故事要从韦处厚被贬说起。公元818年，韦处厚被贬谪至开州任刺史，时任侍御史的温造也被贬至开州做司马。韦、温两人到开州后，发现开州虽然地处偏僻，却如《隋书·经籍志》所记载，是"水陆所辏，货殖所萃"之地。

原来，开州地处渝东北腹地，在古代是城口、宣汉、巫溪、陕东南一带到蜀中或到长江出夔门的必经之地。开州城区更得澎溪河之利，成了这些地区的物资中转地和往来客商的聚集之所。再加上开州城北三十里是川东四大盐场之一的温汤井盐场，这些原因和条件，让这里成了商贸繁华之所、交通枢纽之地。

闲暇时，韦处厚、温造二人常结伴同游坐落于开州城北侧的盛山。盛山因草木葱茏，又能登高望远，让两人时常流连忘返，韦处厚也因此写下了总计十二首的《盛山十二景诗》。三年后，韦、温奉诏返京时，元稹、白居易、张籍、严武等诗坛名流，纷纷写诗唱和《盛山十二景诗》，应和者达数十人之多，遂联成大卷，并由唐宋散文八大家之首的韩愈作序。一时间，整个京城"家有之焉"。开州之名遂著于世，盛山也随之声名远播。以至于到了清朝，奉节举人曹贵珍都还对此感叹："千秋鸟迹山形在，一代诗人纸价高。"

盛山十二景中的宿云亭、隐月岫、流杯池、琵琶台、盘石磴、葫芦泽、绣衣石、瓶泉井、桃坞、茶岭、竹岩等十一景都在盛山之上，只有梅溪蜿蜒流淌于山脚。时至今日，只有宿云亭、琵琶台和竹岩三景可见了。《盛山十二景诗》于开州，不仅让开州和盛山声名远播，更重要的是自此之后，开州文风盛行，人才辈出，至清代遂成为远近闻名的举子之乡。

如今，除原有的盛山公园外，这里还建起了盛山植物园，人们可以饱览自然风光、人文景观，沉浸于浓郁的乡村民俗风情。随着乡村振兴战略的实施，盛山已成为远近闻名的游览胜地。

◆ 盛山
　　开州区摄影协会"山沟老乡"　供图

梁平区

◆ 双桂堂

双桂堂，位于梁平区金带街道万竹山上。

双桂堂的由来，和明清时代著名的破山禅师有直接的关系。破山禅师是四川大竹县人，生于明万历二十五年（1597），俗姓蹇，名栋宇，字懒愚。他十九岁在城口香山妙音寺出家，之后遍游名山，遍览佛教经典。破山禅师熟谙诗文，精于书画。当年破山禅师遵师命，背着桂树来到了梁平地界。这一天，他落脚在万竹山，半夜里山间突然霞光四射，钟鼓齐鸣。周围的村民前往围观，只见破山禅师正在打坐参禅。他跋山涉水背着的两株桂树已落地生根，桂花香飘四溢。于是他就在这双桂落地的地方建立禅院，取名叫"双桂堂"。

和一般佛教寺庙以"寺""庙"命名不同，双桂堂之所以如此特别命名为"堂"，是因为这儿原来是一个旧式的学堂。后人也因此称双桂堂是西南禅宗的大学堂，"教育"出一大批方丈与住持。事实也的确如此，破山法师的弟子不仅遍布西南各地，甚至在东

◆ 双桂堂
梁平区民政局 供图

南亚一带都颇有影响；他们也重修了许多毁于战乱的寺院，此派禅宗成为西南汉传佛教的主体。所以双桂堂有"渝川滇黔禅宗祖庭"的称呼，并被尊为"堂"。

双桂堂始建的时间是清顺治十年（1653），历经破山、竹禅等祖师，修建有七殿、八堂、八院，全寺占地面积约七万多平方米。寺院坐东朝西，殿堂为木石结构，有大山门、弥勒殿、大雄宝殿、戒堂、破山塔、大悲殿、藏经楼等七种建筑。该寺最后一次修整是在1980年，在这次修缮中，所有建筑全部修复一新，并新建了五百罗汉堂。

大雄宝殿是双桂堂的主要建筑之一，其大殿在光绪年间扩建，足足耗时五年方才建成。大雄宝殿为三层宫殿式建筑，底楼有石雕狮、象，中层高悬名人题刻，三楼有龙凤浮雕，屋脊正中是雕花宝顶，连脊通高十六米。支撑大殿的52根石柱，柱长三丈，直径三尺，每根重达二万余斤，全凭人力从百里之外运来。双桂堂的两侧有厢房、僧舍三百余间，长廊相连，有天井、海观四十二口，周围有白莲池、后缘池、花园等景观。整个寺院古朴典雅，环境清幽。

双桂堂还存有大量的文物、名人字画和佛像，具有很高的艺术价值。保存的文物有237件，最著名的是铜佛、竹禅画和玉佛，分别被定为国家二、三级文物。1990年5月2日（农历四月初八佛诞日），双桂堂举行了玉佛开光典礼。玉佛为缅甸白玉雕琢而成，重1.3吨，高1.6米，精美庄严。双桂堂还有其他佛教文物66件，比如清代雍正皇帝御赐的一部《藏经》，天聋、地哑、铜锣、铜鼓四种，各类石刻、碑记多块。还有11世纪用梵文写的《贝叶经》106页（被盗），其他佛经七千多册。另外双桂堂还有名人字画61件、佛像110尊，寺内另有僧舍利塔四座、金带一领、舍利子一颗，其中舍利子是竹禅和尚从五台山请得，被视为镇寺之宝。

双桂堂在中国及东南亚佛教界的地位崇高，被称为"西南丛林之首""第一禅林""宗门巨擘"。建成后吸引诸多名人来此。吴三桂驻节陕西汉中时，以夫人的名义派专人来到双桂堂，赠送了高档豪华的整套佛门用品，足见双桂堂的政治辅助意义。双桂堂创立在清初期，正是反清复明高潮时刻，当时破山禅师以自己德高望重的地位，在清政府与反清武装之间斡旋。当时平定反清武装的重臣李国英，在破山的帮助下，平定了战乱，统一了西南地区，双桂堂在两边的对峙中，发挥了中间地带的重要历史作用。对尽快结束战乱，推动历史发展，产生了很积极的作用。

1983年，双桂堂被国务院确定为汉族地区佛教全国重点寺庙。2013年，双桂堂入选全国重点文物保护单位，2015年，获选新重庆·巴渝十二景人文胜地类。

武隆区

◆ 土坎

土坎位于武隆西北方，距武隆城区仅8千米，有武丰公路、渝怀铁路、乌江黄金水线穿越其境，村村通公路。

土坎很长一段时间为武隆县治所在地，直到解放前不久武隆县治才搬迁到巷口镇。武隆县始建于唐武德二年，原名武龙县，明洪武十四年，易"龙"为"隆"字，隶涪州，属重庆府。清康熙七年，武隆县并入涪州，改设武隆巡检司。

土坎是指现南起简家坝、北至菜坝、西临乌江、东止现武丰公路边这块长约一千米、宽近两百米的平坝，土坎比乌江水面高出约三十余米。这里土地肥沃，深厚数丈无石头，这在以喀斯特地貌为主的乌江流域十分难得，这也许就是土坎成为武隆县治的原因之一吧。土坎相传为文翁命名，文翁为汉景帝末年蜀郡守，他重视水利建设，大力兴办教育，但是对于土坎之名是不是文翁所命，现在还存在不少争论。

土坎的发展离不开乌江，又因乌江而形成了特有的码头文化。

◆ 土坎
　　武隆区羊角街道办事处　供图

明清时期，川盐入黔，乌江上舟楫往来，码头商贾云集，乌江成为名副其实的"舟盐古道"。得益于乌江水利之便，土坎曾经是武隆最繁华的地方之一。

2016年7月，渝怀铁路二线工程开工建设，重庆市文化遗产研究院对老武隆县城遗址（土坎镇五龙村）进行了抢救性调查和发掘。调查共发现汉至明清时期的文物点13处及清代碑刻4块，清理汉至明清时期的各类遗迹20座。文化遗存主要可分为东汉至六朝、宋代、明清三个时期。这次发掘进一步凸显了乌江作为古代文化交流与传播的通道作用，反映出因盐业开发形成的乌江沿线社会面貌和商贸活动。

清理中还发现唐武德二年（619）以及明清时期武龙县的遗址，该遗址南临乌江，北倚太太堡，分东西两部分，明朝修石拱桥一座，作东西城区通道。东城长600米、宽200米，建下街、后街、枇杷街；西城长400米，宽100米，修筑有铁炉街。东城西城总面积2.5万平方米，现存桥柱基、井台、狮1对、石碑3块。明清时期遗址中城内道路、桥梁、排水设施、墓葬区、寺庙宫观等遗存则勾勒出了武隆县城及武隆巡检司的大体布局与功能分区。而一批清代碑刻及清代金单簿文书的发现为确认清代武隆县城位置、盐运道路、租佃制度、石达开入川路线、民间丧葬仪式等提供了重要的文字材料。

土坎作为乌江上的一个节点，有着与乌江岸边其他地方完全不同的风景。土坎前的清水溪源出仙女山，溪水由高处落入乌江，淙淙有声，如演奏乐章，下游一带则地势平缓、安静。这与土坎附近的关滩形成鲜明对比。关滩古为乌江险滩之一，河中乱石横陈，江水撞击乱石声如雷鼓，好似千军万马过关。1703年，重庆知府陈邦器路过此地，叹其险峻雄奇，遂题"澎湃飞雷"四字镌刻于大石上，今天刻字仍在。

土坎的和尚崖是一座连绵三公里多的崖峰，其正面是刀劈斧削般的悬崖峭壁，离下面平地高近五百米的部分，无论远看、近看、正看、侧看皆酷似一尊肚凸腰圆、体态丰盈、笑容可掬的大和尚。在和尚崖左右不远处，各有一状如香炉的山峰，山峰雨后烟雾缭绕，有如燃烧的香烟冉冉而升。

土坎苕粉声名远播，它选用本地产优质红薯，经刮皮、粉碎、过滤提炼后制成，晶亮透明、久煮不烂。

◆ 羊角

2019年4月30日,在乌江第一长滩上的羊角古镇,那首曾经传唱百年的船工号子再度唱响:"哟呵嘿哟……号子喊起来哟!哟呵嘿哟,腰杆挺起来哟!大路口哟,跟到走哟!之字拐哟,顺到摆哟!"

当雄浑激昂的纤夫号子响起时,一幅生动的画卷在历史和现实间徐徐展开。武隆区打造的全国首个以纤夫文化为主题的古镇——羊角古镇正式开街迎客。

回溯人类历史,文明莫不肇始于大江大河,并由此绵延展开。

乌江发源于乌蒙山东麓,一头紧贴黔中腹地,一头伸进滚滚长江。由于喀斯特地貌造成地质灾害频发,乌江上形成了四个著名的险滩:潮砥、新滩、龚滩和羊角碛。据史料记载,清乾隆五十年(1785),李家湾山崩,乱石泥流在江中堆积成碛,形似羊角,因名羊角碛。光绪三十四年(1908)于此设置耀德乡,民国十九年(1930)改为羊角镇,羊角镇因羊角碛得名。

由于此处有千里乌江第一长滩五里滩,滩险水急,上下货船均需要"盘滩",货运、商业、服务业逐步兴起,商贾云集,车水马龙,形成了独特的码头文化。羊角镇也成了乌江上的四大名镇之一。

"走遍天下路,难过乌江渡。千里滩连滩,十船九打烂。"这句民谚在沿岸流传百十年。乌江为当地民众沟通外界的重要通道,生活物资由此与川、黔、鄂等地相互交换。运载生活物资的一艘艘帆船行驶在峻岭峡谷、乱石湍流之间，而纤夫就成了行船时必不可缺的一环。

拉纤的方法是用一根粗壮结实的竹绳拴在桅杆上，由岸上的纤夫拉纤引船。第二根绳子则拴在上游的大石头上，另一头由船上的人拉着，如果拉纤的纤绳断了或者出了其他问题，可以靠第二根绳子来保持船的位置。这里的水速超过每小时八英里，是个很危险的险滩，只有一条狭窄的航道，四周和水下都是参差不齐的尖刺般的礁石，现在这个季节很多都露出水面。

船上人敲一种小鼓，鼓声在河流的咆哮声和纤夫们的号子声中都可以听见，是用来给纤夫们鼓劲的。岸上的五十名纤夫，肩上拉着纤绳，手和脚紧紧地扣在岩石上，一寸一寸地向前爬，直到把船拉到险滩上游水流平缓的地方。

这是英国著名旅行家和地理学家约翰·汤姆森笔下一百多年前乌江纤夫的生动记载。

◆ 羊角古镇
　　武隆区羊角街道办事处　供图

时光荏苒，进入近现代，由于铁路和公路的不断延伸，乌江航道的作用日渐减弱。1991年，在对三峡库区及长江支流两岸的崩滑体普查期间，勘察发现了羊角场镇处于危岩之下。2016年，羊角镇整体避险搬迁，新古镇距离武隆县城十四公里。

　　一方水土养一方人，羊角镇恶劣的生活环境造就了人们淳朴、合作、坚韧的性格。乌江的馈赠，使这片土地拥有了风光绮丽的自然景色，而"羊角三宝"更是声名远扬。羊角老醋至今已有两百多年生产历史。"要险不过羊角渡，要香不过羊角醋。"羊角醋以大米、玉米、糯米、小麦、白马山脉矿泉水为原料，辅以四十多种名贵中药材，采用独特的传统工艺精酿而成，不含任何添加剂，同时富含人体必需的多种营养物质和多种微量元素，素有调味佳品、醋疗珍品之美称。

　　羊角枣子主要产于羊角镇境内，甘甜爽口，其果实呈圆柱形，果肩较宽，腰部稍瘦，略微凹陷，形似猪肾，故又被称为猪腰枣。2009年羊角枣子被正式命名为"武隆猪腰枣"，重庆市林业局授予羊角镇为"重庆市枣子之乡"。"羊角猪腰枣"成名很早，栽培历史悠久，据史料记载，公元659年，长孙无忌因反对武则天，被流放到黔州（今彭水县一带），其食谱里就有每月食猪腰枣一升的记载。

　　武隆羊角豆干是重庆著名的特产，其口感细嫩、绵实，富有弹性，回味无穷。制作豆干的卤水相传采自仙女山下的天然泉水，加上武隆山区的56种中药材，经多次反复卤制而成。羊角豆干是当地人们喜欢的美食，更是随着船工流传到外地。

　　徜徉在羊角古镇，远处青山耸翠，郁郁苍苍，乌江玉带环绕，羊角镇静谧纯净之美自然天成。

城口县

◆ 鸡鸣寺

鸡鸣寺位于城口鸡鸣乡永定山下，地处重庆最北部川陕鄂交界处，背依大巴山脉，是城口南大门，与四川宣汉县接壤，紧邻宣汉县鸡唱乡。寺庙始建于东汉时期。相传汉光武帝刘秀路经此地，时逢雄鸡报晓，鸡鸣鸡唱，三省相闻，以此得名。

寺院历经沧桑，清乾隆三十九年至四十一年，著名高僧德惢大师重修庙宇。乾隆五十三年，鸡鸣寺又修缮上下两殿、东西两廊。2000年5月，复修鸡鸣寺院。现寺院依山而建，坐北朝南，占地三千平方米。分前后两段，每段有东西两廊共六间。前殿为藏经楼，后殿为观音殿。鸡鸣寺供奉佛像九十一尊，均有神障遮护，尤显庄重肃穆。整个寺院，重重院落，层层楼阁，迂曲相连，高檐翘飞，雕梁画栋，金碧辉煌。历史上，来鸡鸣寺拜佛的香客遍及川、陕、鄂三省，盛时钟声阵阵，朝佛者络绎不绝。

横跨川陕鄂渝的大巴山蕴藏了多少奇山，奇水，奇事！在这大山周围就有三处以"鸡"为名的地方：重庆城口鸡鸣寺、陕西

◆ 鸡鸣寺
　城口县民政局　供图

镇巴雌鸡岭、四川宣汉鸡唱山、鸡唱寺，而且三地都以产茶闻名。

城口鸡鸣寺共有九十一株茶树，寺中为此塑九十一尊神。宋时鸡鸣寺所产茶为贡品，名扬天下。《城口厅志》记载："东南有一白鹤井（山泉），茶树皆明时种植，实属多产茶，以是处为佳。"

寺院历经岁月沧桑，一度茶树凋零。清乾隆年间，高僧广隆执掌鸡鸣寺。一日，一对翩翩起舞的白鹤栖息于此，众僧竟挥之不去。方丈广隆忽然间合掌深悟："阿弥陀佛，此白鹤乃上天茶使也！"白鹤舞于井，井中仙气缭绕。于是广隆潜心培茶研茶。数载之后，寺内茶树竟长高至丈有余，且嫩芽如豆，绿里透红，清香入鼻。清明将至，广隆沐身焚香，亲采茶叶，按特别的工序制作出了上等绿茶，再烧白鹤井水冲泡，顷刻间，气韵氤氲，香气袭袅，有茶入口，则香融经络，味存丹田，一时神清气爽，物我两忘。

清高宗乾隆十六年（1751），乾隆皇帝南巡，广收地方名产，鸡鸣茶就是当时城口奉诏进贡之茶。自此，"鸡鸣茶"岁岁精制进贡，乾隆御封"鸡鸣寺院内贡茶"印模流传至今。

◆ 诸葛城

《通志》：城口山下有中前后三城，左抵紫阳右通平利。相传诸葛亮在此屯兵，故名"诸葛城"。

三国时期，诸葛亮为出祁山战中原作战略准备。因城口控秦楚襟夔巫，踞三省门户，扼四方咽喉之要冲，战略地位重要，诸葛亮遣重兵于城口筑三城，驻军土藏兵需。后称之"诸葛城"，即今之城口土城。

土城位于城口县城的中心地带，当地人称"城中城"。土城一度是城口的政治、文化、经济中心。城口诗人廖时琛曾经题《诸葛城》一首：

秣马临风甸，登高忆旧都。
犹悲出师表，尚想卧龙图。
野树苍烟断，津楼晓夜孤。
谁知万里客，怀古正踟蹰。

后来的土城经历了以木栅围城、土城、砖城的发展历程。清嘉庆六年（1801），德楞泰于城口柏家坪、土城一带修栏掘壕建营。嘉庆九年（1804），太平厅同知恒敏以城口营旧址，筑成周长为1173米的土城，设东、南、西、北四门，以条石为城基，夯土为城墙，城内有营署、兵房、经历署、衙署及民房，这或许就是土城的来历。道光二年（1822），同知吴秀良于土城内修文庙学署、明伦堂、新城书院等，形成今天葛城街道的雏形。道光十七年（1837），土城崩塌，城口厅通判春尧依土城旧址捐修砖城。

土城内有四座城门。东、西城门设有百步梯出，南城门可下至任河，这三座老城门如今仍在，可惜的是北城门已不存在。若把城口比作盆景之城，那么土城便是它的"顶上明珠"。

土街无疑是城口最早的步行街，很多小吃在簸箕里沿街叫卖。早期老街居民习惯用白布或青布绑腿，家家户户烧柴取暖，火坑之上常年熏制着腊肉香肠。土街内原有上百年的紫檀树和许多皂角树，每到夏夜，老街居民便搬出凉椅，在树下乘凉、喝茶、摆龙门阵。

在土城老街中段南侧，有城口县苏维埃政权纪念公园。该公园建于1984年，占地面积一万余平方米，是全国红色旅游经典景点之一。该园是为纪念红四方面军解放城口后成立的苏维埃政权而建，李先念、徐向前、许世友、王维舟、李家俊等老一辈无产阶级革命家曾转战城口，留下了光辉的革命足迹。园内有苏维埃政权纪念碑、川陕苏区城口纪念馆、追思广场、国家领导人和红四方面军老战士题词等主要景点，是重庆市独具特色的红色主题公园，也是重庆市爱国主义教育基地。城口是川陕革命根据地的重要组成部分，在重庆革命老区中，独享"三个第一"和"一个唯一"，即城口县是重庆市第一个打出地方红军旗帜的县，是第一个由地方红军解放的县，是第一个迎来中国工农红军主力部队的县，是唯一一个成建制建立了县、区、乡、村四级苏维埃政权的革命老区。当年，仅有5.7万人的城口县就有三千多人参加红军和游击队，五百多人参加长征，四百七十余人牺牲在长征途中，留下了"打铁不怕火烫脚，革命不怕砍脑壳"等革命誓言。

◆ 诸葛城遗址
城口县民政局 供图

城口县红军纪念公园位于葛城桂花园社区，建于2012年，占地面积525亩。前临东北环路，背倚诸葛寨植物公园，总面积4.5万余平方米，是红色文化与生态文化完美结合的红色主题纪念公园。公园依山而建，沿主入口广场逐级而上，分别为挥师城口广场、浴血城口广场、建功城口广场、再见城口灯塔。各级广场生态步道串联起红军赋、红军标语、将军题词、主题碑林、红色雕塑等红色景点。

近年来，城口县按照"精致土城，醇厚老街"的形象定位，以"塑盆景之城顶上明珠，造巴渝山地宽街窄巷"为目标，依托土城老街浓厚的历史文化和丰富的红色文化，构建起城口县城新的文化和旅游地标。土城不土，现在整修一新的土城正以新的面貌迎接各方宾客，成了当地重要旅游景点之一。

丰都县

◆ 龙床石

龙床石位于丰都县城南水门子外的长江江心，常年潜于水面以下，唯冬春水枯才露出水面。此处题刻最早始于南宋绍兴年间，距今已有八百多年历史。

长江重庆段水域中，隐藏着七大神秘的川江枯水题刻，即江津莲花石、巴南迎春石、江北耗儿石、朝天门灵石、涪陵白鹤梁、丰都龙床石、云阳龙脊石。这些枯水题刻之所以神秘，一方面在于其记录了千百年来的水文资料，珍贵无比；另一方面，它们十余年甚至几十年才出水一次，有的研究者甚至等了一辈子，都没机会见到其真容。

其中最著名的除白鹤梁外，就是江津莲花石题刻。历代文人在莲花石上留下的题刻，记录了南宋乾道中期至1937年间近八百年的长江枯水位情况，是重要的水文资料。历史上莲花石可考证的出水次数仅有十七次，1987年与2007年石刻曾两次出水。

而在白鹤梁石刻上题名的人多达594人。通过上面的题刻，可

◆ 龙床石
郑瑞舜 摄

推断整个唐宋以来七十多个枯水年份的水文情况，其最大的研究价值也正在于此。三峡蓄水后，已经没有很好的条件再对这些枯水题刻进行系统调查。所幸有较为科学的保护措施，留下了大批的资料。

关于丰都龙床石的考古资料极其有限，其原因也在于很难一睹全貌一睹真容。史料记载，每逢水位枯下的初春"龙抬头"时节，当地百姓就会到丰都龙床石上举行一种拜龙床的民俗活动。他们焚香秉烛，祈求保佑家中小孩成器成龙、长命富贵，同时也祈望风调雨顺、五谷丰登。在云阳龙脊石上，当地民间也有举行修禊和占鸡卜的习俗活动。龙抬头的民俗活动有祭社神、起龙船、放龙灯、敲龙头、围粮囤、熏虫、拜龙、剪头发、烧炮等。龙抬头（农历二月二），又称春耕节、农事节、青龙节、春龙节等，是中国民间传统节日。中国民间认为龙是吉祥之物，是和风化雨的主宰。"龙抬头"意味着阳气生发、万物生机盎然，故自古以来，人们在龙抬头时节活动，会举行敬龙祈雨、放生，以求一年吉祥丰收，并将龙抬头时节作为一个纳祥转运的日子。

◆ 蚕背梁

丰都老城未淹没之前，孩子们一到江边就喜欢爬上蚕背梁做游戏，看过往船只。蚕背梁像是一道门神，守护着丰都的江岸大门。再早些年，旁边有个土地庙，是往来纤夫歇脚和人们祈祷风调雨顺的地方。

蚕背梁古称"镵碑梁"。镵，古代掘土器，多指犁头或挖草药的器具。梁上原镌刻有碑文，后经江水冲刷不复存在，其内容也无从考证。由于此梁似天蚕纵卧江心，后人以讹传讹，加之受丰都方言的影响，渐渐以形象的"蚕背梁"取代了"镵碑梁"这个名字。蚕背梁古亦称为"海船滩"，它的北漕叫瓦子浩，亦即古时所称的"瓦子濠"。濠，护城河也。瓦子浩为古丰都的护城河。

丰都民间传说中的溜沙坡也在旁边。传说许多年前，有一个船夫叫刘老大，此人好吃懒做，喜爱干一些偷鸡摸狗的事情。一天他伙同其他五人抢劫了一个做杂货生意的老板，之后被官府抓获，并被处死。到了阴间之后，因为他阳寿未尽，于是被阎王爷发配到溜沙坡背沙子，从那以后就有很多人经常看见他在那里背沙子。

当然，比丰都鬼故事靠谱的自然是李白的丰都游。传说镌刻在名山大门上的那首千古绝唱，就是李白坐在蚕背梁上望着滚滚波涛而写的：抽刀断水水更流，举杯消愁愁更愁。人生在世不称意，明朝散发弄扁舟。

丰都古称仙都。因王方平和阴长生在此得道成仙而得名。后来，世人附会"阴""王"为"阴王"，阴间之王的居所即为"鬼都"，平都山亦渐附会为"阴都"。由此，"鬼城"的雏形开始构建。道教与佛教为期荫仙风，先后在此兴建道观寺庙。据不完全统计，鼎盛时期，平都山上与"鬼"相关的庙宇道观多达近百座。道侣栖止，香客游人络绎不绝。李白、苏轼、陆游、范成大等文人骚客来到丰都都要刻碑题咏。

唐末宋初，丰都开始以其神秘的鬼城面貌和独一无二的鬼城文化名扬天下。历代骚人名士、羽流迁客纷至沓来，他们登山览胜，游览题吟，在"鬼城"留下了层层足迹和厚重的文化。

至德元年，即安禄山发动叛乱的第二年，唐肃宗李亨的弟弟永王李璘，违背肃宗的命令，率水军自江陵东下，经过浔阳（今江西九江）时，慕李白的才名，请隐居在庐山的李白做自己的僚佐。当时李白并不知道李璘有发动内战以夺帝位的野心，以为他是从江淮一带北上抗敌。并且李白离开长安以后仍不忘情于从政，遇到这样的时机，自然就接受了邀请。永王失败后，李白被判流放。

乾元二年，李白沿着长江西行，赴流放地夜郎，到了巫山一带，遇到大赦，于是乘船西行，来到丰都。丰都名山上竹林茂盛，鸟语花香，正是李白一生向往和追求的神仙世界，正好借以挥斥"人生在世不称意"的幽愤，并寄托自己渴望自由、放情山水、寻仙访道的思想。

李白在丰都与道士们一起饮酒抒怀，谈诗论剑。道家愤世嫉俗、返于自然山水的情怀让李白沉醉其中。他也曾在此作诗"安得不死药，高飞向名山"。

◆ 蚕背梁
郑瑞舜 摄

  李白在丰都住了数日准备离去，感怀于人生的无常、年华的易逝、生命的幽愤、举杯的愁叹，遂在名山挥毫写下"下笑世上士，沉魂北丰都"的诗句，大意是可笑世间芸芸众生，一生都在争名夺利，死后亡魂却难免沉沦鬼城丰都。

  如今在鬼城大门口，还保留着李白当年在名山留下的那两句诗，供游客参观留影。而诗人曾经"留影纪念"的蚕背梁，则静静躺在江水之中，感受着另一番世间沧桑。

垫江县

◆ 登记铺

　　登记铺就是今天的澄溪镇。澄溪镇地处明月山东麓，位于垫江西南部，东与砚台镇毗邻，南与长寿区海棠镇相连，西与四川邻水县接壤，北与太平镇为邻，素有垫江"南大门"之称。澄溪交通发达，沪蓉、沪渝高速公路在此交会，渝万城际铁路过其境，全部行政村和村民小组都通公路，形成了一张四通八达的交通网络。澄溪距垫江县政府驻地15.4千米。

　　据《垫江县志》记载，澄溪是因溪河中有大片沉沙淤积，人们临溪筑街而得名。

　　澄溪是重庆市东部地区重要的区域性物流节点，境内的小商品交易市场、农产品市场辐射周边许多城镇，其中木材市场在渝东地区规模最大，预计未来几年将成为西南地区最大的木材交易市场。澄溪自然资源丰富，大雷村卧龙河气田地质储量100亿立方米，居全国第三，可采储量85亿立方米，开采量居全国第一，并有亚洲最大容量的增压站和全国唯一的集钻井、采集、净化、输配及应用为一体的地方性天然气化工企业集团，日输天然气450万立方米。澄溪镇农产品也极为丰富，其中生猪、蔬菜、蚕桑、白柚、牡丹皮等均属全市十个"百万工程"项目。

澄溪历史悠久，早在新石器时代就有人类在此活动，春秋时期境域属巴国，秦汉时期属巴郡，南北朝西魏时属垫江县，明洪武年间属垫江县太平里，清顺治年间属八庄里。民国时期曾经与太平镇合并为澄平镇，1941年（民国三十年），澄平镇析置澄溪乡。

过去澄溪是垫江及四川东部州县通往长寿、重庆的陆上交通要道，从南宋起便是夔巴古道上的一个驿站，商贸繁荣。清代朝廷在此设有驿站，叫作澄溪铺。据清乾隆《垫江县志》记载，垫江县沿古道干线设置铺递，每铺配铺司二至三人，专为官方传递公文，为县与县商贾往来以及集镇与集镇之间的道路畅通提供便利。清末此地便形成了场镇，叫澄溪铺场。澄溪铺被叫作"登记铺"，是因为登记铺在民间有一个寓意深刻的传说。

相传在很久以前，这个地方有一个财主得了一种怪病，无论吃什么东西好像都堵在胸口咽不下去，即使喝稀饭也是如此。财主请了许多名医、吃了许多药也没有好转，身体日渐消瘦，命不久矣。有一天，他梦见观音菩萨，观音菩萨告诉他要想治好病，就得散尽家产，因为财主获得的财产多是不义之财，求财之时也带回了灾祸。但只要帮助一百个穷人或者教化一百个恶人从善，他的病就会好，并且一生健康长寿。于是，财主便在垫江、长寿、邻水三县交界处的路口设了一个店铺，给过往行人免费送水施粥。他还在门前立了一块告示牌劝人行善，并在牌子下面放置了一本册子，告诉大家册子的用途：急需帮助的人，只要在册子上如实告知就能得到一定数量的钱财；有小过的人，只要如实检讨自己的过错也能得到奖励；即使是实施了恶行的人，只要认清自己的过错，诚心悔过，也有物质奖励。但是隐瞒不报的人一定会受到菩萨的惩罚。有人不相信，故意偷了邻居家的小狗，然后去检验告示的真假，结果他刚刚离开登记铺，一道闪电就在他身后炸响。消息传开后，一时间过往行人均自我检讨，查找过失，主动登记。后来财主也兑现了自己的承诺，那些在册子上登记的人都得到了帮助。财主自己也一生太平，活了一百多岁。从此，人们就把这个地方称为"登记铺"。

今天，澄溪百姓仍旧把这里叫作登记铺，大约是因为人们心中对美好事物和善良诚信的向往和追求吧。

◆ 鹤游坪

鹤游坪通常指的是鹤游坪古城堡，该城堡是世界最大山寨式古城堡。城堡城垣总长度超过80千米，宽15千米，面积约167平方千米。是一座孤高台地上的城堡，台地上下高差100至150米。鹤游坪古城堡整体包括了垫江坪山镇、鹤游镇、白家镇、包家镇等乡镇，东依黄草山，西望明月山，与长寿湖相邻，处于长寿、涪陵、丰都、垫江四县（区）的接合部。

据《重庆垫江县地名录》记载，鹤游坪原名黑石坪，因鹤游坪上有很多黑色大石块而得名。后来鹤游坪产生了一个徐氏望族，人们习惯以氏族命名地名，黑石坪就逐渐被称为徐坪。鹤游坪正式得名则在崇祯年之前，《涪州志》记载："崇祯十六年（1643）夏五月，江北摇黄十三家贼，遵天王袁韬，必反王刘维明等攻击鹤游坪。"由此可见鹤游坪在崇祯年间已经是正式的官方地名了。

至于鹤游坪的得名则有许多民间传说。其中一个故事记载于《涪州志》所引的《锦里新编》。故事是这样的：明朝时涪州张某本来是湖北麻城人，明朝时任职涪州地方官，后来死于任上。这位张姓官员是一位清官，死后家里拿不出钱财送他的灵柩回归故里，而就地安葬又没有找到合适的墓地。一天，张某的儿子来到黑石坪，看见两个白胡子老人在下棋，旁边还有一个白胡子老人

◆ 鹤游坪
垫江县民政局　供图

在观棋。张某的儿子被这三个颇有仙风道骨的人所吸引，就假装在一旁休息，想看看胜负结果。谁知道白胡子老人手里举着棋子，却不落子。旁边观棋的白胡子老人以手指着棋盘说："我把这个好地方给你吧。"张某的儿子还没有明白是怎么一回事，却见三位白胡子老人化为大白鹤飞翔而去。张某的儿子想此处必是吉穴，就在这里安葬了他的父亲。而张家的后人从此科甲连绵，簪缨不绝，成为涪州的望族。从此，鹤游坪这个地名就传开了。

关于鹤游坪地名来历的第二个故事记载于《垫江县志》。传说古代皇帝用白鹤选择建设皇城的地址，原则是白鹤停在哪里，就在哪里建皇宫。而白鹤飞到鹤游坪就不走了，不过皇宫因为各种原因没有建起来，但是鹤游坪的名字却留下来了。

鹤游坪古城堡从南宋末年为抗击元军开始修建，嘉庆七年（1802）续建，因为当时正是白莲教兴起之时。清廷在鹤游坪保和寨设涪州分州同署，行使州级政府职能，直到1936年才撤销。首任州同殷辂到任后，号召鹤游坪的绅士和民众，有钱出钱，无钱出力，在鹤游坪的四周依山就势建筑防御工事。经过几任州同及民众数年努力，终于建成了一条城垣长度世界第一的山寨式城堡。

鹤游坪古城堡有自己独有的修建模式。鹤游坪寨堡按道家的天罡地煞数理分别设有36大卡、72小卡，一共108道关卡，卡即是门。重要的地方设置"大卡"，为拱型石料建筑。一般的地方设置"小卡"，为平型石料建筑。还有少数特别重要的地方，同时建有大卡和小卡，在卡子和卡子之间，用大型条石垒成石墙相互连接起来，构成了大卡套小卡，卡连路、路通卡，有路必有卡，每卡必有坚固的石门封锁的完整防御体系。寨堡内有供人居住的大城，而小城内有石寨和碉楼，可以随时观察外面的情况，如有敌情，可进行还击。

鹤游坪古城堡的中心是分州古城，城内总面积约30万平方米，是鹤游坪古城堡的"城中城、寨中寨"。分州城分为内城和外城，设有四个城门。内城为府衙、城隍庙、书院、保和场等公共场所，外城为平民、商贾等的居住场所。当时分州城内人口近万，业态丰富，交易频繁，是鹤游坪地区的政治、文化、交通、经济中心。如今鹤游坪古堡寨卡只剩断壁残垣，曾经的分州城堡还居住着几十户人家。

今天垫江县政府正以鹤游坪古寨堡为中心，发展康养项目，打造生态乡村。万亩荷花绽放在鹤游坪的山水之间，炊烟、晚归的农人和白鹤构成了一幅优美和谐的景观。

◆ 峰门铺

垫江上接巴渝之雄，下引夔巫之胜，为蜀中陆路重要节点，峰门铺正好处于四川邻水到重庆垫江交界处的明月山垭口。

峰门铺古名巾子山。峰门铺两峰对峙，长约五十余米，高二十米左右，地面最窄处仅两米，远看像一道狭窄的门，故称峰门，又称峰门铺、峰门关或峰门垭。因为此处一年四季多风又得名风门关。明成化十四年（1478）知县杨珍重修驿站，并刻《垫江创立峰门铺碑记》于岩壁上，峰门铺的名字就此固定下来，该石刻是峰门铺现存摩崖石刻中字数最多、面积最大的一块石碑。

峰门铺是古蜀道中重要的一段。古时从汉中通往巴蜀之地的古道主要有三条，分别是金牛道、米仓道和荔枝道。荔枝道北接子午道形成重庆到西安的完整连接。峰门铺是荔枝道中重要的一环，荔枝道因为杨玉环和唐明皇的爱情故事而得名，荔枝道当然并不全是为运送荔枝而设。涪陵的荔枝从峰门铺到西安，距离最短，用时最少，最快到达时间为三天。新鲜的荔枝连枝带叶放进竹筒里土法保鲜，快马加鞭，到长安时，仍旧保持了荔枝的良好口感。

北宋时期，朝廷设置川峡四路，即益州路、夔州路、梓州路

◆ 峰门铺
垫江县民政局　供图

和利州路。垫江属于夔州路，邻水、大竹方向属于梓州路（梓州路后升级更名为潼川府路），峰门铺是两个地方交界的一个节点，也是古代忠州通往成都方向的峰门古驿道的一个驿站。

南宋建都临安后，原以开封府为中心的全国驿道网络相应调整，四川与宋廷的邮传交通也由南北向转为东西向，巴蜀成了抗元的前线之地。王象之《舆地纪胜》谈到成都与临安间的邮传："自成都至万州，以四日二时五刻，从铺兵递传。自万州至应城县九日，应城至行在十四日，则以制司承局承传。"其中成都至万州的交通取陆路经过垫江，是历史上溯峡入蜀最便捷的"京蜀驿道"。那时峰门铺的政治功能强于商业贸易。

范成大于乾道六年（1170）作为使节到金国去谈判，其行程由万州西行经过梁山军（今梁平区）、垫江县、邻水县、广安军（渠江县）、汉初县（治所今武胜县汉初村）、遂宁府等地，其中垫江到邻水必过峰门铺。诗人途经垫江峰门铺，大约是初秋时节，他忧心国难，心情郁闷。当他在雨中行到峰门铺，回望垫江城时，写下了著名的诗歌《垫江县》：

青泥没髁仆频惊，黄海平桥马不行。

旧雨云招新雨至，高田水入下田鸣。

百年心事终怀土，一日身谋且望晴。

休入忠州争米市，暝鸦同宿垫江城。

范成大第二次过垫江峰门铺，是在宋金谈判成功后，诗人心境明显开心许多，又作了一首《巾子山又雨》表达他内心的喜悦之情：

百日篮舆困局跧，三晨泥坂兀跻攀。

晚晴幸自垫江县，今雨奈何巾子山。

树色于人殊漠漠，云容怜我稍班班。

如今只忆雪溪句，乘兴而来兴尽还。

峰门铺重要的地理位置，吸引很多文人墨客在此留下印记。除了诗人写就的诗歌外，峰门铺的崖壁上还题有多通摩崖石刻，上千年积累下来，成就了峰门铺石刻墙。其中以三通宋碑的时代最早，分别为《庆元二年修路碑》《建炎三年告示碑》《潼川府路界碑》。各碑文字虽有不同程度的残缺，可识别的部分仍提供了非常重要的地理信息，可补证传世文献的不足和抵牾，尤其对研究南宋临安府到四川的京蜀驿道在成都府与万州间的交通往来非常重要。

峰门铺这条驿道解放前也是重庆到四川的主要通道，这里曾经修建有官厅、客栈，以及路人歇脚的凉亭等，人来人往非常热闹。自从公路修通到垭口之后，这条唐宋时期修建的峰门古道渐渐荒芜，现存不足千米。

旧时明月山间的驿站、房舍、石墙、月亮和诗酒，今天峰门铺厚重的石头城墙，依然静静地矗立在明月山间，古也悠悠，今也悠悠。

◆ 书院桥

书院桥修建于乾隆十二年（1747），长度8.61米，为石制平桥。书院桥在今垫江县教育委员会门前，因清代凌云书院建于此地，故名书院桥。

垫江县在西魏恭帝三年（556）置县，距今已有一千多年历史，被联合国地名专家组授予"千年古县"称号。这里人杰地灵、文化昌达。垫江名人有三国时期的大将甘宁，明代文学"三杰"陈端、陈谟、陈幼学，清代才子李惺，以及近现代科学的奠基人任鸿隽等。

垫江没有大江大河，但是河汊众多，因此垫江的桥也广泛分布在各个溪流之上。垫江现存古桥两百多座，其中跳磴桥10余座，平桥90余座，石拱桥一百多座，这些桥和溪流构成垫江小桥流水人家的独特景致。古桥有的造型独特，比如跳石口桥，这是一座桥修于清代的石拱桥，后来因为修公路，又在其上修了一座新桥，两桥叠加在一起，两个半月形桥孔倒映水中，很特别。有的桥在河面曲折而去，比如高峰的木头滩桥，此桥像一弯月亮静卧河上，因此又被叫作月初桥。书院桥并不是造型独特的桥，也不是垫江最长的古桥，它之所以入选重庆市第二批历史地名保护名录和它曾经的历史有关。

书院桥以前叫何公桥，由明正统年间的垫江县令何义坚主持修建，因此被称为何公桥，距今有五百多年历史。后来此桥垮塌，朝廷在乾隆十二年重修，人们还以何公桥称呼它。乾隆二十二年垫江知县丁涟在此创建书院，历时两年竣工，因书院西边有凌云桥、书院北边有凌云洞，所以这座新修的书院就被命名为凌云书院。凌云书院为复合四合院布局，大门为四柱三间重檐式牌坊门楼，两侧各安置石狮子一座，内堂宽敞，飞檐翘角，大气典雅，是垫江著名的书院。因此通达书院的何公桥也被命名为书院桥了。

◆ 书院桥
垫江县民政局　供图

凌云书院后来经过整修、增建，规模更大，是科举考试定点考场。清末废除科举取士，书院改为劝学所，1912年垫江县立中学（今垫江中学）曾在这里办学。解放后凌云书院被拆除，改建成教委办公室，但是书院桥还保留至今。

那时书院的学习和今天学校的学习有很大不同。旧时书院课时不多，每月只初一、十五两天讲书，每次只讲两页。逢一、六和三、八之日，老师仿科举考试出题（四书题、试帖诗各一道），学生答题，然后召集同学们讲解。学生有严格的自学课程安排，完不成要遭打板子。

书院还有定期考试，称为考课。考课成绩优秀的有奖金，称为"膏火钱"，有些成绩好的贫寒子弟，靠这个膏火钱就可以维持生活了。

书院除了科举应试教育，还会经常邀请名师来作讲座。一些书院甚至有自己的学术特色，比如武隆的白云书院就以传授王阳明的"心学"为自己的特色。

凌云书院因为李惺在此教书七年，培育了众多人才而声名远播。李惺为清代八大才子之一，在京为官十八年，于道光十五年（1835）告老返乡。李惺在教学中打破"以经学为主"的教学传统，引导学生独立思考。在他呕心沥血的教育下，朝廷内外不少清廉官员、文武志士、社会贤达，皆出其门下，时有"天下翰林皆弟子，蜀中进士尽门生"之赞誉。

重庆依山傍水，桥梁众多，堪称"桥都"，桥梁总数达四千余座。桥梁种类丰富，乌江上游、渝东南地区以廊桥著称，渝东北则多索桥。重庆最古老的石拱桥是荣昌的施济桥，该桥建于宋代。垫江县的书院桥是重庆第二古老的石桥。遥想当年李惺跨过书院桥步入凌云书院，今天教育工作者依旧跨过凌云桥进入工作场所，教育的传承由一座桥跨越时空连接起来。

◆ 分州古城

以前有首民谚是这样的："垫江的城墙丰都的街，分州的衙门涪州的官。"这首民谚形象地把垫江的城墙和分州古城的精髓概括了出来。

垫江历史悠久，底蕴深厚，其境内早在新石器时期就有人类繁衍的痕迹。垫江农耕条件优越，素有"巴国粮仓""丝绸之乡"的美称。《垫江通志》言"上接巴渝之雄，下引夔巫之胜。蜀中陆路，此为锁钥"。优越的地理条件，一千多年的历史沉淀，在这片县境内留下了数以百计的关隘寨卡，这些寨卡兼有军事防御、交通道路功能，有自己特有的建筑风格。

垫江鹤游坪寨卡群就是其中的佼佼者。其寨卡城垣的长度超过80千米，占地167平方千米，被誉为天下第一山寨古城堡。按城垣长度计算，国内公认的最大古城——明代南京城的城墙总长35.267千米；从世界范围看，法国巴黎的城垣长度为29.5千米，因此鹤游坪山寨为第一古城堡实至名归。

鹤游坪山寨古城寨卡群，从南宋末年抗击元军时开始兴建，距今已有七百多年历史。它每隔五千米建一座大卡，有三十六大卡；每隔2.5千米建一座小卡，有七十二小卡。共108道关卡，合称"三十六天罡，七十二地煞"。大卡是石料拱型城门，有两层门，卡上修有城楼、垛口、藏兵洞。所有卡子都建在地形险要处，大卡连着小卡，构成了一个完整的防御体系，一夫当关、万夫莫开。

而分州古城是鹤游坪寨卡群中最为壮观的一个寨卡。分州城遗址位于垫江县鹤游镇分州村，建于清嘉庆七年，即1802年。分州古城海拔447米，虽然海拔不高，但是在四周平坦的地方却显得高大巍峨，城内总面积约为30万平方米，四周陡壁悬崖，城墙以条石夹石灰、泥土而成，四个城门也以巨大的石块垒砌。分州曾经是鹤游坪的政治、经济中心，涪州曾经于此设分州同署，行使

◆ 分州古城
　垫江县民政局　供图

副州级行政权,所以在鹤游坪108个大小城门之外,分州城又开了四个城门:东门迎恩门、南门安寿门、西门镇西门、北门福德门,现仅存东门、南门及部分城墙。

东门称"迎恩门",门枋及门外石壁上有题刻多幅,城门外有一石径是连接涪(陵)垫(江)的古道。相传每逢新官上任,当地乡绅都在东门为其设宴接风。

南门名"安寿门",是保存最好的城门。门拱高约4.3米,门柱、门楣皆整石制成,门额正中镌有太极图,图下横刻"重修保和寨"。据说官员离任必须从南门离开。

西门为"镇西门",附近是以前刑场的所在地。其城门已毁,现仅存有小段城墙。西门外的岩石上有张望龄题写的"饿死莫做贼,气死莫告状"的石刻。

北门名"福德门",也是石料建筑,其城门及城墙皆已毁坏,现仅有城墙遗址。

分州古城分为内城和外城,外城为平民商贾居住活动场所以及田畴之地。内城设有衙门、城隍庙、书院以及作为集市的保和场等,其中保和场为"百日场",即每天赶场,每天有成百上千人进出。至今还能看到当年的部分实体,如城墙、城门、官府衙门、城隍庙、劝世碑文、刘伯承疗伤的双桂湾、喊冤桥等文物古迹。

分州古城因为拥有特别的寨卡城堡,易守难攻,曾经发生过两次农民起义。1857年,鹤游坪白莲教支派刘文澧率众起义。刘文澧本是当地一个地主,因为不满清王朝的统治加入了白莲教。刘文澧攻占保和寨后,与清兵僵持不下,后被清兵诈降,起义失败。1861年,滇人周绍勇在此建反清根据地,吸引周围贫苦百姓加入,但是清兵切断城内与外界的联系,周绍勇坚持八个月之后撤出分州城,最后起义也以失败告终。现分州古城内有周军塘、起义大营等遗址。

如今每年在分州古城举办荷花节,满池荷花,亭亭玉立,或红火或雪白,娉婷袅娜,清香阵阵,沁人心脾。

忠县

◆ 白公祠

白公祠，位于忠县城西三千米处的长江北岸。唐代诗人白居易被贬任忠州刺史，在此为官之时，忠国事、兴农业。明朝忠州知县马易从敬其慈爱百姓、为民谋利，乃建祠祭祀。此白公祠是与洛阳香山"唐少傅白公墓祠"齐名的两座白居易墓祠之一。该祠后毁于大火，民国年间重修。

祠内现有白园、乐天堂、四贤亭、龙昌寺荷池、木莲园、乐天诗廊等景点，总占地面积一百一十亩。建筑仿明清风格，依山傍水，清幽静雅。

公元818年，诗人白居易被贬任忠州刺史。在忠州任职期间，白居易关心百姓疾苦，为百姓谋福利，带动忠州人民开山修路、植树种花。在此期间，他写下百多首对当时和后世都很有影响的佳作。马易倡建白公祠时曾期望"后之君子，从而恢拓之，与巴山蜀水共长也"。清道光十年，当地扩建白公祠。

在忠州两年的时间里，白居易留下了不少诗篇。

◆ 白公祠
黎晓倩 摄

其中《种桃杏》表达了当时的心境:"无论海角与天涯,大抵心安即是家。路远谁能念乡曲,年深兼欲忘京华。忠州且作三年计,种杏栽桃拟待花。"两年后他又写一首《别种东坡花树两绝》:"三年留滞在江城,草树禽鱼尽有情。何处殷勤重回首,东坡桃李种新成。花林好住莫憔悴,春至但知依旧春。楼上明年新太守,不妨还是爱花人。"

从这诗里反映出,两年的时间里,他对忠州的热爱和对忠州人的情谊。忠州人民为了纪念他,把他同刘晏、陆贽、李吉甫并称为"四贤",在宋代修建了四贤阁以资纪念。

现在的白公祠,临江依山而建,气势恢弘,门前一坡两丈有余的大石梯,左是参天的大树,右为高耸的栈楼,登梯可见白公祠大门，门联"遗泽被山川万民长忆贤刺史，宏篇映日月百世同仰大诗人"，反映出后世对他的敬仰。

进入大门，便见一半圆形莲池满池绿水生机盎然，与园中花草相映成趣，当年白居易游此地写下《龙昌寺荷池》："冷碧新秋水，残红半破莲。从来寥落意，不似此池边。"小小莲池，给白公祠平添几分景致。

门楼右拐为"白园"，门联上写"浮云不系名居易，造化无为字乐天"，巧妙地嵌入了白公的名、号。此联是白公逝世后唐宣宗所作挽诗中的两句。

在白居易生平展览室，详细记录了白居易的谱系、生活系年，以及到忠州为官时的各项政绩。

离开忠州后，巴渝生活之情之景常常浮现在他的脑海中，于是有了《题寄忠州小楼桃花》："长忆小楼风月夜，红栏干上两三枝。"《西省对花忆忠州东坡新花树因寄题东楼》："每看阙下丹青树，不忘天边锦绣林。"诗句发自肺腑地表达了对忠州的赞美和依恋之情。

忠州的经历是白居易人生旅途中浓墨重彩的一笔，他始终秉持同情人民、勤政为民的可贵品质，忠州白公祠也因此成为文人墨客前来凭吊白居易的重要地点。

因三峡水库的建设，水位上升，散落在忠县各处的"国宝"级文物汉阙暂无去处，如丁房阙、无名阙等，大多搬迁在白公祠内。"汉阙"是汉代现存于世的唯一一种地面建筑，全国仅存二十九座，忠县就有五座，占全国六分之一，忠县真是名副其实的中国汉阙之乡。

现今的白公祠展品内容越来越丰富。而忠县便进一步提出将对白公祠进行改造升级，让白居易给忠州留下的文化遗产活起来，让这张久已蒙尘的文化名片魅力再现。

◆ 皇华城

皇华城，位于顺溪街道，是三峡库区最大的江中岛，现顺江长约两千米，最宽处约八百米，常年出露面积在 0.8～1.4 平方千米之间。小岛地势独特，四面环水，三面陡峭，一面舒展，水岸逶迤曲折。岛上风景秀丽，湿地景观丰富，当地人称"仙居岛"。这座独特的江中岛，因 1265 年南宋第六位皇帝宋度宗下令迁咸淳府治于此而得名"皇华城"。

早在 1254 年，赵禥被封为忠王，就开始在皇华村建官邸，建筑城墙。忠王掌管忠州时，多次上岛考游。登基称帝改年号为"咸淳"后，即升潜邸忠州为咸淳府，并将府城迁到皇华岛并命名为皇华城。"一城""一府""一帝"为皇华城增添了独特的历史底蕴。

宋度宗在位时期，正值宋蒙战争进入最后的白热化阶段，南宋四川制置司在今四川、重庆、贵州境内修筑了一系列抗蒙山城，这些山城相互呼应，充分利用了四川盆地特殊的红层方山地貌及其他地理优势，形成了一个全面立体的山城防御体系，长期坚持抗元，极大地延长了南宋的寿命。这些山城也使得川渝地区成为南宋坚持抵抗时间最长、被蒙古人最晚征服的地区。而皇华城便是抗蒙山城体系中的重要一环。

皇华城据岛围城、环江为壕，从1265年咸淳元年到1284年，作为忠州治所时长近二十年，其中作为抗蒙战争山城使用时间约十三年。

1275年，宋恭帝德祐元年十月，元军攻破万州天生城后，以降兵为前锋，率领三万人马组成的船队逆长江而上，直取咸淳府。此时的元军来势汹汹，不仅装备精良，还带来了数百门火炮，欲将咸淳府围困在岛上。皇华城地势险要，固若金汤，经受住了元军的多次进攻。两个月后，长江水位下降，流速减缓，元军乘机猛攻。激战数日后，宋军退守内城，元军占领了城外的滩头，皇华城被元军四面围困。次年腊月下旬，元军再次发起进攻，趁夜偷袭，用云梯登上城墙，杀死守门士兵，打开了城门，元军蜂拥而入。

守将马堃伤重被俘，有人劝其投降，马堃大义凛然地说："忠州自古以来只有断头将军，没有投降将军。"最后同其他被俘将士一同就义。

如今，在皇华城岛东边岩石上，有宋代题刻"保江处"三个赫然醒目的大字，依稀可见当年守军将士气壮山河。

清朝乾隆时，忠州知州王尔鉴作《皇华城》：

闻说迁州处，皇华尚有城。

当年资战守，此日见樵耕。

四面江滩合，一洲烟树横。

颓垣犹断续，斜日映波明。

近年来，考古发现皇华城由内城墙、外城墙及一字城墙三部

◆ 皇华城
　余鸿　摄

分组成。内城位于皇华岛顶部，城圈基本闭合。外城墙发现于皇华岛西南陶家嘴至柳家河段。一字城墙上接内城墙，自南向北顺山脊而下。调查还发现内城城门四座。考古发现除城墙、城门之外，还有墩台、道路、采石场、水井、庙址、古民居等多处遗址，同时出土了一批宋代的陶片、碎瓷器和铜钱。经过考察，基本确定皇华城自南宋末年陷落后，其军事防御功能被彻底废弃，明清和近代没有大规模的破坏性重建活动，是一座能高度真实和完整地反映南宋末年四川山城防御体系的珍贵古迹。

国家建设三峡电站，拦坝蓄水175米，高峡成平湖，皇华岛淹得只剩"山帽儿"那1.4平方千米。世世代代生活在此的岛民们，在经历了纠结、犹豫的情感煎熬后，最终舍小家为国家，陆续迁到对岸，迁到县外，迁到东西南北，重建家园。如今的皇华岛已经成为国家湿地公园。未来，皇华岛将依托南宋抗元遗址工程建设"神秘南宋城"国家考古遗址公园，再现固山为垒、依江为池、据险筑城的古城印象景观，弘扬忠勇抗战文化精神。

◆ 石宝寨

距离忠县县城29千米，被誉为"小蓬莱"的石宝寨，高56米，共9层，红色的寨楼依山而建，木结构嵌入石壁，没有使用一根钉子，是我国现存体积最大的穿斗式结构建筑，距今已经有四百多年的历史。

石宝寨与涪陵白鹤梁、云阳张飞庙、巫山大昌古镇并称为三峡工程文物保护"四大件"。长江三峡工程蓄水之后，石宝寨变成了"水中孤岛"，成为长江三峡景区中一个独特的存在，在巨型围堤的环绕下仿佛一个"盆景"。远望去，石宝寨镶嵌于烟波荡漾的长江之中，依山而建的山寨变成了水寨，别有一番韵味。石宝山寨变水寨，真正地成了江中"小蓬莱"。

石宝寨寨楼的一层底部水位168米，而三峡蓄水后的水位达175米，江面会淹到寨楼一层的位置。为了原地保护石宝寨，不对其进行迁移，专家们在多个方案中选择了"就地保护，护坡仰墙"的方案，通过"贴坡围堤"的方法保护山体。在石宝寨外围建了一个小盆，石宝寨建筑底部位于盆心，而围堤和仰墙护住山体，将水挡开，因此形成世界上巨大的江中盆景。

三峡成库后，游客在轮船上仍然可以目睹石宝寨"国宝"全貌，感受世界第八大奇迹的魅力。

始建于明代的石宝寨，总体布局依山就势，无论是轴线、大门还是楼梯设计和外形处理，均匠心独具。楼体材质也考究地选用了味辛防虫的马桑树，数百载未有虫害，至今完好无损。更为奇特的是山顶的寺庙，寺庙是在宅楼修建之前提前动工的，这些建筑物料是怎么运送上去的呢？虽然不知道具体的方法，但是山体上的凿洞痕迹能够说明一二。

除了建筑本身充满巧思之外，石宝寨内的石刻与碑文、传奇故事，也让景区的文化内涵得以与建筑奇迹融为一体，成为代代相传的文化瑰宝，吸引着不少游客前往探秘。

石宝寨由寨门、寨身塔楼和寨顶古刹三部分组成。寨门形如牌楼，高约八米，砖石结构，歇山翘角瓦顶，中高旁低。门额横书"云梯直上"四字，意即由此而进，摇扶直上，登梯腾云九重天。

进入寨门，天井和一楼间，竖着两道清代碑刻，记叙了石宝寨修建始末。一排排红色的圆柱乃寨楼的主要支柱。

第二层，有巴国将军巴蔓子刎首留城悲壮故事的群体彩塑，让人感受到生命中什么是忠诚、什么是守信。

第三层，有嘉庆二十五年（1820）川东军阀陶澍亲书题刻的"直方大"，每个字大如箕斗，笔力遒劲。不过仔细一看，"直"字少了一横，有传是因为"直"字含有忠县人民耿直大方的性格，少一横，意味着耿直也要因人而异，对奸佞小人要有所保留。

而在山顶的洞口还有一口封闭的井。据说此前这洞口整日云雾缭绕，大家想知道通往哪里，特意选来一只鸭子，做了记号，然后放入洞中，没过多久，鸭子出现在长江之中，而这个洞也被称为了鸭子洞。后来有地质专家前来勘探，发现这个洞口可能会影响整体建筑的结构，有一定的安全隐患，所以此洞被封，但是关于鸭子洞的传说却一直流传。

◆ 石宝寨
毛幼平 摄

  石宝寨除了其特殊的构造、美丽的传说、江上的风光，还和刎首保城的巴蔓子、忠肝义胆的严颜、巾帼英雄秦良玉的传奇故事一起，展现了石宝寨的风土人情、悠久历史，以及忠县人民的忠义精神。

  如今的石宝寨，远远望去，像镶嵌于烟波荡漾的长江之中的一颗宝石，不但未失原有的魅力，反而更有一种蓬莱小岛、世外桃源的魅力。随着"三峡库心·长江盆景"的改造提升，石宝寨用自己的方式，述说着独特的前世今生。

云阳县

◆ 张桓侯庙

张桓侯庙，又叫张飞庙，位于长江南岸飞凤山麓，与云阳县城隔江相望，是为纪念三国时期蜀汉名将张飞而修建。张桓侯庙始建于蜀汉末期，后经历代修葺扩建，建成庙宇面积1400平方米，距今已有一千七百余年的历史。因三峡工程蓄水，今天的张飞庙作为库区唯一一个远距离整体搬迁的文物单位，溯江而上32千米，从原云阳老县城对岸的飞凤山搬迁至盘石街道龙安社区狮子岩。迁建后的张飞庙与云阳新县城隔江相望。

由于紧邻长江，张飞庙在清朝同治九年（1870）的特大洪水中几乎彻底损毁，现存建筑为清同治到光绪年间陆续补建而成。

为什么云阳会有一座张飞庙呢？相传张飞在阆中被部将范强、张达暗害，二人取其首级投奔东吴，行至云阳，听说吴蜀讲和，便将其首级抛弃江中，后张飞头颅被一渔翁打捞上岸。云阳人民感念张飞大义大勇，将其埋葬于飞凤山麓，立庙纪念，故有张飞"头在云阳，身在阆中"之说。

云阳人民还在每年的农历八月二十八张飞生辰日举办祭祀活动，祈祷风调雨顺、五谷丰登，现在这一活动已成了固定的节日。云阳全县曾有大大小小十四座张飞庙，人们把张飞神话成张王菩萨，认为张飞的神灵会保佑过往船只，送顺风15里，后来人们便在张飞庙里建了助风阁。即便是现在，每年农历大年初一和八月二十八张飞生日，所有经过张飞庙的船只，包括最豪华的游轮都要鸣笛致敬。

张飞庙的庙门和一般建筑不同，它的入口不在正面，而是开在侧面，并且是斜错开的。因为张飞对汉室忠心耿耿，人们就将他的庙门正对着成都方向，而不是依照当时的山水地形而设。张飞庙大门前有一副彭聚星所书六十八字的对联，上联：卅里风，舟船助顺，直与造化争权，况淑气东来，定能焕刁斗文章，落花随水留樯燕。下联：万人敌，召虎侔踪，自是忠忱扶汉，从惠陵西眺，得无念故宫禾黍，望帝有心托杜鹃。横联：山水有灵。

张飞庙依山坐岩临江，沿着江边一字排开，山水园林与庙祠建筑浑然一体，相互衬托。庙外有石桥涧流、临溪茅亭，秀美清幽。庙内结义楼、书画廊、助风阁、望云轩、杜鹃亭、听涛亭等古建筑，布局严谨、错落有致，独具一格，既有北方建筑庄严的气度，又有南方建筑俊秀的雅韵，因此张飞庙素有"巴蜀胜境"的美称。

张飞庙前临江石壁上有清末才子彭聚星书写的"江上风清"四个大字，字体雄劲秀逸，行船远远便可看见。张飞庙内珍藏有汉唐以来的大量诗文、碑刻、书画及其他文物数百件，多为稀世珍品，如黄庭坚书《幽兰赋》、苏轼书前后《赤壁赋》、岳飞书前

◆ 张桓侯庙
云阳县文化和旅游发展委员会　供图

后《出师表》、颜真卿书《争座位帖》等，年代从南北朝到近代，作者从黄庭坚、苏轼、颜真卿、岳飞、朱熹、董其昌、王守仁、郑板桥、刘墉、翁同龢到闲僧乡绅，因而有"张祠金石，甲于蜀东"的说法。也正是这些艺术珍品成就了张飞庙"文藻胜地"的地位。

将张飞庙打造成为"文藻胜地"的，有两个人功不可没，一是清代张飞庙住持僧瘦梅上人，他"遇名流过寺，必乞留题"。另一个就是云阳人彭聚星，他将自己在京城收集的八百多件文物精品送给梅瘦僧人陈列并翻刻，现存的八百多幅木刻石刻等多数系两人当时所为。

张飞庙后的杜鹃亭是为纪念唐代诗人杜甫在此客居而建，从而使桓侯庙成为难得的文武合一庙。新张飞庙还建了一个两千多平方米的博物馆，陈列云阳县境内出土的地下文物，包括从举世闻名的李家坝巴人遗址中发掘出来的文物。

在人们的眼中，张飞是一员勇猛的战将，实际上他还能写诗、会画画，也是一位不错的书法家。曹学佺在他的《蜀中名胜记》第二十八卷中记载，顺庆府渠县（渠县即三国时的宕渠县）有一个八蒙山，山下有一石，石上题有张飞书写的"汉将张飞率精卒万人大破贼首张郃，立马勒石"两行隶书大字。《三国志集注》也认为这句话是张飞亲笔题写的。今陕西岐山县博物馆就收藏有一幅张飞"立马铭"手书碑石原拓，碑刻共二十二个文字，用笔饱满遒劲，气势凝重，充分显示了张飞的个性和风格。

◆ 磐石城

磐石城位于云阳双江街道梨园社区新县城的高处。又名磨盘寨。

磐石城是从新县城山脊突兀出来的一个山体，有人说它像山脊的龙头。磐石城三面绝壁，位于长江左岸，西临彭溪河（又称小江）与长江交汇处，最高海拔541米，山顶主体面积约5.46万平方米。从江面上看去，其形状如巨大的磨盘，故名。

◆ 磐石城
　云阳县文化和旅游发展委员会　供图

　　磐石城有前后两个寨门，两者相距不远。前门左方绝壁上镌有"盘石城"三个斗大楷书；右方石壁上镌有清许缵曾的《盘石城记》，现在该石刻字迹因为风化已经模糊不清。后寨门除了寨门外，旁边还有暗洞可以进入城内。前后寨门都是用巨型的坚硬石材砌成，非常坚固，寨门上设有警楼和炮位。站在寨门上，可以俯瞰新县城。磐石城因为天气阴晴不定，一天之内可以一会雨一会晴，一会又阴，雨后云雾弥漫，波涛澎湃，上有瀑布飞流直下。这种景色被命名为"石城烟雨"，为"云安八景"之一。

　　云阳的磐石城常常和万州的天生城相提并论，因为两者有相似的地理面貌，经历了相近的历史演变。东晋常璩的《华阳国志》记载："朐䏰县西二百九十里。水道有东阳、下瞿数滩，山有大小石城势。"部分学者经过文献分析和考察研究，认为《华阳国志》

所言的"大小石城"即天生城和磐石城，天生城是大石城，磐石城是小石城。

淳祐三年（1243），余玠开始主持四川事务，逐步构建起山城防御体系。《宋史》记载："筑青居、大获、钓鱼、云顶、天生凡十余城，皆因山为垒，棋布星分，为诸郡治所，屯兵聚粮为必守计。"磐石城也在这个时期开始扩建，建有城墙、城门、房址、道路、炮台、蓄水池、水井、采石场等，具有完整的生产生活、军事防御等功能设施。磐石城与天生城、皇华城、大获城、钓鱼城等共同构成抗元防御体系。磐石城是其中的一个重要支点，余玠派部将吕师夔驻守于此，抵抗元军，磐石城从此一跃而成为抗元名城。现在磐石城还存留宋代旧城墙约五百米。

元代以后，有人在磐石城上建昙华寺，香火鼎盛。后来磐石城上的昙华寺因战争衰败。明代谭诣因为信佛重修昙华寺，并请灯来禅师住持昙华寺。谭诣为"夔东十三家"之"三谭"——谭文、谭诣、谭宏之一，"三谭"一度把磐石城作为其抵抗清军及其他地方武装的根据地。后来吴三桂反清，灯来禅师将此地归还给谭诣后人让其躲避战乱。

今天位于磐石城核心位置是一处建筑遗迹——涂家祠堂遗址，该遗址占地面积约一千三百平方米，是磐石城上保存较为完整的一处建筑基址。云阳涂氏入川始祖涂怀安于乾隆二年（1737）由"湖广填四川"迁入云阳，率领涂氏子弟在此耕耘。后来涂氏后人从谭家后人手里购买此地，于乾隆五十四年开始修建祠堂，直到道光十五年（1835）建成。同治之后，因为社会治安环境大不如前，涂氏后人于是大力扩修寨墙，增设枪眼、炮洞，增建房屋数百间，将寨子建成一座坚如磐石的军事要塞，在全县246座寨堡中，以其位置独特、设施完备而受人瞩目。白莲教、兰大顺等义军进攻云阳，均未攻破磐石城，因此磐石城被誉为"夔门砥柱，川东保障"。

抗战时期，国民政府为抵御日军，在磐石城驻扎炮兵部队。"文革"期间，一派武斗组织攻打云阳城另一派武斗组织，两派在磐石城展开激烈的攻防战，双方鏖战数十日，至今前后寨门依然弹痕累累。

今天磐石城开发出四条纵横全寨的游览线路，分别命名为余玠路、谭侯路、怀安路和昙华路，这四条路名分别代表着和磐石城相关的人和事。自古以来，文人墨客对磐石城多有题咏唱和，"横看成岭侧成峰，拔地危峰万仞雄。西蜀地形天下险，青天削出玉芙蓉"，此诗歌生动再现了这"万里长江第一寨"的风姿。

◆ 巴阳峡

巴阳峡古称"龙盘石"，是川江的一段水道，位于重庆市万州与云阳交界的黄柏溪地段，具体来说就是从万州鸭蛋窝到云阳栈溪沟长约九公里的江段。

实际上，巴阳峡是在地层上形成的一座大石槽，长江水就在石槽中流过，水道窄而深。"江从天汉开，水从石上流"，巴阳峡是长江上以险、窄著称的咽喉之地。冬季枯水时节，江面狭窄处只有80余米，最宽处也仅有150米，峡中最深处44.2米，最浅处21米。洪水期来临之后，江水漫出峡堤，河面宽度在短时期内即可达700多米。

关于巴阳峡有一句谚语："浅莫过洛碛，深莫过巴峡。"这里的巴峡就指巴阳峡。在洪水季节，江水淹没"龙盘石"；冬季枯水，"龙盘石"露出水面，故《水经注》称"夏没冬出"。巴阳峡乱石林立，水流湍急，岸边有许多形状奇特的石头，有的如山羊临江饮水，叫"羊子石"；有的横天飞凌似老鹰，故名为"老鹰石"；有的似"汤勺"，称之"调羹石"；有的似"磨盘""簸箕"，

◆ 巴阳峡
云阳县巴阳镇人民政府 供图

有的以其作用被称为"打网石""栏江咀""梯门坎"等。梯门坎上有四个一米见方的大字：善溢巴阳。巴阳峡两岸怪石嶙峋，船工在江岸以石撑杆而点出的窝窝凼凼的"纤夫泪"石，构成了巴阳峡两岸特殊的景观。

巴阳峡中的"长石梁"是一长约一里的巨石，横切悬立于江中。长石梁壁上有许多石刻符号，其中最有名的是一幅捕鱼图，它记载了当时人们用竹竿、木棍，数十人乘一小筏，齐力刺鱼的情景。以前巴阳峡有一种叫黄鲱的大鱼，该鱼甲大如碟，重达五百余斤，系长江第二大鱼种，五六十年代偶尔可见，现已绝迹。

巴阳峡是长江航道上有名的单行控制河段，上下船舶由航标引导，错时过往。枯水季节，没长翅膀的上下船只均无法航行，只能等到涨水时才能通航。过往商船停泊巴阳峡，人们在两岸建旅馆、开餐厅，因而留下大量人类活动的痕迹。如巴阳峡石壁上从旧石器时代至清代的石刻、漫记、壁题以及令人费解的远古符号、图语等到处都是，人们在巴阳峡壁缝中常可拾得秦砖汉瓦、古代遗存等残物。2000—2003年厦门大学在此进行发掘，发现新石器时代和商周至汉代遗存，出土有锯齿状唇沿花边口罐、夹砂绳纹罐、磨制石器和打制石片等，反映出了长江三峡以西地区新石器时代文化特点。

过去，巴阳峡北岸佘家嘴是巴阳峡最深、最窄处。佘家嘴有清和寨，南岸黄柏溪有金山寺和七星观。金山寺内有一口巨钟，大钟足有两人高，洪亮的钟声传遍方圆数十里。人们不知巨钟来历，也无法想象谁能有神力把它搬到山上，便称其为"飞来之钟"。20世纪50年代末"破四旧"时，金山寺被毁，钟亦被人锤碎。

　　据《华阳国志》记载，巴阳曾设"塘"和"驿"站。"塘"和"驿"是由政府出面设立的管理机构，古代官员出差暂住或中途换马的地方，"巴阳驿"石刻至今仍在。巴阳峡西连小周溪和大周溪，万云古道（东大路）经过这里。巴阳驿地处万州、开州、云阳三城之间，到三城均在半小时左右车程，因而有"云阳西大门"之称。

　　巴阳峡以前经常发生船难事故，为祈求行船安全，北岸村民便修了一个"水府三官"，以镇住水魔。过往木船或停靠专祷，或隔江遥祝，以求获得心理上的安慰和勇气。同时人们还在岩壁上题刻祝福语，比如清代湖北督粮道邱煌题"佑贶灵长"，刻于南岸峡壁；清知县冯卓怀设巴阳峡上下义渡，并亲书"普同利济"四字刻于峡壁，与邱煌题刻并列，与对岸雕像隔江相望。

　　2003年，三峡水库开始蓄水，巴阳峡被淹没，此处变成了平湖，船行于平静的山水画廊之中，曾经的过往只有在脑海中想象了。

奉节县

◆ 夔门

夔门，又名瞿塘关，位于三峡奉节县瞿塘峡夔门山麓，是古代东入蜀道的重要关隘，春秋以来为兵家必争之地。夔门两岸凌江夹峙，高数百丈，宽不及百米，最窄处不足50米，形同门户，奔腾呼啸，惊心动魄。周武王时为夔子国封地，故取名"夔门"，素有"夔门天下雄"之称。夔门与剑门天下险、峨眉天下秀、青城天下幽，并称巴蜀四大名胜。"夔门天下雄"五个遒劲大字今天仍刻在夔门崖壁上。"夔门"还是第五套10元人民币的背景图案。

"夔"字最早见于商代甲骨卜辞和西周金文，指传说中的一种神兽。《山海经·大荒经》对它有描述："……兽，状如牛，苍身而无角，一足，出入水则必风雨，其光如日月，其声如雷，其名曰夔。"意思是此兽其状如牛，通身灰色，没有角，一只脚，每次现身则伴随着狂风暴雨，彻身发亮如日月之光，吼声如雷。民间传说大禹治水到了今天奉节一带，无奈山高水阻，洪水滔天，用人力根本不能疏解，这时夔龙用角撞开山崖，洪水顺势而下，又

◆ 夔门

王传贵 摄

因两岸山形似门，故称夔门。

夔门两岸，北岸是赤甲山，传说有古代巴国的赤甲将军曾在此屯兵而得名，还有一种解释是岩面含有氧化铁呈红色，故而得名。夔门南岸是白盐山，因为岩石呈灰白色、有光泽而得名。杜甫曾有诗句形容二山的山势："赤甲白盐俱刺天，闾阎缭绕接山巅。"今天奉节根据杜甫的诗歌在赤甲山上打造了三峡之巅景区，站在玻璃栈道，一幅悬、险、惊、奇交错的山水画卷尽收眼底。

瞿塘关古代称为江关，汉晋时又别称扞关（捍关），五代北宋时别称铁锁关，南宋以后至今称瞿塘关。

《汉书》："鱼复，江关都尉治。"鱼复，古地名，在今天奉节一带。都尉是郡一级仅次于太守的军事长官，可见江关当时地理位置的重要性。江关在汉晋时也称扞关（捍关）。郦道元《水经注》:"捍关,廪君浮夷水所置也。昔巴楚数相攻伐,借险置关以相防捍也。"廪君即古巴国开国君主务相。春秋时巴楚相争,夔门为必争之地,哪一方夺取了夔门,胜利的天平就偏向哪一方。没有蓄水之前的白帝城与江岸相连,并不似今天一座江中孤岛,白帝城与赤甲山、白盐山共同形成关隘,历代兵家在此征战。

江关到唐末至宋,称谓有了变化。唐天祐元年,王建割据蜀地建立前蜀,派手下大将张武守夔州,张武"作铁絚,绝江中流,立栅于两端,谓之锁峡"。所以江关也叫锁峡。到了宋代,根据《奉节县志》光绪十九年版的记载,宋代景定五年,武将徐宗武于白帝城下岩穴设栏江锁七条,又为铁柱二,上书徐宗武字,后人呼为铁锁关。今天铁锁关的遗迹仍存,在草堂河注入长江的汇流处,岸上一方大石盘,石盘上兀立着两根锈迹斑驳高逾6尺的铁柱,这便是著名的"铁锁关"遗迹。后来,铁索关成为全国最大的商税关,谓之"夔关",往来商船,皆在此排队纳税,凡不缴税者,一律不予放行。

铁锁关在南宋时被称为瞿塘关了,大约是因为瞿塘峡而得名。陆游《入蜀记》:"瞿塘关,唐故夔州也,与白帝城相连。"此后,瞿塘关这个名字就一直被叫到今天。

冯玉祥将军题刻的"踏出夔巫,打走倭寇"红色大字仍然醒目地展示在夔门江边的岩石上。1943年5月21日,在长江西陵峡右岸的宜昌石牌镇,中国军队对日本军队发动了一场艰苦卓绝的战役,这就是著名的"石牌保卫战"。1943年7月9日的《新华日报》将石牌保卫战比作中国的斯大林格勒保卫战,这场战斗对中国抗日战争胜利产生了深远的影响。今天隔江远眺这八个大字的时候，祖国河山不容侵犯的热血豪情仍会蓬勃而生。

如今的夔门，因为三峡工程长江截流蓄水，已经不是旧时风貌。但是夔门依旧雄壮挺拔，却又平添了几丝柔和。

◆ 鱼复

鱼复，中国古地名，据县志：奉节地域周初属巴之夔子国，前633—前611年灭夔子国后为楚属庸国鱼邑，春秋后期（前611—前453年）至战国前期（前336年）为巴国鱼复邑，治所在重庆奉节白帝城西约2000米的鱼复浦。庸，古国名，出自颛顼帝，据文献记载该国曾随同武周灭商，为"牧誓八国"之一。春秋时，庸是巴、秦、楚三国间地位较高实力较强的诸侯国。公元前611年，为楚国、秦国、巴国三国所灭，巴国分得庸国西部（包括今天奉节）一带的土地。

公元前316年，秦灭巴国，公元前314年秦置巴郡，辖鱼复县。汉武帝元封五年（前106）于鱼复县设立江关都尉，与巴郡太守同级，管辖巴郡军事，江关即今天的瞿塘峡。三国蜀汉刘备夷陵之战败北，退居于此，改鱼复为永安。晋恢复旧名。西魏改为民复，唐贞观间因表彰诸葛亮"托孤寄命，临大节而不可夺"的品质，改名奉节。"奉节"一名一直沿用至今。

"鱼复"作为地名，其得名有几种说法，第一种和伟大的诗人

◆ 老鱼复县
1909年美国地质学家张柏林 摄

屈原有关。屈原投汨罗江后，有一条神鱼感佩于诗人的品格，决定把诗人尸体送回故乡。它驮着诗人往秭归游去，沿途老百姓看见了痛哭不已，神鱼备受感动，被泪水迷糊了眼睛，结果它游过了秭归，直到撞上了滟滪堆，才发现游过了，于是它赶忙掉头回游，人们就把神鱼掉头回游的地方称作"鱼复"。但是这毕竟是传说，也没有见诸文字，真实性存疑。第二种说法是依据重庆市地方志办公室编著并出版的《重庆建制沿革》，书中这样写道："鱼复县，治瀼西，因故地称鱼复浦故名。相传洞庭鳇鱼至此而复归，因而得名。"这种说法在清代的《奉节县志》也能找到："鳇鱼至此而返洞庭。"鳇鱼就是长江特有的中华鲟，中华鲟冬天生活在长江中下游一带深水中，春天产卵时要回游至宜宾金沙江一带。鱼复的"复"字在古代写作"復"，"復"就有返回的意思，鱼复因此得名。这种说法被很多文献采纳。

  鱼复在历史上还被写作"鱼腹",比如郦道元的《水经注》写到鱼复县时是这样说的:"江水又东迳鱼腹县故城南。"更早的《三国志·蜀志》上,也称鱼复为"鱼腹":"章武二年,改鱼腹曰永安。三年,先主殁于永安宫。"唐人李吉甫的《元和郡县图志逸文》中记载:"夔州奉节县,本汉鱼腹县。"

  "复"是"復"的简化字,"复"通"腹"。根据《汉语大辞典》的解释,这里"鱼腹"中的"腹"字,不光有肚腹的意思,还有"丰厚"和"中心"意思,组合起来"鱼腹"可以理解成这里鱼类资源丰富。《华阳国志·巴志》记载,三峡地区的巴人初为渔业民族,氏族聚居于洲渚之上。故庸国称夔地为鱼邑,即盛产鱼类的区域。

  三峡地区瞿塘峡一带曾经鱼类资源十分丰富,而且捕鱼也很容易。从鱼复浦遗址和相近的大溪文化遗址的考古报告中可以看到,这里出土了大量的鱼类骨骸,还有墓葬发现死者头枕鱼、口含鱼、双手握鱼、身体两侧放鱼的现象,说明当地的人们把捕鱼作为一种重要的生活来源,捕鱼形成的民俗已经深入到生活的方方面面。当年杜甫在夔州居住时,就曾描写过这里捕鱼的情况。他在《戏作俳谐体遣闷二首》中写道:"家家养乌鬼,顿顿食黄鱼。"乌鬼是一种捕鱼的鸟,而黄鱼多得人都不爱吃,还用来饲养狗。

  鱼复作为一个地名还和一个以猎鱼为主的族群有关。在《左传》里有这样的记载,文公十六年,楚师伐庸时,"惟裨、鱼人实逐之"。这是"鱼人"第一次出现在文献中。从这段文字看,这个氏族部落被人称呼为"鱼人",其居住地渐渐演变为"鱼邑",而后"鱼复"了。

无论叫鱼邑还是后来的鱼复,或者鱼腹,所表达的中心意思都是一样的,即一个生活在奉节一带的氏族,靠着大量丰富的鱼类资源,创造了属于自己的文化——大溪文化,而这个文化是汉文化的起源之一。

◆ 白帝城

奉节白帝城位于瞿塘峡口长江北岸的马岭山上,东望夔门,南与白盐山隔江相望,西临奉节县城,北倚鸡公山。

白帝城地势险峻,三面临水,只有北面依山,是三峡的西口、入川的必经之途,自古是兵家必争之地。

白帝城为什么叫白帝城呢?这和汉代一个名叫公孙述的人有关。白帝城原名子阳城。公孙述据蜀,于建武元年(25)正式称帝,自号"白帝",改子阳城为"白帝城",改城池所在的这座山为"白帝山",并派手下大将任满、田戎等带重兵到白帝城大兴土木、开垦荒地。公孙述称帝的十二年,轻徭薄税,全川比较安宁,夔州人民得以休养生息。当地老百姓为纪念公孙述,特在白帝城山上兴建白帝庙,塑造公孙述像供祀。明正德八年,四川巡抚以公孙述非正统系僭越为由,毁公孙像,将白帝庙改为供奉江神、

◆ 白帝城
王传贵 摄

土地神和马援像的"三功祠"。明嘉靖年间，又改为供刘备、诸葛亮、关羽、张飞像，更名为"正义祠"，终于造成"白帝城内无白帝，白帝庙祭刘先帝"的事实。

白帝城历来都不缺故事，发生在白帝城的另外一个著名的事件便是刘备托孤。公元221年7月，刘备挥兵攻打东吴孙权，双方相持八个月，最终刘备在夷陵一带败于东吴。刘备退守永安（奉节），内忧外患，一病不起，于白帝城托孤于诸葛亮。《三国志》中记载先主泣曰："君才十倍曹丕，必能安国，终定大事。若嗣子可辅，辅之；如其不才，君可自取。"刘备带着无限的遗憾离世。诸葛亮协助幼主，尽心辅佐，谱写了"三顾频烦天下计，两朝开济老臣心。出师未捷身先死，长使英雄泪满襟"的气节。贞观二十三年，唐太宗感念蜀丞相诸葛亮奉昭烈皇帝刘备"托孤寄命，临大节而不可夺"的品质，改名奉节县，奉节一名沿用至今。

历史上许多名人和白帝城有过交集。767年，这一年杜甫已经56岁，距离他生命的终点还有三年的时间。在这一年的秋天，杜甫登上了夔州白帝城外的高台，和所有哀叹秋天的诗人们一样，他把眼前的景色和自己内心的所思所想融入一首登高诗作之中，这就是被后人誉为七律之冠的《登高》：

　　风急天高猿啸哀，渚清沙白鸟飞回。

　　无边落木萧萧下，不尽长江滚滚来。

　　万里悲秋常作客，百年多病独登台。

　　艰难苦恨繁霜鬓，潦倒新停浊酒杯。

白帝城拥有多座城门，现有东门、小北门、大北门、皇殿台瓮城门（桑阁门）、小西门、西门等。白帝城是在历代筑城基础上增补及修建而成，在南宋宋元战争中，具有强烈的军事堡垒特征的白帝城发挥了重要的作用。考古发现表明，南宋白帝城不仅是一个军事城堡，其本身就是一个依托特殊山水地理环境的军事攻防系统，在遗址现场挖掘出的一批保存完好的火铁雷，印证了文献中宋蒙战争使用火药武器的记载。白帝城为南宋"四舆"、川东"八柱"之一，与重庆城、合川钓鱼城、渝北多功城、南川龙崖城、泸州神臂城等，共同构建起了南宋政权西线山城防御体系。

白帝城在春秋时为庸国鱼邑治所。汉朝曾在此设鱼复县，是当地的政治、经济、文化中心和商贸物资集散地。古城之内，遗留下来的汉砖、汉瓦，一度遍地皆是。地下埋藏的文物也很丰富，在白帝城出土的有陶豆、莲花灯、铜锅、铜镜、铜鼎、青瓷虎子、瓷酒壶等。

今天的白帝城因为三峡大坝蓄水，已经成了一座江中小岛，一座堤桥连接两岸。白云悠悠，涛声依旧，多少风流人物，一江春水滚滚东去。

◆ 八阵

八阵图是由三国时期蜀汉丞相诸葛亮推演兵法而创设的一种排兵阵法，这种阵法遗迹全国现存三处。据郦道元《水经注·江水》记载，一处在陕西的沔县（今勉县），一处在重庆的奉节鱼复浦，还有一处在四川的新繁（今四川新都区北三十里的牟弥镇）。当然，诸葛亮最著名的八阵图遗迹莫过于奉节鱼复浦。奉节的八阵图又有"水八阵"和"旱八阵"之分，前者在白帝城西约五里的江滨，后者在白帝城东十五里的石马河谷。三峡库区蓄水以后"水八阵"再难现其风貌了。

郦道元《水经注·江水》对八阵图有具体的描述："江水又东，迳诸葛亮图垒南，石碛平旷，望兼川陆，有亮所造八阵图，东跨故垒，皆垒细石为之。自垒西去，聚石八行，行间相去二丈。"由此看得出，八阵图以江滨石碛为基础，又加上了人工垒造而成。

《三国志·蜀书》卷五《诸葛亮传》："推演兵法，作八阵图，咸得其要云。"传说诸葛亮入川时，曾在奉节鱼复浦聚石为堆，设置石阵，这个石阵借助大自然的天然优势，吸收道家的八卦排列组合，并将一些天文地理知识贯穿其中，它分为"生""伤""休""杜""景""死""惊""开"八门，并建立起以"天""地""风""云""龙""虎""鸟""蛇"为名的战斗队形，人称八阵图。

东晋穆帝永和三年（347），东晋大司马桓温率军伐蜀，进至巴东鱼复时留下一首《八阵图》诗："望古识其真，临源爱往迹。恐君遗事节，聊下南山石。"从诗歌中看，桓温似乎看到了诸葛亮的八阵图遗迹。现经有关专家论证，构成诸葛亮八阵图的石堆，是鱼复浦白盐碛上历代煮盐留下的简易盐灶。单个盐灶呈地堡状，盐灶之间有沟壑可连通成网，组合在一起就形成了石阵。战时堡内可置守兵，沟内可设伏兵，四周有水源，是比较完备的防御阵地。所以，也可以说八阵图是对鱼复浦上的盐灶进行改造后，用于军事防御的产物。

鱼复浦白盐碛遗址，位于奉节县城东一公里处。白帝城西五公里处，临长江左岸的第一级阶地上，是一块东西长2500米、南北宽800米的碛石沙滩，沙滩夏季被洪水淹没，冬季露出水面。长江自西向东流，在城东向南转了一个弧形大弯，致使碛坝呈两端尖、中部圆，北高南低状，远处看去犹如鱼腹。这里又是奉节县历代的煮盐之地，煮盐的盐灶呈石堆状，石堆分布在鱼复浦上，形成石阵，这个地方就是诸葛亮当初布下的八阵之地。

旱八阵在白帝城北面的石马河谷。石马河在这里转一个大弯，形成一个宽阔河谷地带，汇入草堂河。此地有一座八卦楼，相传是诸葛亮指挥布阵的地方。这里是由鄂入川的旱路必经之地，周围地形地貌复杂，容易埋伏。唐代诗圣杜甫曾经在草堂河不远的地方寓居两年多，他曾作《八阵图》一诗评价诸葛亮，这首诗可能是对诸葛亮一生功绩的最佳评价：

> 功盖三分国，名成八阵图。
>
> 江流石不转，遗恨失吞吴。

千百年来，关于诸葛亮的八阵，历来争议颇多，但是奉节人依旧形成了一个纪念诸葛亮的风俗节日——人日。人日节在农历正月初七，这一天，奉节人成群结伴，出游水八阵，谓之"踏碛"。女人在石碛上捡石头，凿孔串作饰品以示吉利；孩子在碛上放风筝、游戏；男子们则在这一天结伴来碛上野炊、饮酒、赋诗，通宵达旦。南宋陆游在奉节做官时，曾作《蹋碛》诗："鬼门关外逢人日，蹋碛千家万家出。"

诸葛亮的八阵图已经不仅仅是一个战争的排兵阵法，它已经浸润到奉节人的精神之中，成为独特的夔州文化的组成部分。

◆ 夔州

夔州城为奉节县城，奉节历与郡、州、府、路同治。

战国前期（前316年），这里属巴国管辖，战国后期为秦国所有。秦汉年间为巴郡鱼复县。汉献帝兴平元年（194）在白帝城设置固陵郡。汉献帝建安六年（201）更名巴东郡。222年，刘备兵伐东吴，遭到惨败，退守鱼复，将鱼复改为永安县。梁武帝普通四年（523）更名信州，唐武德二年（619）以避皇外祖独孤信讳改信州为夔州，设夔州总管府。宋代实行路、府（州、军、监）、县三级行政体制。太祖开宝六年（973）设峡西路，真宗咸平四年（1001）设益州路、利州路、梓州路、夔州路四路，合称"川峡四路"，简称"四川"。元至元十五年（1278）仍为夔州路。夔州到1913年废除，共存在1296年。夔州一直为巴蜀东北部，有段时间甚至是整个川东地区的政治、经济、文化和军事中心。

奉节早在六万年前就有人类活动。六千多年前，境内人民就与巫山一带、鄂西南和湘北地区人民一起共同创造出闻名全国的大溪文化，形成了长江中游的一种以红陶为主的地区性文化。

"夔"字最早见于商代甲骨卜辞和西周金文，指传说中的一种神兽。《山海经·大荒经》对它有描述："……兽，状如牛，苍身而无角，一足，出入水则必风雨，其光如日月，其声如雷，其名曰夔。"意思是此兽其状如牛，通身灰色，没有角，一只脚，每次现身则伴随着狂风暴雨，全身发亮如日月之光，吼声如雷。

而《尚书·虞书·益稷》记载的夔，指的是上古时期的一个音乐家。夔模拟山谷流水声音，以陶鼓、石磬等乐器伴奏，创作了祭祀乐舞《大章》和乐舞《箫韶》。夔的音乐能够教化众生，让百官臣服，实现政通人和。因此夔的音乐才华得到舜的赏识，后来又有人推荐其他音乐家，舜说"夔者一而足矣"，意思是"一个夔就足够了"，后人误解成"夔只有一足"。至于夔这只独脚兽的形象怎么和音乐家夔的形象结合起来的，中间缺少环节，只有自我想象了。由"夔"而形成的夔氏早在夏朝之前就已出现，是由舜帝的乐官"夔"传下来的。2005年在奉节永安镇遗址出土的汉

◆ 夔州

1909年美国地质学家张柏林 摄

代夔龙玉佩表面光洁滑润，呈淡黄色，龙做垂首屈身状，双面雕刻，立体感极强，则是夔文化的具体表现。

西周时期，夔是由楚王族派分而来建立的一个小国，存续两百余年。夔国的开创者叫熊挚，楚国第六任君主熊渠之子。由于天生残疾，熊挚失去了继承楚国君主的资格，被封到这个叫"夔"的地方，这便是夔国的由来。后来因为夔国的某些行事方式惹怒楚王，故灭之，夔国的名字也就消失了。

夔州在619年正式得名，宋、元时为夔州路，明洪武四年（1371）改置夔州府。这些夔（州）、（路）、（府）辖境常有变化，大致辖境在老重庆、太平县、达州、梁山县、巫山、巫溪、云阳、万州、开州等地变动。治所奉节也常常被人们称作夔州，和夔州府重叠使用。

历代以来，天下诗人皆入蜀，行到三峡必有诗。陈子昂、王维、李白、杜甫、刘禹锡、白居易、苏轼、陆游、杨慎等历代诗人都在奉节留下大量传世名篇，这些诗作都称为夔州诗。特别是

◆ 夔州

"诗圣"杜甫,在流寓奉节的两年多时间里,写诗四百三十余首,占其全集的七分之二。刘禹锡则在巴渝民歌的基础上开创了"竹枝词"流派。

夔州人以此地为杜甫寓居之地而骄傲,依据杜甫诗意修建有万丈楼、最高楼、白帝楼、万卷堂、开济堂、开济门、依斗门等,依斗门是这些建筑中至今唯一保留下来的标志性建筑。

夔州之所以吸引大批文人墨客留下诗篇,除了地理位置,其独特的风景或许是一个重要因素,夔州十二景包括:赤甲晴晖、白盐曙色、夔门秋月、瞿塘凝碧、白帝层峦、草堂遗韵、武侯阵图、龙岗耸秀、文峰瑞彩、鱼复澄清、莲池流芳、滟滪回澜,随便一处景色就是一个诗意的图画。

◆ 滟滪堆

滟滪堆泛指水中的大石块、大石堆，特指瞿塘峡口的滟滪堆。

滟滪堆，又称"淫预""犹豫"，还名"燕窝石"，川江人惯称滟滪堆。滟滪堆位于白帝城下瞿塘峡口。夏季洪水暴发，一江怒水直奔滟滪堆，狂澜腾空而起，涡流千转百回，形成"滟滪回澜"的奇观。这时的滟滪堆已大部浸入水下，行船下水，如箭离弦，分厘之差，就会船沉人亡，故船夫见此巨石出现便犹豫不决，因此又称之为"犹豫"。郦道元《水经注》记载："白帝城西有孤石，冬出水二十余丈，夏即没，秋时方出。谚云：滟滪大如象，瞿唐不可上。滟滪大如马，瞿唐不可下。盖舟人以此为水候也。"

郦道元的谚语没有写完，关于滟滪堆完整的谚语是这样的：

滟滪大如马，瞿唐不可下。

滟滪大如象，瞿唐不可上。

滟滪大如牛，瞿唐不可流。

滟滪大如幞，瞿唐不可触。

滟滪大如鳖，瞿唐行舟绝。

滟滪大如龟，瞿唐不可窥。

这首歌谣，用马、象、牛、幞（古代男子戴的头巾）、鳖、龟比喻滟滪石露出水面的形状，这些比喻形象生动地描画出不同时期瞿塘峡江水枯盈造成滟滪石由大变小的情状。滟滪大如"牛""马"时，船只不可顺流急下；滟滪大如"象"，则船只上行瞿塘便十分艰难；滟滪大如"幞"，行船就要倍加小心，不可触碰它；

而在滟滪石时隐时现如鳖如龟之际，行船瞿塘就简直没有可能了。

杜甫在《滟滪堆》中写道："巨积水中央，江寒出水长。沉牛答云雨，如马戒舟航。""沉牛"就是祭江，当地船夫将猪、牛、羊等牲畜投入水中以求平安，但是瞿塘峡还是常常发生船难事故。

滟滪堆最惨烈的一次事故发生在唐朝。宋代笔记《北梦琐言》记录了这次船难。唐代乾宁中朝官李荛学士带全家从四川去江陵（今荆州），经过夔州。当地官员说"水势正恶"，请耐心等待。但李学士被人催促，迫不及待。于是夔州官吏在岸边与他长揖而别，目送他的舟船离去。突然漩涡涌起，一个巨浪将船只吞没，李学士一家及全船一百二十多人溺死，只有一名奶娘隔夜被江流推送到岸上生还。

◆ 滟滪堆
1909年美国地质学家张柏林 摄

滟滪堆的险恶，让人们对它多了几分好奇。宋淳熙十二年（1185），寄居瞿塘峡口的开封人成子昭驾船到滟滪堆旁，用绳子绑上石块丢入江中，测得滟滪堆水深约84丈，换算过来大约是280米，但仍不知滟滪堆大小的确切数据。

首次驾驶轮船航行川江的英国商人立德乐，在《扁舟过三峡》游记中记述："1883年3月24日，星期六……这一危险的岩石称雁尾石（系音译，应为滟滪堆），黑亮黑亮的，现在露出水面40英尺，夏天洪水季节的大部分时间则被淹没。"他估计滟滪堆高只十多米。

1958年3月，毛泽东主席乘坐江峡号轮船经过滟滪堆时，船长莫家瑞唱起那首流传了千百年的《滟滪歌》，引起毛主席的关注，随即，滟滪堆纳入航道整治计划。为了炸掉滟滪堆，就要测量它的准确尺寸、放置适量的炸药。1959年6月，川江航道处测量分队队长徐宗鹤，带领陆文龙、潘必达对滟滪堆进行实测。这是第一次也是最后一次实测滟滪堆，当时滟滪堆高出水面26米，长40米，宽度不规则，为10～15米，体积达9500多立方米。滟滪堆的大小终于有了准确的数据。

1959年12月11日夜间，开始在滟滪堆填装炸药，一共装药3500公斤。第二天下午3点25分通电起爆，随着"轰"的一声巨响，滟滪堆向背侧倒塌，夔门前的江面上掀起巨大的水浪，霎时，如牛如马如象的滟滪堆消失。为满足大型船队和拖排的航行要求，1960年12月18日，川江航道处再次对滟滪堆进行清底爆破，炸礁270立方米。古歌谣里"瞿塘行舟绝"的情形终于成为历史。

滟滪堆被炸掉的部分岩石现在存放在重庆三峡博物馆里。

巫山县

◆ 龙骨坡

在重庆的东部，三峡库区的腹心地带，是有"渝东北门户"之称的巫山县。在巫山县西南的巫山山脉中，有一个四周是高耸的山峰、中间是平坦坝子的盆地，这里就是巫山县的庙宇镇。在庙宇镇新城村的西南坡有一处更新世时期的遗址——龙骨坡遗址，又称"巫山猿人遗址"。龙骨坡遗址的发现，轰动了世界，也填补了中国早期人类化石的空白，意义重大。

为什么这里叫"龙骨坡"？这其实和1985年发现化石有着密不可分的关系。考古学家1985年在此处发现了重要的化石，当地百姓把化石叫作龙骨，意思是"龙的骨头"。这里在远古是一个山洞，后来变成了山坡，这块只有1300平方米的山坡，因此被称作"龙骨坡"。而后将化石及石器出土地点称为"龙骨坡遗址"。

"龙骨坡遗址"和一位考古学家密不可分，他就是中国科学院古脊椎动物与古人类所研究员，后来的重庆龙骨坡巫山古人类研究所所长黄万波。1984年，黄万波和同事李宣民等人在庙宇镇龙坪村的龙骨坡发现了这个遗址。1985年，他们在遗址内发现了一段左侧下牙床和一个内侧门齿。经过测定，牙齿化石时间为204万年前，这是目前我国发现的最早的古人类化石。后来专家对化石牙齿的冠宽和冠高进行研究，判定它已由猿进化到了人。而通过牙齿的磨损程度分析得知，这是一个老年个体；因为母系氏族的血缘关系，推断它是女性，所以此化石又被称为"巫山人的老祖母"。这个足以改变世界考古历史进程的发现，立即轰动世界！在此之前，我们知道的陕西蓝田人距今约100万~50万年，北京人则距今约70万~20万年，而龙骨坡遗址的发现，将中国的史前文化向前推进了100万年！

◆ 龙骨坡巫山猿人遗址
巫山县文物管理所（巫山博物馆）　供图

从1986年开始，又陆续对当地进行了发掘，又发现了三枚门齿和一段带有两个牙齿的下牙床化石。1986年11月29日，考察队在重庆举行新闻发布会，公布了这一重大发现，轰动世界考古和学术界，并掀起了一次有关人类起源的大讨论。1988年，又采集到了120种脊椎动物化石，其中步氏巨猿、中国乳齿象、先东方剑齿象、剑齿虎、双角犀、小种大熊猫等116种为早期更新世初期的哺乳动物化石。龙骨坡是目前中国第四纪化石种类最多的地点。经考证，这些化石属"早更新世"。早更新世是第四纪冰川更新世的第一个时期，由1932年国际第四纪会议确定，距今时间约为243万年到73万年。黄万波说，龙骨坡所留下的大量的原始遗存证明，古人在重庆地区的活动十分频繁。由此推断，生活在长江流域的"巫山人""奉节人""建始人""南京人"以至"巴人"等多种直立人和智人都是"东亚型"人，而龙骨坡遗址是迄今为止中国乃至东亚最早的人类化石点。这一重大发现，不仅填补了我国早期人类化石空白，对于人类起源的研究具有极为重要的科学价值。

1995年，黄万波等中国学者与美国、荷兰及加拿大的合作研究小组，在世界顶级期刊《自然》杂志上发表论文，提出龙骨坡遗址出土的似人牙齿和一段下颌骨残段属于直立人遗存，之后引起了学术界的广泛讨论以及争议。

1996年，龙骨坡遗址被列为第四批全国重点文物保护单位。

1997年，龙骨坡遗址开始了第二阶段的发掘，在第五至第七水平层上发现了二十余件以石灰岩为原料打制的大型石制品。有的石器制作得很精致，有的石片打制得很典型。这些发现使得巫山猿人及其文化在国内外得到公认。2003年到2006年，中法联合

◆ 龙骨坡遗址

科考队对巫山龙骨坡古人类文化遗址进行了三次清理考察，弄清了遗址的地质文化分层。根据结果，专家将龙骨坡遗址分为三大地质文化层，由上到下第一层为角砾层，厚度约为8米；第二层为橘黄色细角砾层，厚度约为12米；第三层为黏土层。古人类、动物化石及石器主要分布在第二层，有近20个文化带。其中第二层最上面的化石年代为180万年，最下面的为200万年，文化层跨度为20多万年。意味着巫山古人在龙骨坡山洞生活了近20万年的时间。

经过1991年中科院地质研究所用古地磁法、2015年中国地震局地质研究所用电子自旋共振法和铀系法等测年技术、2021年中科院地质与地球物理研究所用古地磁法，共三个团队的测年结果，认定龙骨坡遗址文化层的地质时代介于距今250万～200万年之间，这表明巫山人及龙骨坡巫山人遗址是目前欧亚大陆最早的古人类遗址。

龙骨坡遗址的重大发现，填补了中国早期人类化石的空白，将人类起源的时间向前推进了100多万年，同时动摇了"人类起源于非洲"的学说，也证实了人类不是单一起源的论点，对于人类起源的研究具有极为重要的科学价值。

2007年11月12日，由中国科学院和重庆市委、重庆市人民政府、中科院古脊椎和古人类研究所联合主办的"巫山龙骨坡——远祖之谜"文化研讨会在北京举行，标志着"巫山人"正式得到国内外学术界的广泛认可。

龙骨坡遗址所在的庙宇镇，还有非物质文化遗产"龙骨坡抬工号子"。龙骨坡的先民们在建造房屋、铺路架桥的时候，众多男性青、壮年以集体力量抬起重量巨大的建筑材料。在繁重的体力劳动中，抬工们通过吼唱号子抒发内心感情、缓解疲劳，也使集体步力合一，就形成了别具特色的"抬工号子"。如今，到龙骨坡遗址寻古，还可以听上一曲抬工号子，感受巫山悠远的历史文化魅力。

◆ 天赐城

在巫山县城西北方的龙溪镇天城村，有一处南宋时期的天赐城遗址，它是南宋时期为抵抗蒙古军南侵而修建的一座军事堡垒。虽然天赐城只留下了遗迹，但依然能感受到悠远的历史光影。

◆ 天赐城遗址
巫山县文物管理所（巫山博物馆） 供图

  时光回到13世纪。1235年开始，蒙古想灭掉南宋，蒙古铁军开始向南侵占。到了1241年，成都失守，四川只有重庆一带可守，形势岌岌可危。第二年十二月，余玠出任四川安抚使兼知重庆府，他把全川的指挥中心迁到了重庆，并以合州钓鱼山作为防御据点，围绕钓鱼山的周边各城都要建立山城，之后就有二十座山城建立，而且山城防御体系屡建奇功，让蒙古军队很是头痛。在此过程中，大宁监的天赐城就这样诞生了。

  这里要说到著名的大宁监和大宁县。北宋开宝六年（973），原来的北井县地域从大昌县中分出来，设立大宁监，中心就在今天巫溪县的城厢镇，也就是大宁古城所在地。南宋时期时这样的建制没有变化，天赐城还是属于大宁监。到了清朝，大昌县并入了巫山县，所以今天天赐城的遗址才归属于巫山县。

天赐城所在的地方，在大宁河的右岸，海拔约650米，山体非常陡峭和险峻，用来当军事基地，真是一夫当关万夫莫开。虽然大山很险峻，但山顶的视野却是一览无遗地开阔。更重要的是，山顶的地势非常平坦宽敞。这里简直就像是上天赏赐的风水宝地，所以被称为天赐山。那么相应地，山顶这座作为军事堡垒的城，就被叫作天赐城了。天赐城的地理位置非常重要，它地处四川、陕西和湖北三省的交界地带，可谓自古乃兵家必争之地。

天赐城现在尚存的遗迹，包括大石碑崖刻、城墙脚石群和小石碑崖刻三处，都在半山腰。

如今天赐城遗址东门附近的松林中，有一处摩崖石刻，高3.5米、中宽3.5米，打磨的碑身高1.96米、宽1.22米，碑额篆书"大宁监创筑天赐城记"九个碗口般大字。除碑额外，全文419字，字体三厘米见方。这块碑由于年久失修已经朽坏，但大部分碑文还能辨认。这篇《大宁监创筑天赐城记》的碑文由当时夔州路的最高军事长官徐宗武撰写，从碑文内容就可以看出修建天赐城的重要性。

当时的大宁监属于夔州路，是夔州路的北大门。因为产盐，其经济地位也相当重要。当时，如此重要的大宁监却没有一处重要的军事防守设施，导致蒙古军队时常来骚扰。南宋景定三年（1262），徐宗武到夔州上任，他来的目的，就是要在大宁监选一块地方修建军事设施。于是，经朝廷同意后，当年十一月天赐城动工，第二年四月初就竣工了。天赐城当时是绕着天赐山山腰，修了一圈长达960丈（约合3200米）的城墙，上面设有雉墙箭垛、烽火台、瞭望塔、指挥楼、炮火发射阵地等军事设施，以及办公官署、库房、营房，还设有炮火发射阵地。城内有近一平方千米的面积，东西城门间约有1.5千米的距离。建好之后，连大宁监的治所也干脆搬到了城中，军民生活得到有效防御，当地老百姓也有了安全感。

当年，天赐城建成的时候，蒙古军队内部出了问题，根本无暇南侵。但几年后蒙军缓过劲来，又开始猛烈攻打南宋。1279年3月，南宋彻底灭亡。有意思的是，天赐城1263年竣工之后到南宋灭亡的十多年间，史书并没有蒙军攻打天赐城的记载。

当年元朝军队占领四川之后，把当年防御蒙军的八十多座城堡全部摧毁，但并没有摧毁天赐城的记载。据记载，在明代末期，明军曾经在天赐城驻扎过，说明有可能此时天赐城的军事设施还是存在的。几百年过去，如今的天赐城遗址，绝大部分城墙已经消失无踪，只有很少数的地方能够看到筑城的痕迹。不过，在一条沟中，还可以看到用粗石料堆砌的长约5米、高约4米的城墙墙脚。

如今到天赐城遗址寻古，可以前往最高处，在此处能寻到一处古观的遗址。据《巫山县志·寺观志》说，在天赐城的山顶，有一处道观，名为七星观，不过现在也已只是遗址了。

巫溪县

◆ 荆竹坝

在绵延千里的大巴山的东段，古老的巫溪县就坐落在山的南麓。早在东汉年间就建县的巫溪，历史极为悠久，它地处大巴山与大三峡两大自然资源富集区交会地带，同时又处在渝陕鄂三省的交界处，自然与人文旅游资源众多。

在距巫溪县城21千米的白鹿镇香树村二社，发现了震惊中国考古界的荆竹坝岩棺群。在大宁河的支流东溪河的荆竹峡西岸的悬崖上，分布着这些悬棺。大宁河在古代被称作巫溪，由北向南，从巫溪县流出，全长两百余千米，最后在巫山县注入长江，号称"天下第一溪"。东溪河则是大宁河的支流，发源于巫溪县白鹿区龙竹坝李子树垭口东侧，经高竹一路南下，在两河口汇入大宁河，全长59.9千米。东溪河上的荆竹峡，全长七千米，因为四面的高山上长满了荆竹而得名。

荆竹又叫金竹，是一种茎粗而高的竹子，平均高达7米，广泛用于制作竹竿、篮子、竹席等日常生活品。在荆竹峡中段有一处宽阔的坝子，就叫荆竹坝，岩棺群就在荆竹坝旁陡峭的山上。

在高出河面100～140米的岩壁上，有着狭长平台状的石墩，在这些天然的石缝中，棺木就被放在石墩上，从而避免了棺木被日晒雨淋，这也是棺木得以被保存至今的关键所在。岩棺群现存有岩棺共计24具，棺木偶数成组，排列放置在石墩上。这24具棺木中，完整的棺木有15具。其中最大一具棺木长约3米、高近1.5米，里面还套着一具稍小的棺木。每一具棺木都是由一段整木挖凿而成，但制作比较粗糙。整底和整盖设置，盖身是子母榫扣合，从横切面看，近似方形。棺头内凹成挡板，盖身头尾两端各凿有拳头大小圆形孔洞，下面铺了石块。

那么，古人为何要选择岩葬呢？有专家分析，史前有些民族是穴居生活的，所以死后也要葬在岩石上。另外还有人研究说，古代巴人濮人有葬地"愈高愈孝"和浓厚的"祖骨崇拜"思想，他们认为葬得越高就离天越近。悬棺葬最突出的特点，就是葬地依山傍水，还有的使用船形棺，这种葬俗与居住在江河湖海的民族密切相关。那么，古人又是如何把这些棺木挂到高高的悬崖上去的？当地一直有非常多不同传说。有一种说法说悬棺是铁铸的，里边装的是鲁班的无字天书。还有的说法更具神话色彩，说是有神力的孩子把自己的棺木踢到峭壁上。而目前比较科学的考古结论是，古代大宁河区域是少数民族巴人、濮人杂居之地，但古代的巴人并没有悬棺的墓葬风俗，所以荆竹坝的悬棺，据推测可能是古代濮人的葬俗。还有人说，古代这里的悬崖峭壁上，长着韧性十足的藤蔓，为古人攀岩而上创造了很好的条件。

1980年7月，四川大学历史系考古专业的师生，在荆竹坝进行

◆ 荆竹坝：悬棺
巫溪县民政局 供图

了一次实地探索。他们采用木梯接木梯的办法，取下了离地面最近的十八号棺木。这具棺木长1.6米、宽高各0.45米。由于年代太久远，经历各种自然侵蚀，棺木只有不到50千克。棺里有两具尸骨，分别是十多岁的男孩和女孩的尸骨。随葬物有铜带钩两件，两钩像蛇头，钮似桃形，全钩呈琵琶状。此外还有一只铜手镯。根据制作技术、式样以及铜质的分析，专家推断为西汉之物。1981年3月，在四川珙县召开了全国首次悬棺座谈会，一些专家认为，巫溪的荆竹坝悬棺，要比大名鼎鼎的珙县僰人悬棺早出一千多年！这个论断当年轰动了考古界。

1988年，考古人员还在荆竹坝岩棺群中发掘出一把木剑。剑长50.2厘米，宽4.1厘米，重0.09千克，剑身与剑鞘由整块杉木挖凿而成。出土时，剑体保存完整。1990年此木剑经四川省文物鉴定专家组鉴定为国家一级文物，属战国至西汉时期的遗物，也就是两千多年前的遗物。而这两千多年历经战乱与朝代更迭，还有各种自然变化、地质灾害，悬棺依然保存得如此完好，让人啧啧称奇。

2013年，荆竹坝岩棺群被公布为第七批全国重点文物保护单位。它的一般保护范围是：北到棺木岩北边的黄连架溪，南到棺木岩南边的流水沟，西到棺木岩岩檐以后100米区域，东到汉风神谷沿虫溪河向东延伸200米。它的重点保护范围是黄连架溪至流水沟南北长1000米的整个棺木岩岩壁。

荆竹坝岩棺群是迄今所知的悬棺葬中，时代最早、保存集中、保存数量较多的重要墓葬群，是研究巴楚文化交融及古代少数民族族属葬制的实物资料，有很高的学术研究价值。

荆竹坝地带原始古朴，神秘幽深，风景优美，目前已打造出汉风神谷和荆竹坝岩棺群两大人文景点。汉风神谷景区又称远古巫文化博物馆，总面积1.8万平方米，举目就可以望见岩棺群。景区内主要有仿古汉城墙、岩棺陈列馆、仿古蔡伦式造纸作坊、巫文化展览馆、巫文化雕塑园区等五大部分。

◆ 大宁城

巫溪自古和"大宁"相生相伴，形影相随，民国时这里名叫大宁县，大宁河古时候又叫巫溪水。所以大宁古城其实就是巫溪城的所在，永不离分。

大宁古城位于距巫溪政府驻地马镇坝只有五公里的城厢镇，它也是三峡库区中唯一一个没有被淹没的古城，有着长达一千八百年的悠久历史。大宁城名字的由来，就是源于城边这条流淌而过的母亲河——大宁河。大宁河发源于大巴山南麓巫溪县的新回坝，长168千米。大宁河的历史，就是巫溪的历史。

早在远古时期就有巫巴先民在此生活。这一区域在先秦时期先后属于巫咸国、巫载国，夏商周属于国鱼邑，后来归属巫郡。战国时期，秦设立巫县，县域包括如今的巫山和巫溪。西汉的时候这里属于南郡巫县。东汉建安十五年（210），巫县分设北井县，县治就在今天的大宁古城。三国时期，北井县先后属巴东郡（今奉节）、宜都郡（今宜昌）、建平郡（今巫山）管辖。两晋南北朝时，北井县建制未变。北周初期，在北井县设始宁郡，改称永昌郡，郡治也在今天的大宁古城。天和三年（568），北井县并入大昌县。唐朝增设了道的建置，大昌县属山南东道所属夔州（今奉节）管辖。五代十国时期，夔州设镇江军，后改成宁江军，大昌县为其所隶。

"大宁"最初得名是在北宋时期。北宋开宝六年（973），置大宁盐监，位于今巫溪县北八里前河乡（门洞）。而在明代曹学佺的《蜀中广记》卷五十三的大宁县部分："与治侧永安城相对，取安宁之义也。"所以"大宁"就是"大昌"加上"安宁"的意思。元朝至元二十年（1283）升为大宁州。北宋时有了路的设置，太宗端拱元年（988），大宁监隶属夔州路。元朝设立四川省，大宁监升为大宁州。到了元末，大宁州属大夏农民政权夔州路。明朝，大宁州属重庆府，之后降为大宁县，后来复设为大昌县。清朝时

◆ 大宁城：拱辰门
　　巫溪县民政局　供图

曾经撤大宁县并入奉节县，之后又复设大宁县，属四川承宣布政使司川东道夔州府管辖。民国时，大宁县隶属川东道，因为和山西省大宁县同名，改名叫巫溪县。1949年12月20日，巫溪县人民政府成立，隶属于西南行政区川东人民行政公署万县专区。1952年9月1日，巫溪县属四川省万县专区，此后先后属于万县地区、万县市和重庆直辖市万州移民开发区。2000年7月，巫溪县改由重庆市直接管辖。

　　大宁古城当年之所以如此繁盛，是因为这里是中国最早的大盐场。记录了两千多年制盐业历史的工业遗址——大宁盐场遗址，如今为全国重点文物保护单位。该遗址是我国开发较早的以自然盐泉为基础的盐业遗址，是川渝盐业开发悠久历史的重要见证。

宋朝设立了大宁监后，由于这里特别的地理位置，来自四川、陕西、山西、湖南、湖北、贵州等地的商贾往来于此，商业非常发达。大宁城中原有九宫十八庙、一堂两坛两庵、一寺两阁两观，另外还有古城八大名景，分别为东山起凤、西岭伏麟、南渊跃鲤、北阁观澜、秋江月色、春岸花香、两溪渔火、万灶盐烟。

大宁古城曾经一度显出衰落破败之象。2008年，当地正式启动古城改造工程，残破的城墙得以在保留原来风貌的前提下进行修葺。这次改造，还建设了明清古建筑、历史文化博物馆、古城风情特色商业街等项目。如今，明朝正德年间所修建的城墙经过保护性修葺后，修旧如旧却又历久弥新。古城墙包括城墙以及东门和北门，一共约八百米长的建筑，大部分保持原状。老城墙除了有御敌的功能外，因为靠近大宁河，还有防洪的功能，因为它本身就是一段河堤。

城墙的北门是大宁古城的大门，气势相当恢宏。北门上的古城楼书写的"拱辰"二字，出自《论语》："为政以德，譬如北辰。居其所而众星拱之。"意思是像北辰一般，为众星拱之。

古城中最有烟火气的，就是大宁河漫滩特色风情街，这条风情街共长两千米，南起县城南门湾人行隧道洞口，北至北门沟，尤其是这里的美食夜市，让人流连忘返。

站在城墙上观赏这座古意十足的小城，会发现这座小城三面都为碧绿的山峦环绕，大宁河从城边流淌而过，曾经"峡郡桃源"的美誉果然名不虚传。而如果对这座古城还想深入了解，则可以更多地去探究拥有五千年历史的巫文化所留下的神秘与恢弘，因为这座大宁城本来就是巫文化中的"灵城"，很有历史积淀与韵味。

石柱土家族自治县

◆ 西界沱

西界沱又名西沱古镇,地处万州、忠县、石柱交界处,北与长江明珠石宝寨隔江相望,是石柱县的北大门,也是该县最大、功能最齐全的长江港口,是长江上游重要的深水良港。

西界沱古为"巴州之西界",因地临长江南岸回水沱而得名西界沱。周武王克殷,封巴子国以西界。春秋战国时期,西界沱先后归为巴国和楚国的属地。三国时期,这里成为蜀国益州东部的巴东郡之西界。作为古巴国重地,西界沱因盐而兴,依道而建,是古代巴盐古道的起点。解放后曾经为县政府驻地。

西界沱历史文化悠久,早在新石器时代,就有巴人在这里繁衍生息。西界沱的发展离不开盐。传说巴人领袖廪君带领巴人发动"盐阳之战",战胜"盐水女神",建立巴人夷城,掌握了古夷水流域(清江)的盐水资源。后来又控制了长江三峡以西的一些重要盐泉资源,规模较大的有湖北长阳清江盐泉、巫溪宝源山盐泉、忠县涂井盐泉、忠县𣲾井盐泉、奉节白盐碛盐泉、云阳云安

◆ 西界沱：西界沱牌坊
刘默涵 摄

场盐泉、彭水郁山镇盐泉等，其中最为重要的盐泉资源是大宁盐泉。大宁盐泉是中国已知最早的盐泉之一，距今已有五千年历史。

巴人擅长驾舟行船，常常用一根整木烧斫成独木舟行驶于江河之中，开展盐业贸易，迅速积累起大量财富。急剧膨胀的财富引起了周边诸国的觊觎和垂涎，最初巴、楚、秦三国联手灭庸，后来巴楚开战，善于贸易、依靠巴盐买卖的巴国不敌以农耕为主、实力雄厚的楚国，最终放弃大宁盐泉，巴人的政治经济文化中心开始了向西迁徙。先后迁都鱼复（今重庆市奉节县）、瀼（今重庆市万州区瀼渡一带）等地。巴人后来在临江（今重庆市忠县）𤆢井溪、涂井溪一带又发现了盐泉。

新盐泉的发现，使得忠州涂𤆢一带崛起为古代巴国新的经济中心，巴人将食盐通过长江水路运到南岸的西界沱，再以人工背运方式，以西界沱为起点，翻越雄伟险峻的方斗山和七曜山到达楚国境内（今鄂西、湘西一带）。这条绵延六百多公里、三尺宽的运盐大道，就是今天广为人知的千里"巴盐古道"。西界沱成为巴国时期"巴盐销楚"网络中最重要的水陆转运中心。

战国时期，楚国强盛，再次发动了灭巴之战。巴人再次西退，权力中心迁至平都（今重庆市丰都县）。"涂䜩盐都"沦为巴楚共治，"巴盐古道"继续存在，这在中坝考古遗址中可以得到印证。而楚人进入古忠州的史实，可以从忠县石匣子、西沱公农背、陶家坝、江家漕等地楚墓群的发掘得到印证。

秦统一全国后，川盐销楚，西界沱成为当时川东南地区的商业重镇。唐宋时，西界沱是川东、鄂西边境物资集散地之一。清乾隆时期西界沱发展到了繁华的顶峰，这里商贾云集、客栈遍布、店铺林立，更以"千年古镇西界沱，万里长江第一街"美誉闻名于世。

西沱古镇整个场镇的布局从江边垂直向上。在长江两岸，众多的古镇在布局上大多沿江沿河修建，人称"扁担街"；唯有西沱古镇，垂直于长江，沿着山坡向上建设，形成了独特的云梯街。云梯街有石梯1124步，号称登天云梯。这里也是巴盐古道的起点，向北连接丝绸之路，向南衔接茶马古道，在历史上起到沟通南北政治、经济、文化、民族融合的重要作用，这条以盐运为主的商贸通道成为了中国第三大古道。

除了拥有历史悠久的巴盐古道，西沱古镇还有丰富的文化遗存和建筑。在西沱古镇，既可以看到沿街而上的土家族吊脚楼，也能遇见江南徽派建筑风格的院落，在不足三公里的街道上，有江西会馆（关帝庙）、四川会馆（张飞庙）、湖广会馆（禹王宫）、福建会馆（万天宫），这些会馆有着各自的建筑风格，让西沱古镇有了"建筑博物馆"的称誉。

2003年，西界沱以厚重的文化底蕴和多元的建筑风貌成功入选首批中国历史文化名镇。

◆ 龙骨寨

龙骨寨位于石柱土家族自治县东南部六塘乡境内，沿黔石公路平桥村支路可达，距县城15分钟车程。龙骨寨毗邻万寿寨景区，与黄水国家森林公园、栗新风力发电站遥相呼应。龙骨寨是集游览观光、避暑休闲、佛教文化体验于一体的综合性山岳型森林佛教旅游胜地，素有第二峨眉之称。

石柱县城东南沿黄鹿寨、土堡寨至老茶场一带，过去称天泉，这里梯田松林与土家山寨层层叠叠，颇具川渝东南地区之特色。龙骨寨就在天泉与六塘交界之处，南临四龙溪（下路河），除猿人石、猴子观海、梭米洞、迎客松、南天门、蘑菇石、白象山等山峰外，还包括金夹口、土堡寨、豹子岩、太阳岭、乌龟洞、上官台、和尚坟、猴子岩、石笋峰、鼎罐沟、老鹰台、磨子岭等，面积逾60平方千米。这是广义的龙骨寨的范围。

狭义的龙骨寨是一块蜿蜒、突兀于山石之上的巨石，雄奇险峻。从高处看，它酷似一条盘踞在山脊之上的飞龙，因而得名。据《石柱县志》载，"龙骨寨，在三汇乡龙骨山上，四面绝壁，仅有羊肠小道通寨顶。寨顶平坦，有形似螃蟹、雄狮、蟾蜍三怪石和形如青狮、白象的两座小山分卧寨前，有宽不盈尺的栈道将青狮、白象与龙骨寨连为一体。龙骨寨四周常为云雾环绕，寨顶时隐时现。上至南天门后，险要地形，孤峰兀立，四面绝壁，峥嵘崔嵬，有环形栈道可通，一夫临关，万夫未可傍，脚下是万丈深渊"。

如今的龙骨寨方圆十里无人家，至今尚没有公路通行，只能沿着唯一的一条古栈道才能攀登到龙骨寨寨顶。

龙骨寨最初兴起也仅是因为山上有座庙。据说最初修庙的是当地一个金大善人。因为年少时受穷受苦，金大善人尝遍世间冷暖，发迹后，他看破红尘，抛家舍业在龙骨寨建庙修行。明嘉靖

◆ 龙骨寨
谭长军 摄

年间，一个法号哪佗的和尚，受峨眉长老之令，四处寻访养性修行之仙境圣地。经过一番寻找，哪佗找到了龙骨寨，并在龙骨寨建寺庙，筑殿堂，一时香火甚旺。但是龙骨寨山形突兀狭窄，山顶最宽处也不到两三米，所以只修得了一两间房，能住下两三个人。传说龙骨寨有一任住持广圆法师，在绝壁边上舂米时，捣米杵碰到了崖壁，法师被弹落悬崖，不慎摔死，传说此后还有一些灵异事件发生，寺庙就此凋落。龙骨寨凭什么吸引修行人士呢？想必龙骨寨突兀于周围环境，傲然于天地之间，在此修行更能体会到天地的奥秘吧。

1928年，龙骨寨曾经聚集了千余名神兵，他们凭险据守，大败进剿的官兵白登基团。所谓神兵就是吃符念咒、深信神灵附体、宣称刀枪不入的宗教战士"神兵"。其实这些神兵都是贫苦百姓，他们为反对横征暴敛而自发组织团结起来。

龙骨寨主要景观有龙狮抢宝、三本经书、金扁担、金鸭子、梭米洞、义和拳神兵坛、古栈道、南天门、藏经阁、石碑、石刻等四十余处。每年观音菩萨庙会和"敬南天门"庙会热闹非凡，善男信女络绎不绝。

龙骨寨主峰相对高差1000米左右，海拔与泰山等五岳相当，有云海、日出、月色、星光"四大奇观"。龙骨寨东南的四龙溪，常年水雾翻腾，群峰时隐时现，飘飘渺渺。龙骨寨全年最高气温仅为27℃，是避暑休闲的好去处。

大美无言，大音希声，龙骨寨天造地设，鬼斧神工，有华山之险，黄山之奇，庐山的云雾变幻和峨眉的灵秀佛性，渝东第一峰实至名归。

秀山土家族苗族自治县

◆ 石堤

  石堤镇位于秀山东北部，距离秀山城区约68千米。这里依山傍水，与湘、鄂毗邻，是渝东南地区的边陲古镇。酉水在这里由南向东转了个大弯，与梅江河交汇于此。

  从石堤继续向东行，不远处就是湘、渝两地的交界处，这里离湖南龙山县里耶古城大约只有十多公里路程。从古至今，石堤都位于巴楚边界，是易守难攻的险要之地，古人称之为"巴楚要塞"。

  关于石堤的地名由来，流传着三种不同的说法。一种说法认为，"石堤"音同于"失蹄"，这里地势险峻，一面靠山三面环水，马儿疾驰到这里容易失蹄；一种说法认为，酉水河在这里将大山劈成陡峭的两岸，就像是生生造出的河堤一般。

  最后一种说法相对比较有文化内涵，认为"石堤"其实是土家语系中的汉字记音，"石"是指兽类的肉，"堤"是得到的意思。此处三面绝壁，酉水、梅江河在岩壁下波涛汹涌，古人狩猎时将

◆ 石堤古镇
秀山土家族苗族自治县融媒体中心　彭璐　摄

野兽逼到这里使之困于绝境，只能被人类擒获。因此这个地名实际上承载着土家民族在渔猎采集时代的久远记忆。

石堤一带，历史上是土家族、苗族和汉族杂居的地区，各民族之间交流频繁。元朝时期，石堤曾发生过当地少数民族因不堪统治阶级压迫，从而奋起反抗的"九溪十八洞苗民大起义"。

在历史的长河里，石堤具有十分重要的战略地位。这个小镇从地理位置上扼住了酉水、梅江河两河交汇的据点，等于扼住了楚地沿沅湘水系入巴蜀的咽喉，只要城墙高筑、城门紧闭，便能达到"一夫当关，万夫莫开"的效果。

战国时代，秦军借道长江从石堤攻打楚国的里耶，每每夜晚出兵，水路、陆路并进，早晨攻下里耶，到了傍晚又被楚国收复回去；第二天再攻下，再被收复，一直处于胶着、拉锯状态，是"朝秦暮楚"这个成语的最真实体现。

元初的"九溪十八洞苗民大起义"爆发后，蒙元大军出兵征讨西南"蛮夷"。川东、巴南的九溪十八洞少数民族聚集石堤，建关隘、筑石城，抗击元军进攻，靠着地理上的优势打了一场持久的抗蒙之战。

石堤除了是历史上重要的"巴楚要塞"外，还是商贸发达的"渝东门户"。石堤作为物资集散地水码头已有千年历史，繁华集镇也是古已有之。

一条梅江河把石堤分隔成新旧两个场，新场是如今的石堤人生活的地方，而老场上则处处可见历史留下的痕迹。老场上多为青瓦灰墙的砖瓦房和翘角飞檐的吊脚木楼，依山势错落有致地排列着，一条窄窄老街，各式店铺在街道两旁排开。

老街的尽头有道券洞门，券洞门是下码头进城的必经之路，据考证建于宋末元初。石堤两江交汇的地理位置优势，为水运的繁荣提供了先天条件，沿着西水河和梅江河，石堤有上码头、中码头、下码头、北码头等多个重要码头。

遥想当年，城门一开，商潮流泻。一挑挑担子，一副副背篓装着湖南、湖北从水路送来的花纱、布匹、日常货品等，顺着老街的石阶汇入城中；秀山各地的桐油、茶油、生漆、五倍子则装载上船顺流而下，入沅江到常德，出洞庭抵汉口。人流的集中和商贸的繁华，让客栈、饭铺、茶馆、酒肆遍布城中，拉胡琴、唱戏文、对山歌，热闹喧天。

今天的石堤古镇已经成为秀山重要的旅游景点之一，人们在这里既可欣赏酉水河风光秀丽的"百里画廊"，也能去九溪十八洞起义遗址、书厢宝剑匣、两江望月等景点观光游玩。

◆ 清溪

在秀山城西约14千米处的清溪镇望乐村，有一处修建于明代的古地道，是古代苗民抗击中央政府高压统治的防御工事，被人们称为"清溪古地道战遗址"。

时间回到1976年。当时的望乐村正在搞农田水利建设，施工挖掘的工人在一片庄稼地中挖出了一个洞口，人们好奇地从洞口进入，发现原来在这片庄稼地底下，竟然藏着一条纵横交错、全长约一千米的地道。

古地道离地面约5米深，洞顶呈拱形，洞高约1.5米、宽约0.8米，洞底为平地。每隔十米左右，地道就有一处掩体，可供一人藏身。地道转弯处，有铜碗做成的油灯，地道周围的墙壁上还能看到被油烟熏过的痕迹。地面上可以看到铁制刀剑、挖地道用的铁锄等武器和工具，但由于年代久远，工具大多锈迹斑斑，无法使用了。

经考古专家鉴定，这条地道是明朝时期居住在当地的苗民修建的军事工事，后来这条古地道就被定名为"清溪古地道战遗址"。

自古以来中国就是一个"华夷杂处"的国家，尤其在中国西南地区，少数民族更是众多，历朝历代对于少数民族的管理策略，要么是招抚教化，要么就是武力镇压。

明朝时，朝廷对于苗民、苗疆采取军事管理的高压政策，不仅在少数民族聚集地设置各种军事防卫机构，还打通了一条"苗疆走廊"，以促进西南边疆少数民族汉化；对于已经形成武装力量的少数民族地区，武力镇压便成为了惯用手段之一。据统计，明朝二百多年间为平定苗疆叛乱而展开的大规模军事行动就多达三十多次。

◆ 清溪
秀山土家族苗族自治县清溪场街道办事处　供图

明朝末年，政治腐败，国库空虚，明朝政府对苗民的高压统治变本加厉，走向极端，不仅在军事上进行武力打击，还对苗民实行残酷的"赶苗拓业"政策——通过武力手段残杀清空苗民，占用苗民的土地。

当时有一个古老的苗民部落"都掌蛮"，在川黔地区已生活了上千年，有着极为古老的历史，自景泰年间都掌蛮就开始不断起兵反抗，抵制来自明朝中央政府的统治。万历元年，明朝政府调集四万大军深入苗疆进剿都掌蛮，斩首六千余人，在这片土地上生活了上千年的都掌蛮就此消失，这片土地最后归属了明朝政府管辖。

据《秀山县志》及相关资料记载，清溪镇在明朝万历年间住着几百苗民。他们的作战能力不是很强，为了抵抗政府军队的武力镇压，他们只能采取地道战的方式和政府军队周旋。于是才有了这条古地道的诞生。

经专家考证，清溪古地道是中国南方发现的唯一用于军事的大规模古地道。国内发现的古地道遗址主要分布在北方，因北方的地势平整，地面上不利于设伏，另外土质也适合挖地道。如河北境内霸县、雄县、蠡县、邯郸等地发现有两宋辽金时期的古地道遗址，山西榆次也曾发现千年前的军用古地道。

秀山清溪则是武陵山区不可多见的地势平整之地，加之这里的土地是坚实的黄土，很适合挖地道，因此清溪的苗民选择了地道战这样的防卫作战方式，为今天的人们留下了这不可多得的历史文化遗址。

酉阳土家族苗族自治县

◆ 笔山坝

笔山坝遗址位于酉阳县大溪镇，酉水河左岸的一级台地上，东依笔架山，北、西、南三面临酉水河，北与大河坝遗址、西南与跃溪坝遗址隔河相望。遗址分布面积四万余平方米，海拔330米，地势平坦，风景优美。2007年湖南与重庆两地的考古专家在这里又发现"大溪文化"遗址，这里也被誉为中国"土家文化的发祥地"。

时间来到2007年，当时正在建设中的酉酬电站为防止蓄水后水位高涨造成河堤决堤，决定对河堤进行加固整治。在挖掘原有河堤时，施工队在笔山坝挖出了一些人骨与石器。消息传开后，重庆与湖南两地的考古专家马上赶赴现场，进行抢救性考古发掘。

考古队用了一周的时间，在笔山坝约600平方米的遗址中，挖掘出6个古墓葬、1000余件石器和部分陶器。经过分析，这是一个距今六千年的新石器时代遗址和墓葬群，这充分证明了酉水河流域从旧石器时代到新石器时代的人类活动从未间断过。

从笔山坝发现的石器来看，生活在这里的远古人类已经具备了成熟的生产、生活技能。他们能从树皮中提取纤维做成纺织物和衣裳，具有较好的木工、建筑技术，他们依靠天然洞穴与木头搭建房屋，靠石器狩猎和捕鱼。

在随后的两百多天里，考古队发掘了酉酬库区笔山坝等七处遗址，在这些遗址中出土的一批新石器时代文物具有浓厚的大溪文化因素，这是首次在酉水河流域及渝东南地区发现大溪文化的遗存。

20世纪20年代美国考古工作者在巫山县瞿塘峡东口南岸的大溪镇发现的"大溪文化"遗址，是中国大溪文化的最早发现地，

◆ 笔山坝
酉阳土家族苗族自治县大溪镇人民政府　申娅　摄

也是"大溪文化"的命名地。"大溪文化"遗址距今约六千年，属母系氏族晚期至父系氏族的萌芽阶段，是我国著名的原始社会古文化遗址之一，人们将与大溪遗址出土遗物具有相同特征的考古学文化命名为"大溪文化"。

笔山坝遗址的发现，表明了六千多年前，一支有血缘关系的人类从大溪文化强势地区出发，一路繁衍迁徙来到酉水河流域。据考古专家推测，这支大溪人到来时，当地已有土著人生息，土著人以平和的心态接纳了这支人类，双方和睦相处，共同创造了笔山文化即土家族文化。

在笔山坝还有座笔架山，它因形似古代搁笔的笔架而得名。当地人又将笔架山叫作"轿子岩"，顶部的三座山峰，中顶是"轿子"，前后似人抬轿，相传张三丰真人曾在此题过诗，墨迹尚明。

相传有两位仙人相约在笔架山切磋才艺，书画比试完仍无法较出高下，两仙人一人坐于笔架山，一人坐于对面的老娲岩，决定下盘棋定输赢。怎料棋没下完二人竟发生了争执，他们赌气将棋盘打翻，108颗棋子散落于笔山坝的阡陌之中，就化成了现在的108堡。108堡错落纵横于笔山坝中，像一座巨大的天然迷宫，初到此地的人很难找到进出之道，即使是附近的居民也时常迷路山中。

在距离笔山坝不远处，有建于清代乾隆年间的彭氏宗祠建筑。彭氏家族是清代时当地旺族，族人集资修建了彭氏宗祠。至民国初期，家族中屡现党政要员及地方武装人士，家族势力更加强大，彭氏祠堂也得以保存至今。

笔山坝遗址于2009年被公布为重庆市级文物保护单位，是渝东南地区先秦以前文化的典型代表,对研究大溪文化的分布范围和传播范围具有十分重要的意义。同时,出土文物中商周时期的陶器既有川西"十二桥文化"的器类,又有湘西地区的文化因素,这对研究湘、渝两地的早期文化交流也具有十分重要的意义。

◆ 李家土

李家土在酉阳县城的东北部,离县城约20千米,紧邻酉阳涂市镇的自然旅游景点鹿角坪。

关于李家土地名的由来有两种说法。第一种说法认为早年间此地为李姓人家所有,根据居民姓氏而得名。在土家族的姓氏中,李姓确是大姓,此地恰在武陵山区,确实是土家族自古以来的聚集之地,故而得名"李家土"。

第二种说法认为李家土地名并非汉语,而是根据土家族语言音译而来。是土家族"李嘎突"的误记,"李家"音同于"李嘎",是土家语中"挖土"的意思;而"土"音同"突",在土家语中为"地方""处"的意思。三音相连,李家土应为土家语"李嘎突",意为"挖土的地方",是土家先民烧山挖土、初事农耕的一方土地,故而得名。

上述两种说法都有一定的依据支撑,且都与土家族的发源、土家语的溯古有着密切关系。

土家族是一个历史悠久的民族,与中国很多少数民族一样,他们拥有自己的民族语言,却没有自己的民族文字,通行汉语文字。

关于土家族的起源,有一种说法认为土家族是古代巴人的后裔。从《十道志》等书的记载以及唐代刘长卿、刘禹锡等诗人反映湖南风俗的诗词来看,古巴人的确曾广泛进入湘东北、湘西和沅湘流域。

今土家族自称"毕兹卡(本地人)",历史上巴人聚居与活动区域内的有些地名,读音与"比兹"近似;巴人的姓名、族名等,也有些和"比兹"的读音近似。古代巴人以白虎为图腾,土家族的图腾恰巧也是虎,巴人和土家族都有关于虎的故事与神话传承至今,同时巴人的姓氏与土家族的姓氏也有部分重合,例如李姓。

据古史记载,商朝时期有周(姬姓)的同姓后裔,名巴人,居钟离山(今湖北长阳西北一带)。周武王灭商后,封巴人于巴(今重庆的巴南区),称巴子国。公元前316年,秦灭巴,巴人分散居于渝、滇、湘西、鄂东等地,成为蛮人(少数民族)。因古代巴人以虎为图腾,并把虎图腾演化为姓,巴语方言中读"虎"为"李",汉化后遂依音称李姓。

酉阳地处武陵山区,与湘西接壤。古代将生活在武陵山区的少数民族称为"武陵蛮",重庆地处武陵山区的酉、秀、黔、彭都属武陵蛮生活的地方,而这里也是重庆境内土家族的发源地,如此一来,李家土是土家族中李氏一脉拥有的土地也就说得通了。

再看土家语这个说法。土家族特有的民族语言叫作毕基语和孟兹语,又分别被称为北部土家语和南部土家语,武陵山区的土家族一千多年来的通用语言就是毕基语（北部土家语）。由于土家语没有文字，传承仅为口口相传，随着外族侵入、改土归流等历史事件的展开，汉语强势进入土家人生活的领地，土家语逐渐被汉语同化，在今天已经面临濒危的局面。

会讲土家语的老人一代代逝去，新一代的土家人慢慢不再说土家语而改用汉语，在新老更替的过程中，土家语在生活交流中消失。然而在史籍中保存有许多以土家语命名的人名，在现实地名中也有许多土家语地名，无形中被保留了下来。例如黔江的城市大峡谷就被当地人叫作"芭拉胡"，黔江区还有一个地方叫"马喇镇"，酉阳的李家土也有极大可能正是"李嘎突"。

彭水苗族土家族自治县

◆ 汉葭

汉葭区是今重庆彭水的一个行政区，下辖汉葭镇，位于彭水县中部乌江、郁江两江交汇处。然而"汉葭"这个地名却非今人所取，而是从古至今沿袭了近两千年的一个古地名。其在历史上的地位与故事，与彭水近千年来的"盐丹之都"文化关系密切。

历史上的汉葭，设县于东汉年间，其治所所在地正是大名鼎鼎的郁山镇。"东汉建安六年（201），置巴东属国都尉，治今彭水县城。析涪陵县地置涪陵（治今彭水县城）、永宁（治今贵州省德江县上费溪）、丹兴（治今黔江区）、汉葭（治今郁山镇）四县属之。"

汉葭一名，得名于彭水当地盛产的随处可见的一种植物——芦苇。汉葭设县地位于乌江、郁江两江交汇处，水系发达，水生植物芦苇遍地生长。"葭"指的是水中初生的芦苇，又有一种为人熟知的叫法叫作"蒹葭"，《诗经·秦风》中的名篇《蒹葭》早已经脍炙人口："蒹葭苍苍，白露为霜。所谓伊人，在水一方……"

清代至民国年间，彭水县衙门口的牌坊正面刻有"彭水县"，背面刻有"古汉葭县"。据说汉葭县的正街就是今天的天津路，是彭水历史上最古老的街道，明清时代称为"旧街"。今天汉葭街道办事处地址，就在古汉葭县正街的起点。

汉葭设县以来，县治位于郁山镇。提起郁山镇，就避不开彭水在川盐生产历史上的重要地位。

郁山镇被誉为"渝东南第一历史文化名镇"，历史十分悠久。唐玄宗时期是郁山在历史上的高光时刻，唐代十五个道之一的黔中道设置在此，下辖数十个州，范围大致包括如今的贵州省大部分、重庆湖南湖北小部分。

郁山镇在地理位置上地处武陵山山区，辖地内三江交汇，自然形成了盐卤的诞生条件。在古代，盐业是重要的经济命脉，因盐而兴的郁山镇能成为县、郡、州治所地，盐的功劳不可或缺。

郁山的盐是井盐，历史上最悠久、保存最为完好的天然盐井"飞水井"就在郁山。相传郁山镇外有一条中井河，水色清澈，略带绿色，但不能作为饮水食用，因其味入口苦中带涩咸味十足。而在河的北岸，有一股山泉从数米高的山岩石缝中飞出，直接落在中井河上，这便是飞水井。

自汉朝开始，人们就在镇上开凿了多口盐井以满足生活需要。当时的制盐技术，需要将盐井中的卤水引导出来，然后引入制盐作坊中的蓄卤池。至今仍可以看见井边岩壁上有很多孔洞，这就是当年引导卤水时留下的痕迹。

除了制盐，盐的外运也是造成郁山昌盛的另一个原因。据《彭水县志》记载，郁盐的外运方式有陆运和水运两种。郁盐的水运，沿郁江下至彭水，或顺乌江而下，可到涪陵；或溯乌江而上，到达贵州夜郎等地；人们也把郁盐运到酉阳的龙潭，顺酉水进沅江而达洞庭湖；或运往常德、汉口等地。陆运则主要是往西南到播州（今遵义）；向西至信宁（今武隆江口镇）到南州（今南川），入湖北利川；东北经亭子关至西泡（今黔江蔡家槽）。

在今天的郁山古镇后灶河畔，依然可见紧挨崖壁的青石板小路，光滑的石级，两旁斑驳的古墙，经历沧桑岁月的盐道上，仿佛还能听见当年盐帮马队叮叮当当的铃声。据说，古盐道的墙壁上一段"渣石子"墙，是当年修路的人们用熬盐用的煤渣砌成的，可以起到冬暖夏凉、防虫防蛇的作用，是当地古盐道上一道亮丽的风景线，它也证明了当时熬盐、产盐的繁荣景象。

◆ 绍庆城

在今天的彭水汉葭镇城南，有一个建于南宋的石城遗址，这里就是南宋时期绍庆府的治地旧址。

1224年，南宋第五位皇帝赵昀登基，史称宋理宗，宋理宗为宋太祖赵匡胤十世孙。赵昀登基后的1228年，升其潜藩黔州为绍庆府。

潜藩，指帝王为王侯时的封地。帝王继位后，将其潜藩之地升府是宋代行政区划的一大特色。大唐贞观四年，黔州都督府设立，治所位于今天汉葭街道的遇仙桥一带。宋代沿袭唐代行政区划，仍设黔州，而宋理宗的潜藩之地正是黔州。

在宋朝，地方行政区划基本实行两级制，即近400个府、州、军、监为其中一级，1234个县为其中另一级。府是体制上较为尊贵的地区，如首都、陪都等皆可称"府"，绍庆府地名中的"府"字便由此得来。

至于"绍"与"庆"二字，皆与南宋年号有关。靖康耻，北宋灭，南渡后的宋高宗赵构改年号为"建炎"，开启了152年的南宋偏安历史。1130年宋高宗在越州敕曰："绍奕世之宏休，兴百年之丕绪……可改为绍兴元年。"南宋绍兴年号与浙江绍兴地名由此而得，宋高宗赵构亲自为绍兴府题写"绍祚中兴"。

纵观南宋152年的历史，共有皇帝9名、年号22个。其中年号中"绍"字用了三次，分别是"绍兴""绍熙""绍定"，使用43年时间；"庆"字用了三次，分别是"庆元""宝庆""开庆"，使用10年时间。

"绍"字进入南宋的三个年号，寄托了南宋朝廷恢复中原的愿望和江山万代的梦想；"庆"字三次作年号使用，也寄托了南宋守好残存地盘的希望，"绍""庆"二字是南宋朝廷眼中神圣的字眼。宋理宗将自己的潜藩黔州升为"绍庆府"，取的也是寄托南宋国之希望与梦想之意。

关于绍庆府地名的由来，史料上有明确的记载。

《宋史全文》卷三十一《宋理宗》载："丁卯，以皇帝潜邸，升黔州为绍庆府，成州为同庆府。"《宋史全文》卷三十二又载："戊寅，前权发遣绍庆府黄登进对，奏武泰建节之邦。上曰：'如何为武泰？'登奏：'黔州在唐为武泰军节度使，有摩围福地。今陛下潜藩升为绍庆府，龙飞一年之先，大雨洗土，石骨皆龙鳞，山巅祥云蟠结，守臣赵翰尝作《摩围祥云颂》。臣到任后，荷生双头，牛生独角，今日抑何其易耶？愿陛下无恃今日机会之易，当思先朝机会之难；勿以得之易，而昧于经远守之难而忽于图终。'上然之。"

由此可见，绍庆府的得名由来不只有祥瑞之兆为引，还有思耻不忘的家国祖训。宋理宗在位40年，一共以潜藩为由升了四个府，分别是今邵阳市为宝庆府、今南充市为顺庆府、今成县为同庆府、今彭水县为绍庆府。四府皆以"庆"为名，无一不是寄托着偏安朝廷希望延续"绍祚中兴"、江山永固的愿望。

至元朝统治时的1291年，绍庆府升为总管府，在今汉葭镇城南修筑石城。至1330年改称绍庆路，即为今天的绍庆城遗址。1371年，明朝政府废除总管府，将其辖地归于重庆府。

◆ 鸡冠城

在彭水东北部，紧邻郁山镇有一道山岭名为"走马岭"。据《四川省彭水县地名录》记载，"过去常有驮马运盐经过此岭，故名走马岭"。

走马岭所在的山被称为万灵山，山中盐矿丰富，盐业生产历

◆ 鸡冠城

彭水苗族土家族自治县文化和旅游发展委员会 供图

史悠久,宋朝时,在此置盐井镇。《宋史》记载道:"至道二年六月,黔州少数民族攻打盐井镇,巡检王惟节战死。"《清史稿》中亦有记载:"彭水有盐井、郁山二镇。"

盐井镇距离郁山镇约有20公里路程,这两个镇都是彭水盐丹产业的主要生产地,彭水可以考证的盐道皆以古代郁山镇和宋代盐井镇为中心,向四面八方辐射,由此可见这两镇在盐丹产业上的重要地位,在今盐井镇的旧址仍留存有宋代盐道的石门寨遗址。据史料记载,仅宋神宗统治下的一年,盐井镇的盐税额就为郁山镇盐税额的四倍还多。

万灵山上曾有一座南宋时修建的抗蒙军事防御工事,名为"鸡冠城"。

据康熙本《彭水县志》记载,"鸡冠城县城东六十里。叠石为城,方圆十余里。其始未详"。同治本《彭水县志》记载:"鸡冠城县东一百四十里,城已夷,惟东门具在,西门以古树压圮,南北二门湮土内,基尚存,周围时有颓垣,约九周里。建制之由无考。"

1997年出版的《彭水县志》记载:"鸡冠城遗址在走马乡万灵山上,北、东、西三面为绝壁,山上宋代产盐,为盐井镇,其盐税四倍于玉山(今郁山)镇。宋末,于此筑鸡冠城。从西经南到东有石墙,周长约两公里。解放初,东、西门犹存。明代永乐年间(1403—1424)建万灵寺于山上。"

今天的鸡冠城遗址已经很难再看出当年的模样了,曾经的城与城墙皆残破倒塌,慢慢被植被覆盖。非得要在考古专家的带领下,拨开丛生的草木,方能发现些许蛛丝马迹。唯一能证明鸡冠城的存在的,仅有一些与山体质地不一样的城墙碎石残片。万灵山山体多由风化石构成,而这些碎石残片却是坚固的岩石。大概也是这个原因,附近山民每有修筑之需,便到城墙上来取石,最终整座鸡冠城面容尽毁。

明代时,在鸡冠城所在的山顶旧址上加盖了一座寺庙,史料记载为"万灵寺",当地群众称"凌云寺"。以前这个寺庙规模很大,香火很旺,曾经有一百多个和尚住在这里,周围田地全是寺庙里的和尚开垦的。万灵寺曾有二十多通寺碑,20世纪70年代开辟茶山时被运至山脚用于修建堰塘。

在彭水地方志记载的大事记中,鸡冠城留下的记载明确说明了它的使命及用途:"南宋宝祐六年(1258),为抗蒙古军,在盐井镇建鸡冠城。德祐元年（1275），元军都元帅杨文安带兵攻打鸡冠城，谕降守将杜赋。"

在宋元战争中，川渝地区作为南宋抗蒙的三大主战场之一，一直是蒙古最主要的攻取对象。然而，蒙古攻灭巴渝竟然用时半个多世纪，实属罕见。

公元1241年底，蒙古大汗窝阔台死去，内部纷争不断，南宋得以暂时休整和调整防御部署。宋理宗赵昀命在淮东屡立战功的余玠为兵部侍郎、四川制置使兼知重庆府，全面负责四川防务。此时成都、泸州、遂宁等重镇均被蒙军攻破，仅重庆一带未陷敌手。余玠临危受命，仍满怀信心地表示："愿假十年，手挈四蜀之地，还之朝廷。"

余玠利用山城重庆得天独厚的战略优势，在巴蜀境内沿长江、嘉陵江、涪江、渠江、沱江等江岸筑二十余城，迁州县治所和百姓于其中，聚兵屯粮，在长江、嘉陵江及其支流，以及交通要道上筑城结寨，构成一套以重庆为指挥调度中心，以钓鱼城和嘉定城等为防御重点的战略防御体系，以天时、地利为倚仗，致使军事力量薄弱的南宋王朝对抗战无不胜的蒙军长达四十余年而不败。

鸡冠城就是南宋时期山城重庆为抵抗蒙军南下修筑的防御军事工事，它守护着彭水这座重要盐都的领土与主权。在今天的彭水地图上，还能在鸡冠城旧址附近找到"西门盖""西门村""烟墩堡"等地名，是鸡冠城曾经辉煌的有力佐证。

后记

本书由叶文获、张晶、叶小勇、罗炯、夏天和李文靖六位作者采集资料撰写完成。书中插画由布志国、王田雨、陶宇、李昉、伍书乐、李柯欣、桂描、曾子言、胡耀尹和林杉绘制。在书稿完结之际，我们最想说的话是："一套《重庆市地名文化故事》，绘不尽一座重庆城。"

在本册各篇章里，我们能看到长江及其支流浸润出古代重庆人沿江而居的悠久历史文化。古巴人对"盐"的盛大开采和应用在今天仍有迹可寻，因盐而兴的各个水码头则成为重庆地名中不可磨灭的历史记忆。长江三峡留下了无数文人墨客的佳句锦篇，形成独特的三峡文化熠熠生辉，即使在"高峡出平湖"的今天，仍是重庆本土文化中不可或缺的一派重要组成。

大山与大江为重庆全域赋予了多种文化交融——源远流长的巴文化、以长江三峡为历史背景的三峡文化和三国文化、东部山区里多民族混居生态形成的少数民族风俗文化、曾为战时首都的抗战文化，以及巫山人、永川龙等远古文明文化。

例如重庆曾有过著名的"海棠香国"之争，那是由于古代"海棠香国"的行政地域划分本就横跨三个现在的区县，分别为永川、大足和荣昌。我们将"海棠香国"的地名故事展现在了与古昌州文化更为接近的荣昌。而永川与大足难道就没有比"海棠香国"更为重要的文化传承了吗？事实上不然，大足有举世瞩目的世界文化遗产大足石刻，永川有重庆市最早、最多的名优物产。

又比如，古巫咸国到底是在巫山还是在巫溪？一座宝源山，横跨巫山与巫溪两县，巫咸国在宝源山中，那么它应该归谁？我们最终将它归属于巫溪，因为巫溪与巫咸国一脉相承的盐产业文化更为浓重。而巫山难道没有比巫咸国更拿得出手的古代文明了吗？其实也不然，有据可考的"巫山人"比起虚无缥缈的巫咸国，出现的时间更早，证据更充分，归属更确切。

然而，满满五卷《重庆市地名文化故事》却不曾将重庆描绘尽净。重庆之大无奇不有，重庆地名的奇特更是层出不穷。如果要将所有地名故事、民间掌故、神话传说一一述尽，本套书的容量远远不够。

在收集重庆的地名故事过程中，我们查阅了各地方志，尽可能做到严谨与真实，我们摒弃了神话与传说中的无稽之谈，取其精华去其糟粕。我们也遇到过一些生僻的地名，无论是在方志中还是古籍中都很难找寻到其根源，为此我们走访当地老人、寻求史学专家的帮助，最终成功溯源。

尽管如此，书中也许还存在介绍内容不尽详实的遗憾，而受限于篇幅与表达的主题统一性，我们也一定会出现遗漏，造成遗珠之憾。但我们希望，本书可以成为重庆地名故事的"抛砖引玉"之作，换来更多创作者、收集者的关注，有错改之，有漏补之。希望有更多人文工作者、专家、学者加入进来，群策群力为重庆地名文化故事作进一步的丰富与发展，在此深表感谢。

图书在版编目(CIP)数据

重庆市地名文化故事.历史文化地名/重庆市民政局编.—重庆:重庆出版社,2023.1
ISBN 978-7-229-17474-3

Ⅰ.①重… Ⅱ.①重… Ⅲ.①地名—介绍—重庆 Ⅳ.①K927.19

中国版本图书馆CIP数据核字(2022)第251718号

重庆市地名文化故事·历史文化地名
CHONGQINGSHI DIMING WENHUA GUSHI · LISHI WENHUA DIMING
重庆市民政局　编

责任编辑:蒋忠智　周英斌　张　春　杨秀英
责任校对:刘小燕
装帧设计:重庆出版社艺术设计有限公司

重庆出版集团
重庆出版社　出版

重庆市南岸区南滨路162号1幢　邮政编码:400061　http://www.cqph.com
重庆出版社艺术设计有限公司制版
重庆市国丰印务有限责任公司印刷
重庆出版集团图书发行有限公司发行
E-MAIL:fxchu@cqph.com　邮购电话:023-61520646
全国新华书店经销

开本:787mm×1092mm　1/16　印张:24.25　字数:260千　插页:2
2023年4月第1版　2023年4月第1次印刷
ISBN 978-7-229-17474-3
定价:488.00元(全5册)

如有印装质量问题,请向本集团图书发行有限公司调换:023-61520678

版权所有　侵权必究